BAUDELAIRE

Clandestin de lui-même

ISABELLE VIÉVILLE-DEGEORGES

BAUDELAIRE

Clandestin de lui-même

Page après Page

Chez le même éditeur :

La Mort qu'on voit danser,
par Jean-Pierre Ferrière, 2004

Meurtres en bonus,
par Jean-Pierre Ferrière, 2004

Que veulent les Arabes ?
par Fereydoun Hoveyda, 2004

Dernières révélations sur la mort de Lady Diana,
par Hugues Mondrian, 2003

La Seine est pleine de revolvers,
par Jean-Pierre Ferrière, 2003

Pour t'écrire que je t'aime
(les plus belles lettres d'amour
écrites par des femmes, réunies
et présentées par Raphaël Delpard), 2003

L'Armée juive clandestine en France (1940-1942),
par Raphaël Delpard, 2002

La Minute où l'on tombe amoureux,
par Raphaël Delpard, 2002

Direction littéraire :
Raphaël Delpard
assisté de Fabien Perucca

À mon père.

INTRODUCTION

Propos saisis au vol : « Pourquoi écrire sur Baudelaire ? Il est très connu, il doit déjà exister des dizaines d'ouvrages, non ? – Oui, bien sûr, c'est drôle, je ne me souviens plus, il était alcoolique ? – Baudelaire était un dandy, il était très riche et passait ses journées à fumer de l'opium… – Il est mort très vieux, je crois, début XXe, il n'était pas homosexuel ? – Ah oui, il était syphilitique et très pauvre, il est mort jeune. – Baudelaire, n'est-ce pas lui qui était fou de sa mère ? Il s'ennuyait tellement qu'il a collectionné tous les vices… »

Tous, ou presque pourtant, ont commencé par citer quelques vers, ou un poème. Presque surpris du plaisir qu'ils y prenaient. C'était magique, le quotidien un instant suspendu, de voir sur le chemin de l'école, dans un ascenseur, chez le médecin, devant un café, s'envoler ces portiques marins, ces statues de marbre, ces violons gémissants et ces parfums entêtants inscrits au cœur de tant d'entre nous, et soigneusement gardés comme un trésor.

Cinquante à soixante mille ouvrages à propos de Charles Baudelaire ont été écrits de par le monde, et curieusement il ne semble pas que l'on en sache davantage sur sa personnalité. Il est vrai que la plupart de ces ouvrages sont des essais et études sur son œuvre. Comme si l'homme avait été éclaté en parcelles mises sous microscope. À l'inverse de cette démarche d'éparpillement, de rares biographies générales reconstruisent avec patience et minutie tous les fragments de son existence, que leurs auteurs arrachent à l'histoire et au monde mystérieux des archives. Le Baudelaire qui en émane reste un homme maudit non par ce qu'il fit, comme le laisse à penser sa légende, mais parce qu'il fut. Tragédie, guignon, désespoir… Il semblait pourtant que posséder un tel talent, une telle sensibilité et une telle postérité revenait au contraire à être considéré comme béni des dieux.

À refaire le chemin, appuyé sur ces diverses études, Baudelaire se découvre aux antipodes de son image. Un homme, gardé par un enfant, un homme plein de courage, de curiosité, de générosité et d'humour. Un travailleur acharné, d'une grande rigueur intellectuelle, d'une implacable exigence, à la fois courtois et pudique. Un homme qui n'obtint jamais la reconnaissance de son âme trop vaste, trop intense. Un homme à la recherche de sa légitimité, impuissant à se dire, clandestin de lui-même. Une âme en quête de l'autre que ses contemporains frileux ont maintenu dans sa geôle, comme des prisonniers s'arc-bouteraient sur la porte de leur cellule pour l'empêcher de s'ouvrir, paniqués soudain à l'idée de la liberté.

Pourquoi ?

– I –

HISTOIRES DE FAMILLES

« Mes ancêtres, idiots ou maniaques, dans des appartements solennels, tous victimes de terribles passions. » (*Fusées*, XII.)

Nous sommes en Champagne, sous Louis XV. Le XVIIIe siècle entame son second versant. Le siècle des Lumières va sombrer dans un bain de sang sans précédent, balayant sur son passage les structures séculaires d'un royaume de France âprement conquis sur la barbarie. Mais ce 17 juin 1759, à La Neuville-au-Pont, François Baudelaire – qui vient de naître – connaît encore la paix. Issu d'une famille de vignerons, à l'aise si ce n'est aisée, il se distingue très vite de ses camarades et reçoit, en raison de sa vive intelligence, une excellente instruction au collège de Sainte-Ménehould. Entre deux déclinaisons latines, il rencontre et se lie d'une amitié indéfectible avec Pierre Pérignon, fils d'un avocat au Parlement.

François est vraisemblablement boursier, et c'est dans la communauté de Sainte-Barbe qu'il ira finir ses études à Paris. En 1778 il se distingue au Concours général. En ces temps précurseurs du grand séisme, les loges maçonniques connaissent une activité intense dans laquelle l'égalitarisme palpite et circule, stimulé par la révolution américaine qui efface dans le sang et la poudre les vieux liens de dépendance avec la monarchie anglaise. François Baudelaire y est déjà tout acquis.

Desgenettes, célèbre médecin militaire qui y fut son condisciple, écrivait de lui qu'il « domina des cercles élevés par un tempérament bilieux, un esprit caustique et l'inflexibilité de son républicanisme ». Inflexibilité intérieure sans doute, mais fort éloignée du sectarisme. François était toutefois considéré comme un esprit à la fois « brillant » et « original ».

Il reçoit la tonsure à Saint-Nicolas-du-Chardonnet en 1781 et devient prêtre en 1784, par vocation, reconnaissance ou, plus pragmatiquement, afin de pouvoir se livrer dans la sérénité à des occupations intellectuelles et artistiques. Quoi qu'il en soit, en 1793, une semaine après le décret de la Convention selon lequel l'abdication de leur autorité ecclésiastique est rendu possible aux membres du clergé, il se défroquera.

Il est engagé dès 1785 par le futur duc de Choiseul-Praslin comme précepteur de ses enfants, Félix et Alphonse avec lesquels il s'en va demeurer rue du Bac, près de l'hôtel Praslin situé dans l'actuelle rue de Lille, puis en 1792-1794 à Auteuil.

Fin lettré, amateur d'art, brillant pédagogue, François Baudelaire apparaît comme un honnête homme, d'un commerce recherché puisqu'il étend ses relations jusqu'à ses voisins d'Auteuil, entre autres Cabanis et Condorcet.

Il se fond dans son environnement avec bonheur, apprécié des Praslin avec lesquels il noue des relations authentiques. Il semble qu'il partagea en outre les faveurs de Sophie de Grouchy, marquise de Condorcet, avec Cabanis, Jean Debry et Mailla Garat. Charles Baudelaire racontera plus tard que son père, François, se serait fâché de ce partage, ce que la marquise aurait trouvé étonnant.

Lorsqu'en 1793 la loi des suspects provoque l'arrestation de Condorcet et Praslin, et alors que tous les biens de la famille sont mis sous séquestre, les enfants restent à la garde de leur précepteur qui les protège et assure leur subsistance grâce, entre autres choses, aux leçons de dessin qu'il donne alors. Il se dépense sans compter pour aller assister ceux de ses amis qui sont enfermés et n'hésite pas, malgré les risques qu'il encourt, à faire jouer ses relations républicaines pour améliorer autant que se peut leur situation.

Il est alors âgé de trente-cinq ou trente-six ans.

C'est à cette époque que vient au monde la petite Caroline Archimbaut Defayis, sa future femme, dans le milieu des aristocrates français émigrés de l'autre côté de la Manche pour échapper à la Terreur. La seule trace écrite de sa naissance consiste en deux lignes sur le registre de Saint-Pancras, la paroisse des émigrés français en Angleterre. Elle y apparaît en 1794 comme

« *Caroline Archenbant, daughter of Charles and Juliet Defayis* », née le 27 septembre.

Sa mère, Julie Foyot, est la fille de Didier Foyot, fils de marchand devenu procureur au Parlement de Paris et originaire de… Champagne, comme les Baudelaire et les Pérignon.

En ce qui concerne son père, le mystère demeure. Charles Archambaut est officier. Sa présence dans ce milieu des émigrés plaide en faveur de la noblesse de ses origines. « Defayis », « Dufayis », « Dufay », « de Fayis », « Archambaut » ou « Archimbaut », nous retrouvons son nom écrit de toutes les façons, tout au long de sa vie, parfois même associé au nom de Lacombe. Caroline affirmera quant à elle s'appeler Archimbaut-Dufays, qu'elle orthographiera « Archembaut » encore plus tard. Lors du mariage en 1819 avec François, il lui faudra produire un certificat de notoriété.

Il est tout aussi difficile de retracer le parcours de Julie, mère de Caroline, que l'on retrouve de façon inexpliquée dans ce milieu des émigrés français sans un sou. Peu d'hypothèses permettent de rendre compte à la fois sa présence en Angleterre ainsi que du manque apparent de toute correspondance familiale. Fut-elle enlevée par le bel officier, furent-ils vraiment mariés ? Peut-être clandestinement, sans l'accord de leurs familles respectives, s'agit-il d'une mésalliance ? C'est probable, mais on ne sait.

Le père de Caroline trouve la mort en 1795 dans le triste massacre qui suivit une tentative de débarquement des émigrés à Quiberon. Si la situation des parents de Caroline se prête à des conjectures romanesques, une chose hélas est clairement établie, leur extrême dénuement.

Deux ans plus tard, en 1797, à l'âge de trente-huit ans, François Baudelaire épouse Rosalie Janin, de trois ans sa cadette, qui aurait été alliée à la famille Condorcet. Fort de ses nombreux appuis, il entame alors diverses démarches afin de devenir fonctionnaire. En 1800, il est élu secrétaire particulier de la commission administrative du Sénat. Il est logé dans les dépendances du Luxembourg et touchera jusqu'à dix mille francs par an. Il deviendra par la suite chef de la préture du Sénat. Cette tâche le met en contact avec de nombreux artistes ainsi qu'avec des conservateurs de musées.

Cette même année, et grâce à l'arrêté du 20 octobre 1800 permettant enfin aux émigrés de rentrer, Julie Foyot Lacombe, veuve Dufaÿs, regagne la France avec sa fille Caroline. Elle s'installe dans une chambre d'hôtel où elle meurt le 23 novembre de cette même année, vraisemblablement de tuberculose, à l'âge de trente-deux ans. François Pérignon et sa femme recueillent alors la jeune Caroline.

François Pérignon est avocat et connaît une brillante carrière ; il appartient à la même loge maçonnique qu'un des cousins de la mère de Caroline, conseiller à la Cour des aides. Faut-il y voir une des raisons pour laquelle sa femme Louise et lui se chargèrent de l'enfant ? Toutefois, que ce fût par compassion, fidélité maçonnique ou personnelle, ils l'élevèrent comme l'une des leurs et parmi les leurs. À titre officiel ou officieux, ce fut apparemment plus que n'en fit pour elle sa propre famille.

Caroline est alors âgée de sept ans, et la mort de sa mère la laisse au seuil d'une nouvelle vie. Il en ira ainsi de son fils Charles Baudelaire au même âge, à la mort de son père. La situation de Caroline est toutefois plus précaire. À sept ans, seule au monde, sans un sou, privée de son dernier et seul rempart naturel, il ne fait aucun doute qu'elle apprit très vite le prix de la sécurité et de la reconnaissance.

Caroline, pupille de Pérignon, fréquente alors souvent le couple Baudelaire. « Étant petite fille, j'ai dîné là souvent, avec la famille Pérignon, et c'était un grand plaisir de courir dans le jardin du Luxembourg quand il n'y avait plus personne et que l'heure de la retraite était sonnée », écrit-elle. François lui semblait vieux, à l'époque, et lui faisait l'effet d'un « grand seigneur ». De sa première femme Rosalie, Caroline dira qu'elle était « intelligente, à sa portée, lui ayant apporté la fortune ». Le fait que cette dernière se soit déclarée peintre sur son contrat de mariage à une époque où la seule finalité de la femme est d'être décorative et de procréer laisse rêveur, tout en éclairant de façon intéressante les propos de Caroline… À travers les documents, souvenirs et correspondances, la famille Pérignon apparaît simple, bienveillante et généreuse, d'une bourgeoisie intellectuelle, tranquille et d'une richesse que Caroline décrit comme « princière par le luxe et la dépense ». Elle s'épanouit naturellement dans ce milieu et devient l'archétype de la jeune fille accomplie de l'époque. Elle dessine donc, à la plume, joue probablement du piano et participe à la vie mondaine de la famille.

En juillet 1805, Claude Alphonse Baudelaire, demi-frère du futur Charles, vient au monde. Rosalie, sa mère en mauvaise santé, meurt le 22 décembre 1814, à l'âge de quarante-neuf ans, laissant Claude Alphonse, âgé de dix ans, à la garde de son père.

L'Empire passe et réduit les privilèges administratifs de François.

Louis XVIII arrive et anoblit Pérignon. François se trouve quant à lui, en raison probablement de son caractère, invité à une retraite généreusement rétribuée. Il faut bien faire de la place au nouveau personnel qui arrive. Il emménage donc au 13, rue Hautefeuille, dans la petite maison à tourelle qui fut détruite plus tard par le percement de boulevard Saint-Germain. Nous sommes alors en 1816.

En 1819, François Baudelaire est veuf depuis cinq ans déjà lorsque Caroline atteint l'âge fatidique de vingt-cinq ans. Malgré les trente-six ans qui les séparent, une proposition est faite. François Pérignon a sans doute le souci d'installer et de mettre à l'abri sa protégée, tout autant que d'adoucir les dernières années de son ami. La proposition peut sembler amère ; pour Caroline, elle est inespérée. L'âge de convoler, pour les jeunes filles, se situe alors entre seize et vingt ans. Comme elle est parfaitement accomplie mais totalement dépourvue de dot, la question de son avenir se fait pressante, et le statut honni de la vieille fille mi-domestique et mi-mineure à vie se profile avec sa cohorte de railleries.

Les jeunes filles d'alors ne sont guère élevées à attendre un mariage d'amour – tout juste bon pour les romans et les épiciers

– mais à aspirer une union équilibrée avec un homme plus mûr les mettant à l'abri du besoin et leur offrant enfin l'enviable statut de femme mariée, c'est-à-dire la liberté… ou presque, ainsi que cette grande récompense que sont les enfants, le remède ultime et souvent définitif d'ailleurs, étant donné la mortalité puerpérale, à tous les maux de la femme. On peut également supposer que l'ignorance quasi totale dans laquelle elles étaient tenues quant à la nature exacte des liens conjugaux était la plus subtile alliée des parents dans les tractations matrimoniales.

Dernière issue avant le célibat, ou remerciement aux Pérignon ? Quoi qu'il en soit, Caroline accepte cette union qui arrange toutes les parties. Le contrat de mariage est signé dès l'été 1819 ; le mariage quant à lui sera célébré le 9 septembre de la même année à la mairie du 10, rue Garancière.

Cela dit, et si l'on considère le portrait de François Baudelaire peint par son ami Regnault à l'occasion de son mariage avec Caroline en 1819, ce dernier n'accuse guère son âge. Sa présence, faite à la fois de puissance et de sensibilité, surprend plutôt. Ses cheveux sont bouclés, parsemés de blanc, ses sourcils d'un noir intense rajeunissent un regard aigu. Le nez altier surplombe une bouche et un menton assez gourmands. Il donne le sentiment d'un homme de caractère, « achevé et connaisseur », on le sent chaleureux dans la courtoisie et fin dans les sentiments. L'homme qualifié d'intelligent, d'esprit caustique et original, ne présentait peut-être pas par ailleurs une alternative totalement inintéressante au célibat. L'harmonie de bon ton qui présida à cet arrangement se retrouve dans les rapports unissant jusqu'au bout les protagonistes. Le mariage semble heureux et Alphonse, le fils aîné de François et Rosalie, restera toujours en bons termes avec sa belle-mère même après le remariage de celle-ci avec Aupick. Ce sera d'ailleurs à la femme d'Alphonse, Félicité Ducessois, que Caroline léguera la majeure partie de ses biens, constituée entre autres de l'argent qui revenait à son fils et qu'elle lui aura toujours refusé.

Si le parcours de Caroline est étonnant, celui de son mari ne l'est pas moins. À l'origine de la vie du poète convergent donc deux itinéraires échappant à la logique sociale. Par glissements, rencontres, affinités et élections, ses parents se trouvent occuper une autre place que celle que la naissance leur destinait. Fils de vigneron, prêtre défroqué, précepteur puis fonctionnaire, François Baudelaire évolue dans un milieu de philosophes, d'aristocrates et d'artistes, dans le monde de l'art autant que dans celui des idées. Ainsi fera son fils mais, à l'inverse de ce dernier, il est apprécié pour ce qu'il est et non pas uniquement en raison de la qualité de son travail. Il réussira en outre, à travers ces temps troublés, à se constituer un patrimoine honorable, à défaut d'être conséquent, qui lui permettra d'assurer l'avenir de ses enfants, intention dans laquelle il sera d'ailleurs trahi. Son évolution n'est ni du ressort du mérite, ni de celui de la volonté. C'est un franc-tireur, il tire sa légitimité de lui-même, elle est entérinée par ceux qu'il s'est choisi comme pairs. Son histoire, quoique originale, est fort claire.

C'est l'inverse qui prévaut en ce qui concerne Caroline. Si son milieu d'origine est moins éloigné de la bonne bourgeoisie que celui de son mari, il plane bien des mystères sur sa filiation et donc, socialement, des incertitudes sur son avenir. Fruit d'une mésalliance, d'un mariage morganatique, scandaleux, ou bien encore simple victime d'un veuvage précoce, la pauvreté de sa mère, la disparition de son père et le peu de liens apparents avec sa famille maternelle la destinent davantage à l'orphelinat et à un avenir de cousette, de répétitrice, qu'à celui de jeune fille de bonne famille. Caroline est certainement consciente de sa « chance ». Est-ce dans cette direction qu'il faut chercher la raison de son aspect extérieur lisse comme un galet, alors que la correspondance esquisse au contraire une nature sensible, nerveuse et inquiète ? Cette application constante à être ou sembler irréprochable sera l'un des poids que portera son fils sa vie durant.

Caroline apparaît en effet, à travers les documents que nous en avons, comme le reflet parfait de l'idéal féminin du temps. Modestie, arts d'agrément, douceur, bonté, grâce, elle répond à tous les stéréotypes. Elle s'adaptera parfaitement plus tard à la fonction de femme d'ambassadeur mais ne laissera jamais, non plus, un souvenir impérissable. On la sait brune. Sans portrait d'elle on l'imagine petite, lisse, coiffée en bandeaux, sertie dans une crinoline délicieusement respectable ; on la devine, au travers de la correspondance de ses proches, d'une affectivité à fleur de peau, à la fois émotive et versatile, s'installant vite dans le drame. Elle confectionne des vases de chiffons selon la mode du temps. Il est beaucoup plus difficile de l'appréhender que son mari dont tous les renseignements sont cohérents, autour d'aspérités clairement établies.

Les deux premières années de son mariage avec François Baudelaire semblent se dérouler paisiblement. Alphonse habite avec eux et suit les cours de la faculté de droit.

Avril 1821, Paris se réveille. Le soleil plus ardent sous l'air vif et glacé d'avril agace les bourgeons des marronniers du jardin du Luxembourg, véritable mer végétale au cœur du lacis inextricable de vieilles ruelles tortueuses serpentant jusqu'à Notre-Dame. La ville « pulse » d'une activité humaine intense.

Le quartier des universités et des tanneries grouille d'une humanité variée. Certains de ses passages impraticables abritent des gourbis insalubres à la faune inquiétante et débouchent sur de plus larges avenues bordées d'hôtels particuliers où les grandes familles de la Restauration mènent grand train.

Il y a désormais six ans que l'Empire s'est effondré, Louis XVIII règne dans un climat instable. Les émeutes populaires couvent en foyers endormis dans les brûlots de torchis que recèle le cœur de Lutèce. Passages de terre, pavés, rivières et ruisseaux, vastes champs vagues alternent avec des petites maisons. Les cris intenses et désordonnés des petits métiers résonnent dans l'air du matin. Les affiches en bois peint s'étalent au-dessus des charrettes à bras ou à cheval organisant un véritable trafic et les porteurs d'eau rappellent le manque de commodités de la capitale. Les caniveaux centraux des rues déversent dans la Seine leurs tributs d'immondices de la nuit, et la dysenterie comme les incendies sont les fléaux domestiques d'une population dynamique et réactive. Les théâtres et les églises poussent et meurent comme des champignons, changeant d'affectation en cours de route. Pendant que les élites jouent aux chaises musicales, Paris s'amuse, travaille, discute politique avec acharnement.

Le 11 avril 1821, François Baudelaire y déclare la naissance de son fils cadet, Pierre Charles Baudelaire, survenue deux jours plus tôt, soit le 9 avril 1821.

Dans la petite maison à tourelle de la rue Hautefeuille, le « vieux mobilier Louis XVI, Antique, Consulat[1] », les « pastels » et la société du XVIIIe forment le calme berceau des cinq premières années du poète.

Charles Baudelaire est un enfant charmant. Fin, beau, très vif, affectueux, curieux de tout, gai, sujet aux sautes d'humeur, susceptible, fanfaron et particulièrement intelligent. Entouré d'adultes, il mûrit vite. Curieux de tout, il apprend avec bonheur. François, peintre et pédagogue, qui a désormais tout le temps du monde – il n'est plus maintenant que membre du comité de lecture du théâtre de l'Odéon –, peint pour son jeune fils un album d'éveil. Autres temps autres mœurs, l'album est en latin.

Au cours de longues promenades aux proches jardins du Luxembourg, dont Charles gardera le souvenir diffus mais heureux, son père décrypte pour lui la réalité du monde. À la réflexion, ceci apparaît surprenant à plus d'un titre.

Les enfants de cette époque, et les plus jeunes à plus forte raison, sont alors élevés loin du monde des parents, confiés aux soins des bonnes. (Charles ne fait pas exception à la règle, qui se rappellera avec émotion Mariette, la servante au grand cœur.) Il est passablement rare, au moins avant l'adolescence, qu'il aient un rapport à ce point privilégié avec leur père. Remarquons d'ailleurs que Baudelaire ne mentionnera pas particulièrement les promenades que, voisin du parc, il n'a pas manqué de faire avec Mariette elle-même, afin de courir, s'aérer et s'amuser. Les souvenirs qu'il garde d'elle seront d'ailleurs surtout ceux de l'affection, des attentions, des tendresses. Celles de sa mère devaient à l'époque être plus éloignées des contraintes quotidiennes de la vie de l'enfant, et ce n'est pas un hasard si, adulte, il compose

Mariette, la servante au grand cœur dont vous étiez jalouse, dont il s'étonnera que sa mère ne semble pas le remarquer.

L'intensité de l'émotion même, plaisir ou peur, colère, soulagement ou malaise, ancre ou encre le souvenir dans la mémoire vierge de l'enfant. Sans émotion quelle qu'elle soit, rien ne vient distinguer un événement d'un autre, ils se fondent indistincts dans le brouillard des choses insignifiantes. Sans émotion, le souvenir n'existe pas. Il faut donc admettre que le souvenir de ces promenades au jardin du Luxembourg en compagnie de son père, même confus, a une grande importance aux yeux de Charles.

Considérons donc plus attentivement ces promenades et tenons compte de ce que nous savons à la fois de François et de Charles enfant. Est-il imaginable que cet ancien pédagogue ait emmené son fils dans ce jardin plein d'histoire dans le seul but de l'aérer – ce que faisait fort bien la bonne – et ce d'autant plus que cet enfant était particulièrement vif, curieux et éveillé ? Ce fils, qui avouera lui-même avoir toujours eu, depuis l'enfance, « ce goût permanent de toutes les représentations plastiques. Préoccupations simultanées de la philosophie et de la beauté en prose et en poésie ; du rapport perpétuel, simultané de l'idéal avec la vie[2] », et qui décrira les images comme étant sa « grande et primitive passion[3] » ?

Il est plus cohérent de penser que ce peintre amateur et grand passionné d'art attirait déjà l'attention de son jeune fils sur la beauté sous toutes ses formes : évidente, cachée, involontaire, celle de l'ombre d'une ellipse comme celle de l'harmonie intérieure due à un parfait équilibre. Esprit caustique et original, il ne put sûrement s'empêcher de déstabiliser, à l'occasion, le monde fragile des apparences afin de dévoiler à son fils l'absurde d'une situation, l'humour involontaire d'une inscription. Théologien, philosophe et latiniste, il jouait plus probablement avec Charles à trouver le mot le plus juste, la définition la plus limpide.

Toute personne ayant déjà emmené un enfant récalcitrant au musée peut se figurer que, si ces promenades se répètent, c'est que le père comme le fils y trouvent leur bonheur. Et en réalité ce dut bien être un vrai bonheur pour François de trouver chez son fils un tel écho, un tel plaisir et un tel intérêt pour ce qu'il soumettait à sa jeune et fraîche intelligence.

Ce plaisir partagé s'imprima dans la tête et le cœur de l'enfant. Avec son père, et dans le regard de celui-ci, il existait tel qu'il était réellement dans la mutuelle reconnaissance de la même façon d'être au monde, du même goût pour l'art comme pour le raisonnement. Ils partagent tous deux la même disposition d'esprit, le goût très vif de l'art et de la pensée, la même exigence intellectuelle, la même rigueur, la même aptitude à la pensée divergente. Ce sont des « retourneurs de pierres ». Ces pierres si lisses, simples données du paysage, qui lorsque vous prend l'idée saugrenue de les retourner révèlent tout un univers fascinant et inattendu. Il leur a toutefois, hélas pour le bonheur terrestre de Charles, été imparti deux histoires familiales mais aussi et surtout deux natures différentes. Celle de François telle que nous la connaissons, et celle plus fantasque, sensible et nerveuse de Charles, qu'il partage avec sa mère.

Le plaisir complice des promenades au Luxembourg n'a sans doute jamais été formulé explicitement, mais il a existé. Dans ces moments, et avant même que la vie ne le fasse s'interroger sur lui-même, Charles est reconnu et apprécié pleinement pour ce qu'il est. Ce sera le seul moment de sa vie où son être intérieur et extérieur coïncideront dans le regard d'une personne qui compte à ses yeux.

Cette jubilation, cette facilité, ce plaisir éprouvé dans le partage avec l'autre dotent Charles d'un « réservoir » de bonheur dans lequel il puisera sa vie durant pour affronter les vicissitudes. Ce souvenir lumineux sera pour lui comme une sorte de paradis entrevu. Il ranimera toujours et inlassablement l'espoir de Baudelaire et participera à son incroyable quête de reconnaissance et de visibilité.

Baudelaire est ainsi fait que sa vie durant il interrogera toujours l'essence des gens et des choses, avec lucidité caustique et idéalisme. Pour son malheur, et tel l'albatros d'un de ses tous premiers poèmes, il vivra ainsi dans deux dimensions simultanées, celle immense de l'être et celle de la compromission du faire : la réalité. On imagine à quel point ces dispositions d'esprit le rendront difficilement supportable à son entourage dès l'adolescence.

La mort de son père, le 10 février 1827, représente un séisme dans la vie de Charles. Une scission, une faille se creuse entre le paradis de l'enfance heureuse et insouciante, et le changement fait irruption avec son cortège d'inquiétudes dans ce qui était alors un monde clos et immuable.

Qu'a-t-on dit au petit Charles ? La transparence n'était guère de mise à l'époque. Son père, en tant que prêtre défroqué, sans doute ne fut pas présenté à l'église, du moins pas celle de sa paroisse. Il fut enterré le jour même dans une fosse pour cinq ans, au cimetière Montparnasse[4]. Il est cependant vraisemblable qu'en ces temps étonnants où l'état de franc-maçon ne perturbait nullement l'affirmation extérieure d'un catholicisme motivé, une messe fût donnée à son intention, fût-ce pour le pardon de ses péchés. Le petit Charles y aurait alors sûrement assisté. Faut-il voir des échos de son souvenir dans la relation qu'il fait de l'enterrement de la sœur de Thomas de Quincey dans les *Confessions d'un mangeur d'opium* ? « La souffrance du trajet en voiture avec les indifférents qui causaient de matières tout à fait étrangères à sa douleur ; les terribles harmonies de l'orgue, et toute cette solennité chrétienne, trop écrasante pour un enfant, que les promesses d'une religion qui élevait sa sœur dans le ciel ne consolaient pas de l'avoir perdue sur la terre. À l'église, on lui demanda de tenir un mouchoir sur ses yeux. Avait-il donc besoin d'affecter une contenance funèbre et de jouer au pleureur, lui qui pouvait à peine se tenir sur ses jambes ? »

Cette disparition le prive de la simple reconnaissance en miroir de sa façon d'appréhender la vie. Cette faculté partagée avec son père, qui l'exprima sous d'autres formes, était porteuse d'estime. Estime qui lui sera tellement déniée de son vivant, ou reconnue parcimonieusement, du bout des lèvres et souvent à contrecœur. Avec son père, homme fait et profondément libre intérieurement, et sur le fond de cette reconnaissance il aurait sans doute lui aussi pu apprendre la liberté et le moyen d'arriver aux renoncements qu'elle requiert. Son père en mourant trop tôt en a hélas effacé le chemin.

La perte qu'il vient de subir est d'autant plus énorme que, silencieuse et inconsciente, elle se nourrit du temps qui passe et de n'être jamais sue. Nous touchons là à l'origine de la quête intérieure incessante qui animera le poète sa vie durant, lui barrant l'accès à la légitimité, et faisant de lui à jamais ce « faux accord dans la divine symphonie ».

Triste et inquiet, le petit Charles l'est sûrement, mais il n'a pas à son âge les moyens de réaliser pleinement ce qu'il vient de perdre. Ce qu'il a perdu avec la mort de son père, c'est l'altérité, la richesse structurante de pouvoir se voir entier et compris dans un regard au moins. Toute sa vie, très tôt, il se plaindra de la solitude terrible qui est la sienne : « Sentiment de solitude, dès mon enfance. Malgré la famille, – et au milieu des camarades, surtout, – sentiment de destinée éternellement solitaire. Cependant, goût très vif de la vie et du plaisir[5]. »

Le chagrin en tant que tel, dans la vie d'un enfant aussi jeune, est de courte durée. Un sentiment lourd de peine confuse se dépose en douceur comme un voile sur la légèreté de sa vie jusqu'ici. Les jours qui passent, lui ramenant sa moisson de plaisirs quotidiens, recouvrent peu à peu sa tristesse.

« Qu'est-ce que le cerveau humain, sinon un palimpseste immense et naturel ? Mon cerveau est un palimpseste et le vôtre aussi, lecteur. Des couches innombrables d'idées, d'images, de sentiments sont tombées successivement sur votre cerveau, aussi doucement que la lumière. Il a semblé que chacune ensevelissait la précédente. Mais aucune en réalité n'a péri. [...] les échos de la mémoire, si l'on pouvait les réveiller simultanément, formeraient un concert, agréable ou douloureux, mais logique, sans dissonances[6]. »

Commence alors pour Baudelaire la période souvent qualifiée par les divers biographes, et qui demeure encore telle dans les notices des manuels, comme celle qui aurait été la plus heureuse de sa vie. Il aurait enfin eu pour lui seul sa mère, qu'il sera censé aimer de façon excessive, et ceci procédant de cela aurait pris son jeune et fringant beau-père en détestation. Ces deux visions des événements sont devenus des affirmations et des lieux communs dont il n'est pas certain qu'ils résistent à l'analyse.

Alors que débutent les longues procédures juridiques (elles dureront jusqu'en 1830) visant à liquider la succession de François Baudelaire entre ses deux fils issus de deux mariages différents, Caroline voit quant à elle ses revenus diminuer considérablement. Il ne lui reste en tout et pour tout que l'usufruit des deux mille francs de rentes donnés par son mari par contrat de mariage. Elle séjourne, durant l'été 1827, avec Charles et la fidèle Mariette à Neuilly. Un des premiers poèmes de Charles sera :

Je n'ai pas oublié, voisine de la ville,
Notre blanche maison, petite mais tranquille ;
Sa Pomone de plâtre et sa vieille Vénus
Dans un bosquet chétif cachant leurs membres nus,
Et le soleil, le soir, ruisselant et superbe,
Derrière la vitre où se brisait sa gerbe,
Semblait, grand œil ouvert dans le ciel curieux,
Contempler nos dîners longs et silencieux,
Répandant largement ses beaux reflets de cierge
Sur la nappe frugale et les rideaux de serge.

Faut-il y voir un hasard supplémentaire ? Cette image forte se rapporte à cette période de deuil. Il se retrouve alors, fragile et réceptif, isolé du monde, seul avec sa maman, qui bien qu'on imagine qu'elle ne soit pas à proprement parler ravagée par le chagrin n'en est pas moins ramenée alors à son deuil d'enfant et à ses incertitudes d'avenir. Six ans, l'âge tendre où l'enfant est séparé de la mère par l'existence du père. Voilà Charles avec toute son émotivité et sa sensibilité jeté dans une relation intense avec sa mère, où leurs sensibilités exacerbées se font écho.

Comment un petit garçon, pas encore complètement construit, ferait-il donc la part entre ce qui est à lui et ce qui est à elle ? Symboliquement le soleil couchant, lumineux et mélancolique qui se brise en gerbe, au-delà de la vitre, sur la nappe de serge, est le seul désormais à séparer l'enfant de la mère, dans le silence de cet amour fusionnel qui s'installe. Le soleil de tous temps le grand symbole du père. Il appartient au poète et particulièrement à celui des correspondances de s'exprimer en symboles, et l'on aurait tort de penser qu'ils ne sont pas en relation étroite avec le cœur de ce qu'il est. À chaque étape de sa vie Baudelaire saura, du fond de sa prison, mettre en images lumineuses la nature de son mal.

Dès septembre ils s'installeront, en compagnie d'Alphonse, au 30 de la rue Saint-André-des-Arts, après avoir vendu divers objets et œuvres d'art aux enchères ou à des amis. Ils continuent de passer les beaux jours à Neuilly. Cette période qui s'ouvre devant le jeune Charles marque vraisemblablement le début de ses souvenirs conscients. La rupture d'avec son ancien mode de vie, une proximité de fait certainement plus grande avec sa mère ayant vécu le même traumatisme au même âge impriment plus nettement la mémoire de Charles. Tout est nouveau, sa jeune curiosité est très sollicitée par tous ces changements. Il partage pour la première fois son existence avec son demi-frère Alphonse, avocat à la cour de Paris depuis 1825. La vie se déroule à nouveau calmement, sous l'œil attentif de Mariette. Le petit garçon s'imprègne de nouvelles ambiances et atmosphères. Quant à Caroline, la limpidité de son personnage se trouble pour la seule et unique fois : lors de sa rencontre avec Aupick, dans les mois qui ont suivi la mort de son mari, qui se termine par un mariage précipité et par la naissance dans le plus grand secret d'une enfant mort-née, à Creil, lors d'un pseudo-séjour de santé.

Jack Aupick surgit dans la vie de l'enfant un peu comme un cavalier de jeu d'échecs que l'on ne voit pas forcément venir, qui conquiert la place et la verrouille.

Les dates et circonstances de la rencontre entre Caroline et Jack Aupick demeurent mystérieuses. Grâce à l'accouchement discret de Caroline à Creil, on peut fixer au moins à mars 1828 la date limite de la conception de son enfant, c'est-à-dire un an après la mort de son premier mari, François Baudelaire, le père du poète. Peut-être Caroline et Aupick se connaissaient-ils de longue date. Les points de rencontre entre eux sont nombreux.

Jacques (Jemis) Aupick, né aux alentours de février 1789, est selon son acte de notoriété le fils de Jacques Joseph Aupick, militaire irlandais, enrôlé en 1751 dans le régiment de Berwick infanterie, et d'Amélie Talbot, irlandaise également. En l'absence de traces écrites, on les suppose dûment mariés.

Jack perd son père, alors capitaine, à l'âge de cinq-six ans, des suites d'une blessure reçue lors d'une bataille. Sans précisions sur la mort de sa mère, il est permis de supposer que l'acte de notoriété requis par M. Baudart, le 10 juillet 1808, découle des formalités nécessaires, soit à son inhumation, soit à son adoption.

Pierre Jean Baptiste Louis Baudart, juge de paix de Gravelines, recueille l'enfant et l'élève comme le sien avec sa fille. Il lui léguera à sa mort, en 1821, la plupart de ses biens. Aupick refuse alors la succession à moins que la fille de son bienfaiteur n'en reçoive la moitié. Rappelons qu'Aupick, pour valeureux qu'il soit, n'a pourtant pas un sou.

D'abord élève au prytanée militaire puis à Saint-Cyr, admissible à Polytechnique, le jeune Aupick vole de succès militaires en décorations. Il connaît une éclipse – la seule de sa brillante carrière – de deux ans sous la Restauration, après une blessure reçue à Fleurus au cours des Cent-Jours. Il multiplie les requêtes et serments d'allégeance, et finit par être réintégré le 5 août 1817. Les rapports élogieux s'accumulent sur sa tête : « Un élève qui s'est constamment distingué par ses succès dans les études, par l'amour de l'ordre et par une surveillance ferme et sage […] ayant une année d'avance sur les élèves des différents cours qu'il a suivis, a cru par un sentiment de délicatesse ne pas devoir entrer en concurrence avec ses camarades… » Le duc de Hohenlohe le décrit comme un homme au « physique agréable », « discret », « décent », « aimable en société », « ferme et plein de jugement », « maître de soi », « d'une intelligence particulière », « embarrassé de rien », « d'une instruction générale extrêmement étendue », « laborieux et studieux », « parle l'anglais, l'espagnol et l'allemand ». Voici donc l'homme admirable auquel succombe Caroline.

Leur âge tout d'abord est plus assorti, seules quatre années les séparent. Comme pour Caroline, les circonstances et la date exacte de la naissance d'Aupick demeurent très mystérieuses. Ses parents sont-ils réellement mariés ? Son prénom lui-même reste incertain. Comme Caroline, il aura donc besoin d'un acte de notoriété pour convoler. Comme Caroline il perd d'abord son père, des suites d'un combat militaire, puis se retrouve orphelin de mère vers l'âge de sept ans. Comme Caroline il est recueilli par un homme de loi, qui l'élève avec bonté et chaleur. Comme Caroline donc, il connaît le poids de la reconnaissance et sait reconnaître sa chance. Comme elle, il n'a pas un sou. Comme Caroline, parfait reflet de l'idéal du temps, il devient quant à lui le parfait militaire de l'époque. En choisissant l'armée, en épousant Caroline qui n'a ni nom ni fortune, ne se réapproprie-t-il pas comme elle son histoire originelle, pour la magnifier par ses mérites ? Que Caroline ait cédé à Aupick en dehors des liens du mariage laisse en effet rêveur. Élevée comme elle l'avait été, elle ne pouvait ignorer le risque réel d'un tel acte, lourd de conséquences sociales s'il était arrivé malheur à Aupick, alors chef de bataillon, ou même s'il l'avait abandonnée. Il est difficile d'imaginer une simple histoire d'amour partagée et assumée par deux adultes dans la mesure où, par la suite, rien ne viendra jamais corroborer chez Caroline une attitude « adulte » ou une quelconque indépendance d'esprit. Dans quelle mesure eut-elle à cette occasion plus ou moins le sentiment de s'affranchir du fardeau de la reconnaissance qu'elle éprouvait pour les Pérignon, et dans le même temps de se réapproprier, d'une certaine façon, son histoire familiale ? Le portrait et l'histoire tout entière du général Aupick seront à cet égard exemplaires.

Imagine-t-on l'effet d'une telle rencontre sur un petit garçon de sept ans ? Cet homme, ce héros, va être son nouveau papa. Quel prestige, quelles perspectives excitantes pour cet enfant à l'imagination débordante. « Enfant, je voulais être pape ou comédien, mais pape militaire[7] », dira Baudelaire.

Aupick prend très vite en affection le garçonnet, il pressent un grand potentiel chez lui et l'« adopte ». Charles devient « son mioche[8] ». Ce dernier attend inconsciemment que ce nouveau papa, comme le premier, le révèle encore à lui-même alors qu'Aupick, de son côté, et probablement presque aussi inconsciemment, attend de cet enfant étonnant qu'il ensoleille encore davantage, si c'est possible, et prolonge les honneurs qu'il a conquis de haute lutte sur le terrain social. Conquérant dans l'âme, ne s'est-il pas fait dessiner un blason comportant une épée avec la devise « Tout par elle » ? Aupick voudrait-il ainsi, à travers l'avenir de cet enfant, coloniser l'intégralité du siècle ? De ce « mioche » dont il a perçu le potentiel, il attend dans tous les cas qu'il entérine, par sa réussite future, la place dans l'existence qu'il a de fait ravie à la pointe de l'épée.

Charles serait ainsi curieusement investi du devoir de légitimer, par sa réussite, l'existence de son beau-père. La notion de légitimité se trouve décidément bien à la croisée des itinéraires familiaux du poète.

Si Baudelaire ne peut être autre que ce qu'il est, à savoir un « retourneur de pierres », Aupick non plus ne saurait être autre. Malheureusement il n'est pas un retourneur de pierres mais un guerrier, c'est-à-dire un tueur, et le sens ici n'est pas forcément péjoratif. Ce fut juste dommage pour Baudelaire. N'eût-il pas été ce qu'il était, ç'aurait pu être une chance pour lui ; quant à nous, nous y aurions peut-être beaucoup perdu…

Aupick est un homme honnête et droit, généreux, de façon léonine sans doute mais non dénuée de bonté. La vie lui offre un fils, il n'est pas plus coupable ici dans ses ambitions que bien d'autres pères légitimes, son attitude est même plutôt noble. Le tort viendra plus tard. Cette rencontre faite sous les meilleurs auspices se développe sur ce quiproquo terrible : interprétant les facilités de Baudelaire en fonction de son système de valeurs personnel, il lui offre sa protection afin qu'il devienne semblable à lui et le prolonge : militaire, diplomate, etc. L'enfant, fasciné par le conquérant, accepte la crainte et donne de l'affection en attendant d'en obtenir la liberté. Dans la même lettre précédemment citée, et parlant de son beau-père, Baudelaire confiera à sa mère la crainte tout autant que l'affection qu'il lui inspirait. À l'époque du choix de la carrière littéraire, Aupick sera donc, on s'en doute, son plus terrible ennemi.

Et pourtant, belle ironie, la carrière militaire brillantissime d'Aupick, qui le verra devenir commandeur de la Légion d'honneur, commandant de Polytechnique, ambassadeur à Madrid et à Istanbul puis sénateur, s'évanouira dans les pages d'histoire militaire. Singulière revanche, c'est sur le parfum capiteux des *Fleurs du Mal* que tous les lycéens de France, de Navarre et parfois d'ailleurs se pencheront.

Au début de cette relation qui finira si mal on ne trouve donc qu'affection partagée entre Aupick et son beau-fils, avec ambition du côté du beau-père, crainte et admiration du côté de Charles. Le mariage entre Caroline et Jack a lieu le 8 novembre 1828, en l'église de Saint-Thomas-d'Aquin. L'absence des Pérignon tant à la signature du contrat de mariage qu'au mariage proprement dit évoque davantage l'émancipation probablement inconsciente de Caroline de ce joug, tendre certes, mais joug quand même, que représente l'immense reconnaissance qu'elle voue à ses parents adoptifs. Il ne s'agit cependant en aucun cas de tiédissement des relations. Les Pérignon ont participé au conseil de famille instituant Aupick co-tuteur de Charles. Ils apprécient par ailleurs la matière dont cet homme est fait. Tout le cercle familial et amical accueille l'officier à bras ouverts. C'est une union des plus décentes et assortie. Quels que soient les sentiments, conscients ou non, de rivalité que ne manque sûrement pas de ressentir Charles à l'égard de son nouveau beau-père, il y a fort à parier qu'ils sont dominés par les éclats scintillants du prestige d'Aupick autant que par la force du consensus social.

Le ménage s'installe rue du Bac, laissant le 30 de la rue Saint-André-des-Arcs (l'actuelle rue Saint-André-des-Arts) à la disposition d'Alphonse. Caroline part pour ce séjour de « santé » à Creil et revient en décembre avec de nombreux dessins à la plume faits, dit-elle, pour son fils. Il sera question de ce retour en 1861, dans une lettre de Charles à sa mère souvent citée, qui sera l'un des fondements de cette légende d'attachement fou et exclusif à sa mère, dont on voudrait que provienne la haine de son beau-père.

« ... Il y a eu dans mon enfance une époque d'amour passionné pour toi ; écoute et lis sans peur. Je ne t'en ai jamais tant dit. Je me souviens d'une promenade en fiacre ; tu sortais d'une maison de santé où tu avais été reléguée, et tu me montras pour me prouver que tu avais pensé à ton fils, des dessins à la plume que tu avais faits pour moi. Crois-tu que j'ai une mémoire terrible ? Plus tard, la place Saint-André-des-Arcs et Neuilly. De longues promenades, des tendresses perpétuelles ! Je me souviens des quais, qui étaient si tristes le soir. Ah ! ç'a été pour moi le bon temps des tendresses maternelles. Je te demande pardon d'appeler bon temps celui qui a été sans doute mauvais pour toi[9]... » Il faut toutefois préciser que cet extrait représente une fraction à peine d'une lettre bilan, par ailleurs terrible pour sa mère, sur laquelle nous reviendrons plus tard.

Nous sommes alors à la fin de l'année 1828, début 1829. Tandis que le colonel Aupick requis pour de nombreuses missions se trouve fréquemment absent, Charles, qui va à présent sur ses huit ans, est bien installé dans sa nouvelle vie. Il fait la connaissance d'Anne Félicité Ducessois, la fort jolie jeune fille qui épousera son frère en avril 1829. Mariage assorti et dans l'ordre des choses. Charles a cosigné le contrat de mariage de son frère avec pas moins de trois pairs de France.

Sœur de Louis Théodore Ducessois, confrère d'Alphonse devenu imprimeur, la jeune femme est née en 1812 et n'a donc que neuf ans d'écart avec Charles. Cela fait d'elle une sorte de grande sœur. Félicité a également un petit frère, Théodore, de l'âge de Charles. Il y a tout lieu de penser qu'ils se sont tous beaucoup rencontrés, avant et après le mariage. Caroline se prend de sympathie pour sa jeune bru, et elles resteront toujours en très bons termes. Nous trouvons donc trois femmes autour de notre poète, ce qu'il semble avoir apprécié, au point de nous laisser ces lignes :

« Du monde féminin, *mundi muliebri*… qu'est-ce que l'enfant aime passionnément dans sa mère, dans sa bonne, dans sa sœur aînée ? Est-ce simplement l'être qui le nourrit, le peigne, le lave et le berce ? C'est aussi la caresse et la volupté sensuelle. Pour l'enfant cette caresse s'exprime à l'insu de la femme, par toutes les grâces de la femme. Il aime donc sa mère, sa sœur, sa nourrice, pour le chatouillement agréable du satin et de la fourrure, pour le parfum de la gorge et des cheveux, pour le cliquetis des bijoux, pour le jeu des rubans, etc., pour tout ce *mundus muliebris* commençant à la chemise et s'exprimant même par le mobilier où la femme même met l'empreinte de son sexe. »

Cette lettre écrite en avril 1860 à son ami Auguste Poulet-Malassis démontre la force des impressions et sensations littéralement bues par notre poète alors en culottes courtes. Par sa proximité avec son petit frère, Félicité dut avoir d'autant plus de facilité à rentrer en contact avec son jeune beau-frère. Réputée jolie, elle occupe de plus un statut particulier : ni mère sacralisée, ni sœur trop familière, mais belle-sœur quand même, elle se situe curieusement presque à égalité de rang. Le point est intéressant à préciser dans la mesure où Charles et Félicité entretiendront un dialogue incessant dont on entend surtout les réponses de Baudelaire, et où les biographes s'accordent à voir en Mme de Cosmelly l'une des deux héroïnes de la première nouvelle de Baudelaire : *La Fanfarlo*, une représentation de Félicité. Sa place particulière – résurgente, faite de complicité, de séduction, de mépris amer, d'attention et de colère dans les écrits de Baudelaire – la recommande à notre attention. Certains voient en elle une muse, sorte d'amour platonique, désespéré et unilatéral du poète qui éclaire de façon singulière leurs rapports. Rien de factuel toutefois ne nous permet d'accréditer ou d'infirmer cette thèse.

Sur l'impact d'une telle proximité féminine autour d'un jeune enfant unique, lisons ce qu'en dira notre sujet quelques années plus tard : « Le bercement des nourrices, les câlineries maternelles, les chatteries des sœurs, surtout des sœurs aînées, espèces de mères diminutives, transforment pour ainsi dire, en la pétrissant la pâte masculine. L'homme qui dès le commencement, a été longtemps baigné dans la molle atmosphère de la femme, dans l'odeur de ses mains, de son sein, de ses genoux, de sa chevelure, de ses vêtements souples et flottants, y a contracté une délicatesse d'épiderme et une distinction d'accent, une espèce d'androgynéité, sans lesquelles le génie le plus âpre et le plus viril reste, relativement à la perfection dans l'art, un être incomplet. Enfin, je veux dire que le goût précoce du monde féminin, *mundi muliebris*, de tout cet appareil ondoyant, scintillant et parfumé, fait les génies supérieurs [...][10]. »

Charles profite donc, comme on le voit, de la douceur de vivre et de son rapport privilégié avec les adultes pour continuer de construire sa personnalité vive et curieuse. Il s'imprègne des mille et un détails de la vie quotidienne et les transforme en sources de réflexion, de plaisir ou de contrariété dans lesquelles il semble se perdre avec délices.

À partir de juin 1829, Aupick connaît neuf mois de mise en disponibilité à la mort de son appui, le prince de Hohenlohe. Le 23 mars 1830, il embarque pour la conquête de l'Algérie, à la suite de l'échec des négociations avec le dey d'Alger, dernier coup d'éclat du régime de Charles X. Il ne regagnera Paris que le 1er juillet 1831, un an après les Trois Glorieuses et l'arrivée au pouvoir de Louis-Philippe ; sa carrière ne souffrira pas – bien au contraire – de ce nouveau changement de régime. Charles a donc bien tout le loisir de profiter du « bon temps des tendresses maternelles » et sororales. À lui les bonbons de chez Berthellemot, et les grands magasins. Le presque paradis, ou ce qui s'en approche le plus, pendant quatre ans.

Les visites aussi, chez les amis de ses parents, font également partie de sa vie. Elles ne se révèlent pas toujours fastidieuses, comme celle, extraordinaire, rendue à Mme Panckoucke par exemple.

« Je me rappelle très distinctement que cette dame était habillée de velours et de fourrure. Au bout de quelque temps, elle dit : “Voici un petit garçon à qui je veux donner quelque chose afin qu'il se souvienne de moi.” Elle me prit par la main, et nous traversâmes plusieurs pièces, puis elle ouvrit la porte d'une chambre où s'offrait un spectacle extraordinaire et vraiment féerique. Les murs ne se voyaient pas, tellement ils étaient revêtus de joujoux. Le plafond disparaissait sous une floraison de joujoux qui pendaient comme des stalactites merveilleuses. Le plancher offrait à peine un étroit sentier où poser le pied. Il y avait là un monde de jouets de toutes espèces, depuis les plus chers jusqu'aux plus modestes, depuis les plus simples jusqu'aux plus compliqués. “Voici, dit-elle, le trésor des enfants. J'ai un petit budget qui leur est consacré, et quand un gentil petit garçon vient me voir, je l'amène ici, afin qu'il emporte un souvenir de moi. Choisissez.”

» Avec cette admirable et lumineuse promptitude qui caractérise les enfants, chez qui le désir, la délibération et l'action ne font, pour ainsi dire, qu'une seule faculté, par laquelle ils se distinguent des hommes dégénérés, en qui, au contraire, la délibération, mange presque tout le temps – je m'emparai immédiatement du plus beau, du plus cher, du plus voyant, du plus frais, du plus bizarre des joujoux. Ma mère se récria sur mon indiscrétion et s'opposa obstinément à ce que je l'emportasse. Elle voulait que je me contentasse d'un objet infiniment médiocre. Mais je ne pouvais y consentir, et, pour tout accorder, je me résignai à un juste milieu[11]. » Remarquons au passage que bien que toutes les mères puissent se reconnaître dans la réaction de Caroline, Baudelaire et sa mère nous offrent ici une magnifique préfiguration de leurs futurs rapports.

Le mois de juillet 1831 arrive et, avec lui, le retour d'Aupick, fraîchement promu lieutenant-colonel. Sans doute trouve-t-il quelque qualité émolliente au *mundus muliebris* qu'il retrouve – à moins qu'il ne veuille en être le centre –, toujours est-il qu'il prend la décision de mettre Charles au collège mais également en pension. À dix ans il est grand temps. Aupick fait part avec amusement, dans sa lettre à un ami, des « yeux rouges » qu'occasionne sa décision. Le mois d'octobre de la même année voit donc Charles faire sa première rentrée en septième au collège royal de Charle-magne, alors renommé – soyons sûrs qu'il ne s'agit pas d'un hasard – pour sa préparation à Saint-Cyr et Polytechnique. Il est mis en pension chez M. Bourdon, chef d'institution préparant à divers concours d'entrée. Alors que le choléra se répand à travers Paris, la révolte des ouvriers de la soie éclate sur les flancs de la Croix-Rousse à Lyon. Le 25 novembre 1831, le lieutenant-colonel Aupick part avec l'armée du duc d'Orléans et du maréchal Soult pour la capitale des Gaules. Sa famille ne le rejoindra, l'ordre rétabli, qu'en janvier 1832.

– II –

LE COLLÈGE ROYAL DE LYON

« Mon berceau s'adossait à la bibliothèque,
Babel sombre où roman, science, fabliau,
Tout, la cendre latine et la poussière grecque,
Se mêlaient. J'étais haut comme un in-folio.
Deux voix me parlaient. L'une insidieuse et ferme,
Disait : « La Terre est un gâteau plein de douceur ;
Je puis (et ton plaisir serait alors sans terme !)
Te faire un appétit d'une égale grosseur. »
Et l'autre : « Viens ! oh ! viens voyager dans les rêves,
Au-delà du possible, au-delà du connu ! »
Et celle-là chantait comme le vent des grèves,
Fantôme vagissant, on ne sait d'où venu,
Qui caresse l'oreille et cependant l'effraie.
Je te répondis : « Oui ! douce voix ! » C'est d'alors
Que date ce qu'on peut, hélas ! nommer ma plaie
Et ma fatalité… » (*La Voix.*)

À peine arrivé à Lyon, le petit Charles inaugure, le 1er février, une correspondance enthousiaste avec son frère resté à Fontainebleau et, plein de toute l'excitation de ce long voyage de trois jours et demi en diligence, il raconte ses impressions à Alphonse.

Le 1er février 1832. Lyon.

Mon frère,

Tu m'as dit de t'écrire tous les premiers du mois et je remplis mon devoir.

Je te vais raconter mon voyage.

Première étourderie de maman : en faisant charger les effets sur l'impériale, elle s'aperçoit qu'elle n'a plus son manchon et s'écrie, en faisant un coup de théâtre : « Mon manchon ! » Moi de lui répondre tranquillement : « Je sais où il est et je vais le chercher. » Elle l'avait laissé dans le bureau sur une banquette.

Nous montons dans la diligence, nous partons enfin. Pour mon compte, dans le premier moment, j'étais de fort mauvaise humeur à cause des manchons, des boules d'eau, des chancelières, des chapeaux d'homme et de femme, des manteaux, des oreillers, des couvertures, à force, des bonnets de toutes les façons, des souliers, chaussons fourrés, bottines, paniers, confitures, haricots, pain, serviettes, énorme volaille, cuillers, fourchettes, couteaux, ciseaux, fil, aiguilles, épingles, peignes, robes, jupons, à force, bas de laine, bas de coton, corsets les uns pardessus les autres, biscuits, pour le reste je ne puis me le rappeler.

Tu sens bien, mon frère, que moi qui suis toujours en mouvement, toujours sur un pied ou sur l'autre, je ne pouvais pas bouger, et à peine me mettre à la vitre.

Bientôt je redevins gai comme à l'ordinaire. Nous relayâmes à Charenton et continuâmes notre route ; je ne me rappelle guère plus les relais, aussi je passe au soir. Le jour étant tombé, je vis un bien beau spectacle, c'était le soleil couchant ; cette couleur rougeâtre formait un contraste singulier avec les montagnes qui étaient bleues comme le pantalon le plus foncé. Ayant mis mon petit bonnet de soie, je me laissai aller sur le dos de la voiture et il me sembla que toujours voyager serait mener une vie qui me plairait beaucoup ; je voudrais bien t'en écrire davantage, mais un maudit thème m'oblige à finir ici ma lettre.

Ton petit frère, Charles Baudelaire.

N'oublie pas d'embrasser de ma part ma sœur et Théodore. Je t'enverrai la suite de mon voyage au premier mars. Maman et papa te disent bien des choses.

Extraits de la lettre suivante, datée du 3 mars 1882.

... À l'approche de cette ville [Chalon], *il y eut une montée et nous descendîmes, maman, la domestique et moi. Comme il faut toujours que je sois en mouvement, que je coure et que je sois sur un pied ou sur l'autre, j'allais bien en avant, et de maman, et de la diligence. Bientôt je les perdis de vue tous les deux. Il faut avouer ici que j'étais fort content, car j'avais l'air d'un monsieur seul sur la grand route de Chalon à Lyon.*

Maman voulait rentrer dans la voiture et je n'étais pas là. J'entendis enfin sa voix qui me disait de revenir parce qu'elle voulait remonter dans la diligence et, lorsque je fus arrivé, j'entendis un des voyageurs prononçant ces paroles qui s'adressaient à moi : « Voici ce petit monsieur qui court en avant, tout seul, sur la grande route. » Je ne pus m'empêcher d'être content de ce que l'on me donnait le nom de monsieur. *Le reste est trop joli et trop difficile à décrire pour que je n'y réfléchisse pas jusqu'à la première lettre que je t'écrirai.*

Ces deux lettres, écrites avec un brio étonnant pour son âge, révèlent un petit garçon espiègle et gai.

Plein de lui-même, de joie de vivre, Charles est terriblement impatient de « devenir un monsieur ». Quelques traits de son caractère définitif se manifestent déjà. Sa curiosité et l'acuité de ses observations, mais surtout cette vaste conscience de lui-même qui le fait vivre avec intensité, tout autant qu'il se regarde vivre.

Pour l'heure, c'est encore un enfant n'ayant été confronté qu'à des choix clairs sur un fond de confiance affective totale. Sa réussite future est alors, pour lui et son entourage, une certitude à la mesure de ses talents prometteurs.

Charles entamera sa transmutation en Baudelaire dans le creuset de l'internat lyonnais. Sa personnalité fraîche, légère, incisive, sensible et réceptive y sera pour la première fois confrontée à l'adversité. Encore souple et mobile les deux premières années, elle va se structurer autour de ses premières blessures. Elle se solidifiera et consommera la rupture définitive d'avec la petite enfance.

Lyon, la ville qui selon Aragon « vient à vous les yeux baissés », accueille le jeune Charles. En 1831, elle est industrieuse, fermée sur elle-même et tout entière axée sur la soie. Le canal de Jonage qui déleste le Rhône n'est pas encore creusé et livre la ville aux caprices du fleuve. Les crues nombreuses emportent isthmes, bras de terre et souvent les habitations ou ateliers qui s'y trouvent. On se chauffe au charbon, et si les quinquets diffusent encore leurs pâles lumières jaunes dans les brouillards fuligineux, on en est tout juste à éventrer les rues pour installer le gaz.

Ville industrielle, ville chimique, ville bourgeoise. Le quartier de la Croix-Rousse, colline abrupte, abrite un terrible envers de décor dans ses taudis miséreux. La population des canuts – les ouvriers de la soie –, harassée par un labeur écrasant, y meurt de faim aux portes des quartiers bourgeois. Les maisons, trop hautes, trop serrées les unes contre les autres, mal aérées, s'enflamment comme des torches, et le moindre incendie se répand. Toute cette population ouvrière dont le cri de ralliement était « vivre en travaillant ou mourir en combattant » se voit brutalement refuser par les soyeux lyonnais le tarif minimal qui lui avait été péniblement accordé pour enrayer la baisse des salaires par le préfet du Rhône dans la liesse des beaux jours de Juillet. Les canuts se révoltent et, le 23 novembre 1831, se rendent maîtres de Lyon. L'armée est alors envoyée avec Aupick pour rétablir et maintenir l'ordre. Cela implique bien évidemment de tirer sur la foule si nécessaire, fût-elle constituée de femmes et d'enfants affamés comme ce fut alors le cas. En la circonstance,

Aupick, nommé chef d'état-major de la 7e division, s'y fait apprécier de ses supérieurs. Ce grand répressif fait plier dans le sang et les larmes les contempteurs de l'ordre qu'il est souverainement mandaté pour garantir. Existe-t-il une forme plus absolue d'affirmation de sa propre légitimité ? Forme assumée et revendiquée avec cynisme à travers sa fameuse devise, « Tout par elle », se rapportant à son épée. La légitimité des uns ne se nourrit-elle pas de la clandestinité des autres ?

Dès leur arrivée, Les Aupick s'installent au 45, place Henri-IV, actuelle place Carnot. En avril ils déménagent pour le 4, rue d'Auvergne. La maison donne sur une jolie colline verdoyante, et Charles se vantera auprès de son frère d'avoir la plus jolie vue de Lyon. Étrange image bucolique que ce frais coteau troublé chaque soir, au moment suspendu où le jour cède à la nuit, par l'exaspération des cris des aliénés de l'hospice de l'Antiquaille en contrebas. La vibration mortifère des égarés traversant le flanc de la beauté naturelle la corrompt en beauté surnaturelle. La béance de la plaie laisse entrevoir un monde vertigineux, à la fois intérieur, psychanalytique et extérieur, mystique. C'est entre ces deux extrêmes révélés qu'évoluera le poète, à la recherche effrénée d'un miroir capable de refléter l'intégralité de son âme. Hélas, ces deux mondes seront en lui si intenses qu'ils lui barreront les portes de la réalité, de l'accès à l'autre, et lui interdiront ainsi tout accomplissement terrestre.

De tout cela, le jeune Charles n'en est encore qu'aux prémices, cependant il est déjà fasciné par le vertige induit par l'incongruité.

De 1832 à 1836, la vie lyonnaise des Aupick se déroule de façon conforme à la vie des militaires de l'époque. Peu de Lyonnais, aux dires de Caroline, font partie de leur relations. Celles-ci sont surtout constituées de leur pairs, gendarmerie, intendance, armée, dont « quelques femmes charmantes » affirmera Charles avec aplomb, du haut de ses onze ans, ainsi que de leurs amis venus leur rendre visite.

Parfois invités à la campagne, ils reçoivent à l'occasion le proviseur ou le recteur à déjeuner. Ces visites sont l'occasion de grandes promenades à travers Lyon. Aupick s'absente souvent pour rejoindre sa section stationnée soit à Grenoble, soit à Compiègne. Ces occasions qui sont autant de moments privilégiés pour Charles et sa mère, prennent un air de vacances, comme lors de sa communion au mois d'avril, dans la chapelle du collège, de ce « monstrueux style jésuitique qui me plaît si fort… qui est faite avec des marbres de différentes couleurs », suivie d'une escapade gourmande avec sa mère aux « eaux » de Charbonnières.

Les retours d'Aupick chez lui sont ceux du guerrier, et l'on voit Caroline comme son fils faire assaut de créativité et menus cadeaux. Ce dernier porte à ses présents une attention scrupuleuse. Il se montre d'une exigence déjà étonnante quant à leur qualité : cure-dent en ivoire, plume anglaise de Clays dans un étui de bois des îles. Baudelaire est spontanément généreux. Il lui faudra subir de nombreuses années d'humiliations pour que parfois, plus tard, dans un second mouvement, il puisse faire preuve d'une parfaite mesquinerie.

En attendant, Charles est immédiatement inscrit à la pension Delorme, à quelques minutes à peine de chez lui. Il fréquente les bancs du collège royal, aujourd'hui collège Ampère. Venant de Paris, il intègre directement la sixième. Il n'a encore que dix ans. Sa vie est alors tissée de tous ces menus événements qui constituent l'ordinaire d'un enfant de son âge. Son quotidien se dilue dans l'éternel retour d'un jour claustral, trop souvent semblable au précédent. Les fêtes de Noël n'y sont jamais mentionnées, mais bien plutôt les étrennes de la fin de l'année. Il écrit de la pension les 25 et 27 décembre, au mois d'août il y est encore, au mois de septembre il y est souvent. Tout ce qui nous échappe est pourtant essentiel. Les sorties, les escapades à la campagne, tous ces lieux où les émotions s'engrangent et les rêveries s'amorcent. Ces moments sont rares, et sans doute d'autant plus lumineux. Ils alimentent ses rêveries et nourrissent son vaste monde intérieur englué dans la morne laideur du collège.

L'ordinaire des collèges et pensions de l'époque ne laissait pas beaucoup de temps au repos. Levés à l'aube, obéissant à une discipline quasi militaire, livrés aux bons soins d'une population de surveillants méprisés de tous et sous-payés, les enfants menaient une vie rude. L'hiver, le froid et l'humidité faisaient des ravages. Il suffit de s'imaginer un lundi matin d'hiver, dans ces grandes salles péniblement éclairées, traduisant Homère ou Virgile pendant des heures avec des professeurs omnipotents. Le moindre relâchement pouvant vous envoyer aux arrêts, debout dans la cour sous une pluie glaciale… La journée entière était réglementée. Dieu merci, les sorties et les exemptions trouaient régulièrement la monotonie des jours. Ce fut le cas pour Charles… au début.

Il trouve la pension « sale, et mal tenue ». Lui qui prend tant de plaisir à la découverte de ce qui l'entoure, si prompt à la nouveauté qu'il écrit sur du beau papier rose cassé afin d'étonner son frère, se trouve heurté d'emblée par le caractère des Lyonnais. Il les décrit, dans ses lettres à ses parents ou bien à son frère, comme « pas propres, avares et intéressés ». Mais lorsqu'il écrit, il communique essentiellement sur le seul sujet dont il soit comptable, à savoir ses notes.

Encore peu au fait de ce qui l'attend, Charles se montre d'abord assez content d'aller au collège, lui qui a tant hâte de grandir. C'est selon lui un mal nécessaire qui doit, pense-t-il naïvement, lui ouvrir les portes du savoir et l'amener à l'âge adulte auquel l'on sait visiblement tout sur tout et sur soi-même. Il est fier de son nouvel uniforme qui symbolise son nouveau statut. Le Savoir pourtant, du moins celui qu'il imagine, n'est pas au rendez-vous. Sa déception et sa démotivation seront à la mesure de l'espérance qu'il y avait apportée.

Particulièrement sociable, il attend, tout aussi naïvement, de pied ferme les nouveaux amis qu'il ne manquera pas de se faire. Hélas, dans ce domaine, c'est bien plutôt l'adversité qui sera de mise.

Ses notes, curieusement pour un enfant si vif, sont tout d'abord médiocres ; en fait elles resteront irrégulières tout au long de sa scolarité. Il passe avec aisance de la vingt-huitième place à la première, mais se situera le plus souvent vers les quinzièmes.

Son beau-père, afin de le stimuler, décidera de rémunérer les premières places cinq francs.

La contradiction entre ses notes et son potentiel, tel qu'il est pressenti par ses parents et ses professeur, n'est, nous le verrons, qu'apparente.

En septembre 1832, Charles se retrouve… en pension au lieu d'être en vacances, ce afin de permettre à ses parents de faire un petit voyage auquel ils avaient pourtant promis de l'inviter. Il attendra ce voyage six ans durant, c'est-à-dire jusqu'en 1838. Le mois de novembre le voit intégrer l'internat du collège. Il s'avoue ravi du menu : « … Confitures, compotes, pâtés au jus, tourtes, poulets, dindes et compotes, et encore tout ce dont je n'ai pas mangé. » S'agissant de la nourriture, il ne fallait certes pas désespérer des Lyonnais.

Les étrennes, celles qu'il reçoit comme celles qu'il donne, le préoccupent énormément. Il déplore l'absence de boutiques de qualité à Lyon. Il reçoit essentiellement des livres et n'hésite pas à rappeler son frère à ses devoirs avec de grosses ficelles enfantines. À cette époque, il professe la plus grande admiration pour les romantiques et déclame, comme le raconte son ami Hignard qu'il retrouvera par la suite à Louis-le-Grand, du Hugo à la récréation. Il signe alors ses lettres Carlos ou bien encore Carlot et connaît son heure de gloire en mars 1833 avec l'incident de la roulée, lequel occasionne une lettre toute vibrante d'émotion chevaleresque qu'il signe : *le mutin cadet*. Il va alors sur ses douze ans.

Mon frère,

Grande rumeur au collège. Un maître a frappé un élève jusqu'à lui donner des maux de poitrine. Il est extrêmement malade et ne peut se lever. Je vais tout te raconter. Cet élève, au bout d'une demi-heure d'étude ne comprenant pas son devoir, avait fait passer des billets pour le savoir. Le pion l'ayant découvert lui dit des sottises selon son ordinaire. L'autre fit encore passer un billet pour lequel fut donné une roulée à laquelle l'élève riposta quelques coups de pied. Le pion voulant terminer cette lutte d'un seul coup lui donne un coup de pied dans les reins. Le tambour bat pour le souper. L'élève se met à son rang ordinaire, le pion le fait passer à la queue en lui disant qu'il n'était pas digne d'aller avec les autres. En revenant du souper il le met dans le charbonnier pour la même raison. De temps en temps il venait le claquer ; l'élève avait les reins en déconfiture, il ne pouvait lui résister. On se couche. Deux jours après, sortie. Je rentre le soir et l'on m'apprend que cet élève est à l'infirmerie, ne pouvant plus se soutenir et qu'il est tombé en défaillance dans les rangs. L'infirmière est résolue à tout faire pour qu'il s'en aille, mais ce n'est pas sûr comme il est bien coco auprès du proviseur.

Nous lui avons fait un tel charivari dans la cour que le proviseur l'a entendu de son appartement. Alors ce pion riait de ce qu'on faisait pour lui, mais il riait jaune. Je suis dans les mutins. Je ne veux pas être de ces lèche-culs qui craignent de déplaire aux pions.

Vengeance sur ceux qui ont abusé de leurs droits. C'était une inscription des barricades de Paris. S'il ne s'en va pas, nous faisons mettre un article sur le Courrier de Lyon. *Adieu. Bonsoir. Bien des choses de la part de papa, de maman, de moi pour tout le monde et pour toi particulièrement.*

Le mutin cadet,
Charles[12].

Ce moment de rébellion collective le cueille avec ivresse. Son terrible isolement un instant aboli, avec les autres enfin et pour une fois semblable à eux, il se reconnaît, vertige inédit dans leur désir de réparation et considération. Il éprouvera un embrasement du même ordre en 1848 quand, debout sur des barricades, il hurlera qu'il faut à tous prix aller fusiller… Aupick !

Galvanisé par cette énergie, inédite dans un tel lieu, il atteindra les premières places en grec au mois de mai.

« Tout enfant, j'ai senti dans mon cœur deux sentiments contradictoires, l'horreur de la vie, et l'extase de la vie. C'est bien le fait d'un paresseux nerveux[13]. » C'est surtout le fait d'un contemplatif hypersensible. Toute l'intensité vibrante de Charles se situe là, bien avant qu'il ne soit question d'excitant quelconque. Cette disposition constitutive ne le quittera jamais. « Ne méprisez la sensibilité de personne. La sensibilité de chacun, c'est son génie[14]. » Associer sa poésie et la drogue revient à lui dénier sa spécificité.

Charles, en attendant, est assoiffé de sensations fortes, seules aptes à mettre au diapason son corps et son âme. Il se livre avec jouissance à ses activités et surinvestit donc les rares plaisirs qui lui sont offerts ; il apprend entre autres à danser. Sociable et fort civil, il ne manque jamais dans ses lettres de saluer toutes leurs connaissances communes. Il rêve de chasses avec son frère, d'avoir un nouveau fusil et avoue ne pas avoir réellement travaillé. Il se fait déjà, à onze ans, une haute idée de son honneur.

Toutefois, les plaisirs l'emportant de façon normale à son âge sur les ardeurs scolaires, l'ambiance familiale s'alourdit. Il commence à cumuler les arrêts et les privations de sortie. Ses parents se fâchent et n'hésitent pas à suspendre leurs visites.

L'année scolaire 1833 résonne dans ses lettres de grandes déclarations de principes quant à son assiduité au travail. Charles y déplore sa paresse et son étourderie. Une malencontreuse entorse l'empêche de danser, insulte personnelle du sort à son encontre, heureusement qu'il peut jouer comédies et proverbes. Il lit Juvénal et préfère déjà, dans l'exigence et la maîtrise, « jacasser amicalement que faire du fatras et du pathos ». Déjà ce goût de ne jamais « prostituer les choses intimes ». Aupick lui rapporte d'un de ses déplacements un phénakitiscope, appareil d'optique dont la nouveauté et la sophistication comblent notre jeune dandy. Il le dessine, le décrit et le raconte avec bonheur à son frère.

À partir de 1834, l'année de ses treize ans, sa correspondance perd petit à petit de son insouciance. Il regrette Paris, compare les caractères lyonnais et parisien, évoque inlassablement un éventuel retour à Paris, autant dire à la civilisation. Il se dit découragé par ses notes, déplore « son ancienne splendeur » et espère être piqué pour réagir. Nous sommes confrontés ici, pour la première fois, à l'expression d'un mouvement profond qui ne fera que se répéter en s'amplifiant chez Baudelaire. Cet abattement, auquel il donnera le nom de spleen ou d'ennui, ressemble bien plus à l'émergence d'une sorte de dépression due au deuil, à la perte sourde et sans nom qu'il a subie, dont il ressent confusément qu'elle est liée à la perte de lui-même, de son « ancienne splendeur ». Son souvenir lui permet cependant d'espérer retrouver l'état antérieur, celui où son image était en accord avec ce qu'il était. Pour y parvenir il sait qu'il faudra, par l'action d'un événement extérieur, la « piqûre », la « décharge », que le ressenti lui soit rendu afin que le courant, la vie circule à nouveau.

Ainsi, au seuil de son adolescence, au moment même où il commence à prendre possession de lui-même, Baudelaire est déjà entravé par le décalage entre les facilités jubilatoires et partagées de ses souvenirs, et sa disgrâce, tant sur le plan scolaire que sur celui de la camaraderie.

Lyon, le jeudi 6 février 34.

Maman,

Je ne t'écris pas pour te demander pardon, car je sais que tu ne me croirais plus ; je t'écris pour te dire c'est la dernière fois que je me fais priver de sortie, que désormais je veux travailler et éviter toutes les punitions qui pourraient seulement retarder ma sortie. C'est bien la dernière fois, je te le jure, je t'en donne ma parole d'honneur. Je travaillerai ; crois-le ou ne le crois pas, tu seras forcée de le croire lorsque je t'aurai donné des preuves d'un changement complet. Je n'ose interrompre l'anglais, qui me prend du temps, parce que, ayant commencé et l'ayant déjà abandonné l'année passée, il me semble que ce serait une honte de ne pas finir. Je suis pourtant faible cette année dans ma classe et je désire fermement me remettre au niveau de ceux qui l'année dernière étaient de ma force. Mon père doit être bien fâché ; mais dis-lui pour moi ce que je t'écris, dis-lui que je me repens bien de ne pas avoir travaillé pendant ces trois mois qui viennent de s'écouler. Ce n'est point une vaine promesse ; je me souviendrai que je t'ai juré de travailler. Et quoique que je sois descendu bien bas, j'ai encore assez de cœur pour ne pas frustrer une seconde fois ton espérance, surtout après t'avoir donné ma parole. Néanmoins les meilleures preuves du monde sont des actions et non des paroles. J'espère te prouver bientôt ma sincérité. J'espère que le censeur n'aura plus plaintes à te faire sur mon compte. En travaillant je reprendrai ma place honorable dans la classe de l'année dernière.

Veuille m'apporter au collège, si tu n'es point malade, de la pommade pour les lèvres, car depuis longtemps j'y ai mal.

Ton fils Charles, bien fâché de te causer tant de mécontentements.

Suit une liste de livres à prendre dans son armoire afin de les prêter à un camarade : *Grandeur des Romains*, *Convalescence du vieux conteur*, *Choix* de Gresset et *Voyage* de Levaillant, son grand-oncle maternel, en deux tomes.

Il s'agit là de la première de ces longues lettres-bilans dont il sera coutumier, dans lesquelles la lucidité de l'analyse voisine avec la meilleure volonté du monde, et qu'il enverra jusqu'à la fin de sa vie à sa mère. Hélas, cela lui nuit souvent bien davantage que cela ne le sert. Frappés de l'écart entre l'analyse et les promesses qui ne semblent pas vraiment suivies d'effet, les parents se lassent, et surtout ne voient pas très bien eux-mêmes ce qu'ils pourraient ajouter à l'analyse implacable de leur bien curieux rejeton.

La contradiction, pourtant, n'est ici qu'apparente. Elle tient au manque de sens profond pour lui de ce qui lui est demandé. Lorsqu'il se met à la tâche, en intuitif il va trop vite, a du mal à freiner sa pensée. Il confond comprendre et apprendre. Absorbé dans une traduction latine, il passe les trois quart du temps imparti à arpenter l'Antiquité en rêve. Éparpillé entre son monde imaginaire et le travail, il accumule les étourderies, tombe dans les pièges les plus simples alors qu'il se joue des plus complexes. Ceci explique qu'il parvienne quand même de temps à autre à obtenir d'excellentes notes et à exaspérer parents et professeurs. Il veut bien travailler, mais comment faire ? Comment déjouer les chausse-trappes d'une intelligence si rapide qu'elle n'a pas le sentiment d'avoir fait un acquis alors qu'elle l'a déjà engrangé et en a tiré le maximum de combinaisons possibles ? Le phénomène est bien connu de nos jours, c'est celui de l'apprentissage chez les enfants précoces, doués et surdoués. À l'instar d'un champion de patinage à qui l'on demanderait une démonstration de ses talents il serait déjà à rêver de boucles et d'arabesques sans imaginer un instant que l'on attend de lui l'exposé de la première étape : la façon dont on prend, enfile et lace les chaussures. Il mettrait beaucoup de temps à comprendre ce qu'on lui demande et devrait certainement se concentrer pour décomposer les gestes qu'on attend de lui, qui ne sont probablement, d'ailleurs, pas exactement les siens. Pourvu que vous lui cachiez ses lacets, il y a de fortes chances qu'il chute au premier élan pour ne pas vraiment s'en être rendu compte.

Mi-février, il est privé de sortie, mais il est onzième en thème et quatrième en histoire naturelle. Le 25 février, il écrit à ses parents.

Papa, maman,

je vous envoie cette lettre pour tenter de vous persuader qu'il y a encore quelque espérance à me tirer de l'état qui vous fait tant de peine. Je sais que dès que maman lira le commencement de cette lettre elle dira : je n'y crois plus, que papa dira la même chose ; mais je ne me décourage pas, vous ne voulez plus venir me voir au collège pour punition de mes sottises ; mais venez une dernière fois pour me donner de bons conseils, pour m'encourager. Toutes ces sottises viennent de mon étourderie et de mon lambinage. Quand la dernière fois encore, je vous ai promis de ne plus vous donner de chagrin, je parlais de bonne foi, j'avais la résolution de travailler et de travailler ferme pour que vous puissiez dire : nous avons un fils qui reconnaît nos soins ; mais l'étourderie et la paresse m'ont fait oublier les sentiments qui me possédaient quand je promettais. Ce n'est pas mon cœur qu'il faut corriger, il est bon, c'est mon esprit qu'il faut fixer, qu'il faut faire réfléchir assez solidement pour que les réflexions y restent gravées. Vous commencez à croire que je suis un ingrat, vous en êtes peut-être bien persuadés. Comment vous prouver le contraire ? je sais le moyen ; c'est de travailler sur-le-champ ; mais quoique je puisse faire, ce temps que j'ai passé dans la paresse et l'oubli de ce que je vous devais sera toujours une tache. Comment vous faire oublier en un moment une mauvaise conduite de trois mois ? Je ne sais et c'est pourtant ce que je voudrais. Rendez-moi tout de suite votre confiance et votre amitié, venez me dire au collège que vous me les avez rendues. Ce sera le meilleur moyen de me faire aussi changer en un moment.

Vous avez désespéré de moi comme d'un fils au mal duquel on ne peut remédier et auquel tout est devenu indifférent, qui passe son temps dans la paresse, qui est mou, lâche et n'a pas le courage de se relever. J'ai été mou, lâche, paresseux, je n'ai pensé à rien pour un certain temps ; mais comme rien ne peut faire changer le cœur, mon cœur qui malgré ses défauts a son bon côté m'est resté. Il m'a fait sentir que je ne devais pas désespérer de moi-même. J'ai pensé que je pouvais vous écrire et vous communiquer les réflexions que m'avait suggérées l'ennui que me procure une vie passée dans la paresse et les punitions. Et l'idée seule que vous pouviez me regarder comme un ingrat m'a rendu quelque courage. Si vous-mêmes n'avez plus celui de venir au collège, répondez-moi, et dans une lettre donnez-moi les conseils et encouragements que dans le parloir vous m'auriez donnés en personne. On donne des places d'histoire naturelle ce matin, j'en espère une bonne. Cette espérance que j'ai peut-elle vous engager à m'écouter ? J'en ai encore eu dernièrement une très mauvaise, une très mauvaise, mais l'envie de réparer cet affront a fait que ce matin je me suis appliqué à ma composition. Si décidément vous avez pris le parti de ne plus venir au collège avant qu'une conduite nouvelle vous ait prouvé un changement total de ma part, écrivez-moi, je garderai vos lettres, je les lirai souvent pour lutter contre mon étourderie, pour me faire verser des larmes de repentir, pour que ma paresse et mon étourderie ne me fassent pas oublier les fautes que j'ai à réparer. Enfin, comme je vous l'ai dit au commencement de ma lettre, le cœur n'y est pour rien. Un naturel léger, un penchant invincible à la paresse m'a fait commettre toutes ces fautes. Soyez-en bien persuadés. Vous n'oublierez pas j'en suis sûr, que vous avez un fils au collège, mais n'oubliez pas que ce fils a encore du cœur. Voilà ce que je voulais vous écrire. Le but en est bien simple, je veux vous persuader qu'il ne faut pas désespérer de moi. Et qui d'ailleurs, en pensant que ses parents ne veulent plus venir le voir et qu'ils en sont au point d'employer les moyens de rigueur, n'aurait pas écrit bien vite pour les détromper ? Ce ne sont pas les moyens de rigueur qui me touchent. C'est la honte de vous voir obligés de les employer. Ce n'est point à la maison que je suis attaché, non plus qu'aux commodités que j'y trouve quand je sors, c'est au plaisir de vous voir que je suis sensible, au plaisir de causer avec vous pendant un jour, aux louanges que vous pouvez me donner sur mon travail. Je vous promets de changer, mais ne désespérerez pas de moi et comptez encore sur mes promesses.

Charles.

Ces lettres d'enfant témoignent déjà d'une belle maturité dans l'auto-analyse. Celle-ci ne se démentira jamais. Deux éléments ici s'affirment : le besoin affectif fort, encore normal pour son âge et l'ennui. Deux dispositions qui ne feront que s'accentuer au cours de sa vie.

« … J'ai le projet de me relever de l'engourdissement où je suis tombé, que j'ai le projet de travailler ferme. » Cette phrase, il ne le sait pas encore, deviendra son leitmotiv.

Du 9 au 13 avril 1834, alors que les salaires baissent à nouveau et que les républicains s'organisent, à Lyon une terrible insurrection éclate à la nouvelle de la loi interdisant les associations.

Le collège, coupé de l'extérieur, est au centre des événements. Les balles le traversent, les boulets pleuvent, les incendies ravagent les maisons voisines. Le 13, avec l'apaisement du conflit, les élèves sont renvoyés dans leurs familles jusqu'au 18. Les 27 et 28 avril, une révolte d'élèves a lieu au collège. Nous n'avons aucun écho de la façon dont Charles (qui n'a que treize ans) l'a vécue. En revanche son beau-père, pour avoir fait preuve en cette occasion de « la plus grande énergie » ainsi que d'un « zèle et d'un dévouement à toute épreuve », est promu, le 29, au grade de colonel.

Le mois suivant, dans une lettre à Alphonse, Caroline dresse un portrait de Charles : « [*Il*] avait fait des merveilles : il a toujours été premier ou deuxième sur cinquante. Il est dans une bonne veine ; s'il voulait continuer ainsi, nous en serions bien heureux, il a tant de moyens que nous devons exiger beaucoup. Il est bien loin d'être un enfant ordinaire, mais il est si léger, si fou, il aime tant le jeu ! Quant aux qualités de cœur, quant au caractère, il ne laisse rien à désirer : il est d'un commerce charmant, bon et sensible au dernier point, très aimant. Nous n'avons d'autres reproches à lui faire que de jouer en classe au lieu de travailler et d'avoir la mauvaise habitude d'attendre toujours au dernier moment pour faire ses devoirs. [...] Dites-lui combien... remettre toujours est un défaut qui entraîne des suites très graves... »

En mai, quoique quatrième en grec, il est privé de sortie et supplie sa mère de venir le voir. En relatant un examen qu'il pense avoir réussi, il se flatte d'être parvenu à lui cacher qu'il n'avait pas vraiment travaillé. Caroline ne daignant toujours pas venir, il dépêche donc auprès d'elle deux de ses camarades pour plaider sa cause. Il se montre toujours prompt à imaginer des stratagèmes créatifs pour contourner des situations contraires, ne s'avoue jamais vaincu.

En octobre, cette fois, c'est une moisson de prix : il obtient un premier accessit de version grecque, d'anatomie, de vers latins, de version, et un prix d'excellence. Il n'a toujours qu'une idée en tête, avoir un nouveau fusil de chasse et la permission de chasser.

En attendant, il démonte et nettoie à chaque retour chez lui le vieux fusil que son frère lui a donné.

Le ton général de ses lettres devient plus désinvolte, plus détaché, et indique assez clairement qu'il s'estime blessé. Il semble se protéger davantage.

Ma bonne mère,

Tu es partie du collège bien irritée, je le sais, mais tu as été trop rigoureuse et même trop injuste en me traitant d'ingrat. J'ai trop bien réfléchi sur toutes les obligations que j'avais envers ma mère pour ignorer que dans ma position d'écolier, je dois lui causer beaucoup de contentement et de satisfaction.

Tu m'as traité d'ingrat ; moi ingrat. Et, ma bonne mère, lorsque tu m'as dit ce mot, as-tu pensé qu'une étourderie d'un jour durerait si longtemps ? Eh oui ! c'est bien ma faute, je le confesse. Mais j'ai maintenant assez de raison, j'ai gagné assez de raison pendant les vacances auprès de toi pour ne pas étouffer sur-le-champ cette effervescence d'un jour. Moi, ingrat. Quand même je n'aurais pas pris dès le commencement de l'année d'excellentes résolutions, ce seul mot me convertirait. Je t'ai écrit cette lettre pour te supplier de venir me voir dès aujourd'hui. Cela me fera beaucoup de bien et de plaisir, car je suis très peiné de l'injure que tu m'as faite. Viens me voir, je t'en prie.

Charles. Demande pardon pour moi à mon père.

Mais décembre voit déjà faiblir son humeur conquérante (il se trouve alors dans les dix meilleures places) ; il a les doigts froids et gourds, bavarde en étude, multiplie les pensums et décrit les arrêts comme son écueil éternel : « L'élève : Eh, dis donc, voisin, prête-moi donc ton devoir afin que je copie. Le maître : Monsieur, une demi-heure d'arrêt. L'élève : Ah, vilain ! Le maître : Monsieur, pour murmurer, vous en ferez le double. L'élève : Et pourqu… Le maître : Triple. »

1835. Alors que le choléra sévit dans la région lyonnaise, Charles va sur ses quatorze ans. Il avoue encore ne s'être mis à travailler qu'au moment même des examens. Il est en troisième et maintiendra en gros son niveau honorable.

L'« ennui » recommence à hanter son courrier, et il « cherche à se procurer une nouvelle jouissance » à travers le patinage. Son obsession demeure la chasse. Il en rêve, de cette activité d'homme : la poudre ne fait-elle pas « peur aux mamans » ?

Il ne paraît guère heureux à travers ses lettres à Alphonse. On a voulu qu'il travaille, il a de bonnes notes et les revendique. Cela ne semble pas le satisfaire en soi. Bien au contraire. Il a sans doute imaginé ce grand moment, celui de la remise des prix, le contentement de ses parents, la considération des professeurs. Il a sans doute espéré de cet effort de concentration une reconnaissance capable de restaurer son bonheur de petit enfant tout entier, sa légèreté. En réalité, au-delà d'un premier mouvement de fierté légitime, il se retrouve plus seul encore, sans témoin ni personne pour partager son malaise qu'il n'identifie pas très bien. Vis-à-vis des professeurs il rejoint le groupe des bons élèves, sans doute plus anonyme encore que l'élève fantasque et irrégulier qui lui, au moins, intrigue. Pour ses parents, il s'est enfin conduit normalement et, au fond, c'est de cela seulement qu'il est félicité. Qu'est-ce donc que cette réussite dont il n'est pas dupe et qui fait leur fierté ? Où diable peut-il se retrouver dans cela, lui qui est suffisamment intelligent et lucide pour savoir qu'il ne sait rien et que ces victoires ne sont que des compromissions ? Mesure-t-on l'essentiel de la vie à l'aide de leçons de géographie et à l'aune de l'apprentissage des citations latines ? Prouesses de singes ! C'est tout un espoir qui vient de s'évanouir, l'espoir de combler ses aspirations diffuses. Ce malaise fusionne avec le sentiment de perte qui l'habite et, s'alourdissant, commence à creuser un gouffre sous ses pieds, duquel sourd une mélancolie qu'il ne peut que nommer ennui. Un abattement et un dégoût de toutes choses, paralysant les émotions tout autant que l'activité. Cette « mélancolie » deviendra si puissante au fil des années qu'elle prendra le visage d'une dépression qui ne guérit jamais vraiment et resurgit inlassablement.

C'est donc à l'occasion de ce premier divorce entre Charles tel qu'il se vit et les premiers reflets renvoyés par l'extérieur qu'éclôt ce « noir poison ». Sa vive intelligence le pousse bien évidemment à se remettre en cause, à douter de lui et de ce qu'il a toujours pensé de lui. Il ne se reconnaît plus dans l'image qu'on lui renvoie et pourtant il n'a pas changé, alors que ce passe-t-il ? La perte de son vrai reflet intérieur fusionne avec la disparition de sa relation à son père, et ce deuil douloureux, inconnu de lui, engendre cette mélancolie. Comment penser un événement dont on n'a pas conscience, comment le museler… Un autre facteur n'apparaît jamais dans les lettres de cette époque, mais Baudelaire le mentionne plus tard, notamment lorsqu'il revient sur sa vie : ses rapports avec ses camarades, qui ne sont que « coups et batailles[15] ». On imagine mal Aupick réceptif à des plaintes de récréations. Cela explique peut-être le silence de Charles enfant. L'hostilité et les vexations subies là où il escomptait amitié et ouverture isolent davantage l'adolescent et approfondissent sa mélancolie.

Les cours de récréation sont aux enfants vifs et sensibles le milieu le moins hospitalier. Il ne fait aucun doute que les petits internes lyonnais n'étaient sans doute pas préparés aux délires fantasques de leur jeune condisciple. Il aurait dû s'adapter.

Le bon sens populaire associe souvent l'adaptation à l'intelligence, confondant en partie cette dernière avec débrouillardise ou sens pratique. Cette association est valable dans certains cas seulement, ceux dans lequel l'adaptation est ascendante et va dans le sens d'un enrichissement. Elle n'en a aucun dans le cas contraire. On doit alors parler de science de survie, qui ne se fait souvent qu'au prix de l'amputation.

L'Albatros, ce prince des nuées, doit-il, peut-il s'adapter aux hommes d'équipage ?

La suite de sa scolarité à Paris démontrera que son humour, sa fantaisie, sa vivacité le désignent aussi sûrement qu'une chevelure rousse ou un prénom particulier. L'agressivité constante qui préside à ses rapports avec les autres participe à son entrée dans une clandestinité intérieure qui ne fera que s'accentuer, se trouvant aux confluents de tout ce qui le détermine. Il développe des moyens de défense originaux, lesquels ne feront que renforcer l'incompréhension qui le sépare de la plupart de ses contemporains.

À la fin de 1835, âgé de quatorze ans, il se dit grandi en taille et en sagesse et ne tient visiblement qu'à l'idée d'aller faire sa rhétorique à Paris dès la rentrée prochaine. Ses lettres sont pleines de cette perspective, véritable pensée magique. Ce nouveau départ verra de toute évidence la résolution de tous les problèmes et de toutes les angoisses.

Le 9 janvier 1836, Aupick est nommé chef d'état-major de la division militaire de Paris et de l'Île-de-France sous les ordres du général Pajol. Fin février, Charles est à Paris avec ses parents à l'hôtel des ministres, rue de l'Université. Le 1er mars, il intègre Louis-le-Grand.

« Baudelaire était une âme très délicate, très fine, originale et tendre mais féminine et faible qui s'était fêlée au premier choc de la vie. » Pour la première fois, preuve de cette précoce fêlure interne, l'avenir, pour Charles – s'il est porteur d'espoir –, se révèle pourtant chargé d'angoisses.

« Faible », en revanche, nous semble plutôt relever de la légende accolée au poète, laquelle permit à ses contemporains de tenter de reprendre le dessus sur une personnalité qui les dépassait.

À Sainte-Beuve

Tous imberbes alors, sur les vieux bancs de chêne,
Plus polis et luisants que des anneaux de chaînes,
Que jour à jour la peau des hommes a fourbis,
– Nous traînions tristement nos ennuis, accroupis
Et voûtés sous le ciel carré des solitudes,
Où l'enfant boit, dix ans, l'âpre lait des études.
– C'était dans ce vieux temps mémorable et marquant,
Où forcés d'élargir le classique carcan,
Les professeurs encore rebelles à vos rimes,
Succombaient sous l'effort de nos folles escrimes,
Et laissaient l'écolier triomphant et mutin,
Faire à l'aise hurler Triboulet en latin.
Qui de nous, en ces temps d'adolescence pâle,
N'a connu la torpeur des fatigues claustrales,
– L'œil perdu dans l'azur morne d'un ciel d'été,
Ou l'éblouissement de la neige – guetté,

L'oreille avide et droite – et bu, comme une meute,
L'écho lointain d'un livre, ou le cri d'une émeute ?

C'était surtout l'été, quand les plombs se fondaient,
Que ces grands murs noircis en tristesse abondaient,
Lorsque la canicule ou le fumeux automne
Irradiait les cieux de son feu monotone,
Et faisait sommeiller dans les sveltes donjons,
Les tiercelets criards, effroi des blancs pigeons ;
Saison de rêverie où la Muse s'accroche
Pendant un jour entier au battant d'une cloche ;
Où la mélancolie, à midi quand tout dort,
Le menton dans la main au fond du corridor –
L'œil plus noir et plus bleu que la religieuse
Dont chacun sait l'histoire obscène et douloureuse,
– Traîne un pied alourdi de précoces ennuis,
Et son front moite encore des langueurs de ses nuits

– Et puis venaient les soirs malsains, les nuits fiévreuses,
Qui rendent de leur corps les filles amoureuses,
Et les font aux miroirs – stérile volupté –
Contempler les fruits mûrs de leur nubilité –
Les soirs italiens de molle insouciance,
– Qui des plaisirs menteurs révèlent la science,
– Quand la sombre Vénus, du haut des balcons noirs,
Verse des flots de musc de ses frais encensoirs,
...
Ce fut dans ce conflit de molles circonstances,
Mûri par vos sonnets, préparé par vos stances,
Qu'un soir, ayant flairé le livre et son esprit,
J'emportai sur mon cœur l'histoire d'Amaury.
Tout abîme mystique est à deux pas du Doute.
– Le breuvage infiltré lentement, goutte à goutte,
En moi qui dès quinze ans vers le gouffre entraîné,
Déchiffrai couramment les soupirs de René,
Et que de l'inconnu la soif bizarre altère,

– A travaillé le fond de la plus mince artère.
J'en ai tout absorbé, les miasmes, les parfums,
Le doux chuchotement des souvenirs défunts,
Les longs enlacements des phrases symboliques,
– Chapelets murmurants de madrigaux mystiques ;
– Livre voluptueux, si jamais il en fût.

– III –

LOUIS-LE-GRAND

« Les rires enivrants dont s'emplit la prison
Vers l'étrange et l'absurde invitent sa raison ;
Le Doute l'environne, et la peur ridicule,
Hideuse et multiforme, autour de lui circule. »
(Sur *Le Tasse en prison* d'Eugène Delacroix.)

La première lettre de Charles, dès son arrivée à Paris, est destinée à son frère Alphonse. Il serait bien allé lui rendre visite mais Aupick, devenu chef d'état-major de la Ière division, n'aime pas que l'on perde de temps. Lui-même a déjà rencontré le proviseur, M. Pierrot, le proviseur de Louis-le-Grand.

Sa confiance envers les possibilités de son beau-fils sont telles que, selon Caroline, il le présenta ainsi : « C'est un cadeau que je vais vous faire, voici un élève qui fera honneur à votre collège. » Venant de Lyon Charles n'intègre le collège qu'en troisième et, comme à chaque tournant de son existence, il est mort de peur, complètement angoissé à l'idée de décevoir, de se décevoir, de ne pas être à la hauteur de ce qu'il pense être ici, pour le coup, le temple du savoir.

Dès le mois d'août pourtant il reçoit le premier prix de vers latins, distinction qui l'honorera souvent, ainsi que le deuxième de version grecque. Il obtient en outre quatre accessits dont un de langue anglaise et un au concours général.

Aupick, quant à lui, part à Compiègne servir avec le duc d'Orléans.

Charles fait son entrée en seconde à quinze ans. Aux dires de ses professeurs et maîtres d'études, il montre « beaucoup de légèreté », « travaille mollement » et, alors qu'il a « tout pour réussir », ne présente « pas de tenue dans le caractère » et se montre « désordonné ». Achille Chardin, son professeur, déplore ses « caprices, son inégalité dans le travail, son esprit sautillant, et son manque de vigueur ». Le jeune Baudelaire, au lieu de travailler, se passionne pour la presse et les critiques littéraires, quand il ne dévore pas les romans modernes. Les vers latins, le dessin et l'anglais sont les matières où il se débrouille le mieux. Il lit beaucoup, même en anglais, et rédige déjà des poèmes qu'il détruira à la première publication des *Fleurs du Mal*.

Alors qu'il envisageait un voyage à Versailles, Aupick voit une vieille blessure se rouvrir au genou. Charles ne manque pas de prendre de ses nouvelles très régulièrement. S'il se montre particulièrement soucieux de savoir ce que son beau-père pense de lui, il se fait cependant souvent priver de sortie. Il déteste l'histoire, et celle-ci semble bien le lui rendre. Il n'en écrit pas moins à sa mère qu'il projette de l'étudier tous les jours durant les vacances de Pâques, se levant à l'aube s'il le faut. Il lui donne donc des consignes strictes concernant ses affaires de toilette. Préoccupation suffisamment rare chez un enfant de cet âge pour être notée. De fait, Baudelaire est un maniaque de la propreté. Aussi élimés que soient ses vêtements par la suite, et aussi contraire que lui soit la fortune, il sera toujours d'une propreté scrupuleuse.

En avril, il répond lestement à sa mère et lui confie benoîtement, par la suite, qu'Aupick l'y ait surpris l'en rend tout honteux. Il est tellement peu à son travail que professeurs et proviseur le morigènent d'une façon qui l'amuse, tant il est conscient des rivalités entre professeurs dans lesquelles la sollicitude réelle pour l'élève ne tient que peu de place.

En mai 1837, second en anglais, il se trouve privé de sortie pour avoir voulu avec des camarades échapper aux veillées du proviseur qui prépare les concours. Il essaie donc de garder un profil bas pendant quelque temps. En juillet-août, il est à nouveau privé de sortie pour n'avoir pas composé en chimie mais se réconcilie avec professeur et proviseur pour avoir été premier en version grecque, ainsi qu'en vers, et second en thème latin, en plus d'avoir récolté deux accessits. Au concours, il obtient le deuxième prix de vers.

À l'idée de passer en rhétorique, toutes ses craintes se raniment. Elles se doublent à présent d'une crainte confuse vis-à-vis de l'avenir. Il a du mal à se projeter dans la vie réelle, dans laquelle il ne discerne pas clairement sa place. Ou plutôt, ses goûts s'affirmant ainsi que sa personnalité, il se sent de plus en plus en inadéquation avec les projets de ses parents et particulièrement ceux de son beau-père.

Il lit cet été-là, entre autres, *Le Voyage sentimental* de Sterne ainsi que les *Lettres d'une Péruvienne* de Mme de Graffigny.

Il passe les premiers mois de son année de rhétorique à l'infirmerie, à la suite d'une mauvaise chute de cheval alors qu'il montait avec Aupick. Son genou est enflé et les avis médicaux divergent, à son grand agacement. La crainte de ne pas être à la hauteur l'incite toutefois travailler un peu. « Toutes les fautes que je fais, confesse-t-il à son frère, sont causées par une invincible paresse qui fait que je remets toujours au lendemain. Cette peine que j'éprouve à mettre mes idées sur le papier est presque invincible ; et au collège, quelle répugnance j'éprouve à recopier mes devoirs… »

La paresse n'est pourtant pas la même dans les deux cas. L'acuité, l'intensité, la clarté et la complexité de ses perceptions et sensations sont telles qu'elles l'emplissent entièrement. Il lui faut y réfléchir longuement, les laisser se déployer et vivre en lui. Ce domaine est sa vie même. Il lui est difficile de tronquer, de bâcler. Il lui semble probablement que restituer pleinement son idée dans ses mille et une subtilités, en les couchant sur le papier serait trop difficile ou bien plutôt prenant, et au total assez frustrant. Lorsque l'on ressent avec tant d'intensité, tout est dit et ressenti ; retranscrire tout cela – il est encore si jeune – représente encore un énorme effort, et les mots, s'ils ne sont pas choisis avec soin, une trahison.

En ce qui concerne le travail du collège, il s'agit tout juste du phénomène inverse. Aller se pencher sur des idées et situations qui ne font rien vibrer, que l'on a déjà dépassées, rien n'est plus fastidieux et l'enjeu trop important précédemment se trouve ici inexistant.

Ne faut-il pas un courage surhumain pour s'astreindre chaque jour à un labeur absurde et sans finalité ?

À la fin de l'année, et sans doute en raison du « confinement » dû à son accident, Aupick visite Charles. Ce fait paraît suffisamment rare pour mériter plusieurs lignes de reconnaissance de la part de Charles. Parallèlement, ce dernier semble avoir un certain mal à réprimer des bouffées « d'effervescence », fût-ce en présence ou vis-à-vis de Caroline.

À seize ans Baudelaire est en train de se trouver, de prendre par à-coups la mesure de lui-même. Il éclate dans cet univers à demi carcéral obéissant à une logique absurde. Sa rapidité, ses fulgurances bridées trouvent un exutoire naturel dans l'humour, lequel deviendra vite caustique et corrosif. Son second exutoire, ou mode de résistance, est la mise en scène ou théâtralisation. Bien que plein de lui-même, de son honneur, et porté au panache, il n'est cependant jamais dupe. Il sait qu'il joue, et « cultive son hystérie avec jouissance et terreur[16] ». Il a de ses accès où il cabotine avec jubilation, poussant à l'extrême, jusqu'à la provocation, ses différences.

Ces dernières, la sensibilité exacerbée, mais aussi les facilités qui en découlent l'ont tellement fait souffrir que provoquer, exagérer, est une façon de maîtriser le processus, d'en être à l'origine, de l'interrompre à sa volonté et de se délecter de l'effet attendu… d'organiser la déroute de l'ennemi. Cette attitude perturbe un peu son entourage. On le dit bizarre. Bizarre, il le restera pour les autres sa vie durant, jusques et y compris dans les milieux artistiques. Heureusement pour Charles, cette année 1837-1838 sera marquée par sa rencontre, pour la première fois pendant sa scolarité, avec un professeur qu'il apprécie et lui donne envie de travailler : Charles Rinn. Ce dernier, voyant Charles mordu de littérature moderne, lui propose de décortiquer à l'occasion quelque roman, tel l'audacieux *Les Derniers jours d'un condamné* de Victor Hugo par exemple, afin de lui en faire « sortir le bon comme le mauvais ».

Après avoir passé un mois et demi à l'infirmerie à soigner son hydropisie du genou, à la mi-décembre Charles peut enfin se lever et sortir, même si l'état de sa jambe fluctue encore en fonction du temps. C'est une délivrance pour lui qui avait écrit à son frère qu'être « cloué au lit, c'est être à demi vivant ».

Premier en dessin il passe en première division ; il participe, avec d'autres rhétoriciens, à un petit journal dont il ne reste rien d'autre que son évocation. : *Le Caméléon*.

« Esprit fin, pas assez sérieux, ne réussit qu'en vers », Desforges le qualifie ainsi en 1837, « a de l'invention quand il veut et de la finesse », il ne lui semble cependant pas avoir « suffisamment de gravité pour faire des études sérieuses ». On croit rêver. Gravité ou lourdeur ? Dans une lettre à son frère qu'il houspille de plus en plus vertement pour son irrégularité épistolaire, il lui avoue, malgré une première place de discours français – n'oublions pas de lire en creux les notes qui ne sont pas dites –, que plus la sortie du collège approche, plus il s'en effraie. Un an le sépare encore pourtant de cette échéance. Ces aveux de « faiblesse », d'autres diraient de sincérité, s'adressent presque toujours à son frère, figure lointaine et neutre, son espace de décompression quant à son rôle d'enfant idéal.

La sortie du collège rime visiblement pour lui avec « travail » et « sérieux ». Deux mots dont le champ sémantique lui échappe complètement. Sérieux, il l'est déjà sans le savoir lui qui jusque dans les plaisirs regarde toujours au-delà des apparences, à la recherche du sens ; quant à la notion de travail, elle s'apparente bien plutôt chez lui au travail de la femme en couches, à l'exclusion de tout autre.

Toute la difficulté étant évidemment de s'y astreindre. Le travail tel que l'entend le sens commun lui est naturel dans la mesure où tout lui est apport nouveau. « C'est par le loisir que j'ai grandi[17] ».

Être un homme sérieux et travailleur. Est-ce à dire : sortir de la prison pour y retourner encore ? Quelles sont les carrières qui s'offrent à lui ? Quelles perspectives ? « Il faut être un homme distingué », serine Caroline. N'ayant pas de vocation à proprement parler – comme un de ses camarades mordu des sciences, avec qui il discute du magnétisme animal –, tout l'intéresse et rien ne le retient. Rien ne le retient car le monde lui-même et l'homme ne sont pas fractionnés en portions de savoir limitées sans interpénétration aucune.

Baudelaire explose. Il voudrait tout connaître et surtout il a soif de sens, cette pauvre notion fort mise à mal dans ces années de collège. Il veut vivre, voir, expérimenter, ressentir, comprendre. Il aime écrire sur un sujet qui lui plaît, sur des idées, des sensations, en marge de l'exercice imposé qui emprisonne sa pensée et la prive de lumière. Il aime le dessin, l'anglais et les vers, héritage familial multiplié. En réalité, sa vocation profonde est en train de s'affirmer et de prendre corps. Il a dix-sept ans ; ce que l'on appelle ses plaisirs se font de plus en plus impérieux. Il doute donc d'être capable de s'en détourner. L'art, la sensation, l'âme, l'homme, ces sujets ne seraient donc pas sérieux ? Le droit, la meilleure voie qui s'offre à lui, menant à tout, serait-il porteur de sens ? S'user à nouveau, après tant d'années perdues, à apprendre en latin et en français tant de textes abscons, de phraséologies lourdes, sans grâce, pour un compromis permanent serait-il faire acte de sérieux ? Autant demander à un visionnaire de mettre des lunettes noires, de prendre une canne et de s'en aller étudier pour le restant de sa vie la bordure de son trottoir.

Mais voilà, Aupick a des attentes de gloire d'autant plus impérieuses sans doute qu'il doit maintenant avoir renoncé à un autre enfant. Caroline a soif de respectabilité et Alphonse veut qu'on le laisse chasser tranquille. Il faudra bien que Charles gagne sa vie.

À aucun moment on n'aborde de front cette question, encore moins en interrogeant Charles sur ses aspirations et le moyen de vivre avec, sinon d'en vivre. Aucune possibilité n'est jamais envisagée du côté littéraire et artistique. Il aurait pu s'orienter vers le préceptorat, comme le fit son père par exemple. Pire que de n'être pas envisagés, ses domaines de prédilection ne sont même pas nommés. Il ne s'agit, aux yeux de ses parents, que des frivolités, vaines songeries, fadaises et billevesées. Des loisirs pour honnête homme tout au plus, et encore, à condition d'être universellement reconnu dans ses opinions. Les valeurs que se construit Baudelaire n'existent pas en tant que telles sur l'échelle de valeurs de ses parents. Ce que l'on appellera sa malédiction est en train de se mettre en place.

Charles a dix-sept ans en 1838. En juin, il écrit à sa mère : « je pense toujours à toi, je m'occupe toujours de toi, il faut bien travailler, il faut être un homme distingué » ; le « refrain » de Caroline prend de l'ampleur, d'autant plus sans doute qu'elle part en voyage à Barrège avec le général, afin qu'il soigne son genou. Charles s'en amuse et décide de ne plus y voir que *la* manifestation de l'Amour Maternel. « Toi tu me parles de mon travail, moi de combien je t'aime, et nous sommes charmés l'un de l'autre. » Baudelaire a des retenues parfois injustes, mais il « n'aime pas à prier un maître ».

Il annonce assez tranquillement sa quatorzième place en vers latin. Rinn l'a consolé en lui disant que l'auteur sur lequel il a planché était tellement mauvais que c'est presque une bonne chose de n'y avoir rien compris. Il lit, s'ennuie, travaille, commet des « vers détestables » et recherche ceux que son père, aux dires de Caroline, a laissés. Les bavardages du collège l'ennuient encore plus profondément. Il s'isole, essaie d'autres interlocuteurs, mais ses anciens camarades le prennent suffisamment mal pour qu'il revienne un temps vers eux. Il est heureux de la dernière visite d'Aupick et se réjouit de voir enfin ses parents pleinement pendant les vacances. Les longs silences de rêverie confortable lors des veillées familiales lui manquent. En bref, sa mère lui manque. Ce lieu de tendresse où l'on n'a pas à démontrer, prétendre, jouer. Lieu de repos où les longs silences sont pleins des années partagées, où il peut être lui-même simplement, et aimé simplement. Faut-il réellement y voir un amour exceptionnel ou hors normes ?

En attendant, il rêve des vacances et de tout ce qu'on lui a promis : promenades, équitation, exercices – il y rajoute la lecture.

Les premières lettres de Caroline arrivent de Barrège. Charles est déçu, il attendait « un grand nombre de descriptions de lieux ». Plusieurs amis de la famille passent le voir en pension, parfois plus fréquemment que sa mère, comme il se plaît à le souligner. Selon les cas, il se dit privé de sortie pour le mois afin de ne pas avoir à les subir. C'est qu'il est comme « un chien fidèle », qui « garde ses caresses pour les siens et ne flatte pas les étrangers ». Il fait une exception pour la fille de Claude Ramey, ami de son père, François. Il semble être parti à la recherche de son père, conséquence naturelle de sa recherche de lui-même.

La fin de l'année scolaire arrive et avec elle les craintes suscitées par l'avenir se ravivent. « Je sens venir la vie avec encore plus de peur, toutes les connaissances qu'il faudra acquérir, tout le mouvement qu'il faudra se donner pour se trouver une place vide au milieu du monde. » Vide est ici un mot clé. Tout de même, il espère qu'il y aura bien quelque plaisir à faire tout cela. Il avoue n'avoir encore travaillé qu'au dernier moment. Sous l'aiguillon de la culpabilité, il envisage même de rattraper cela en vacances. Il parle à son frère de l'importance de tout ce qu'il doit à sa mère, pour tous ses bienfaits. C'est visiblement une dette qu'on ne lui laisse pas oublier et où il convient peut-être d'y voir davantage l'intervention d'Aupick que celle de Caroline. À dire vrai Charles compte, pour s'améliorer, sur un changement subit de sa part ; sa motivation semble donc s'étioler à mesure de cet espoir déçu. « Pour quelque sujet de collège, moi qui sais comment on les obtient, je les regarde comme des choses bien vaines et bien insignifiantes, j'y trouve à peine une preuve en faveur de mon esprit. » Désespéré à l'idée de décevoir ses parents, qui ont tant investi et cru en lui, au moins autant que découragé à l'idée de l'effort surhumain qu'il lui faudra fournir pour aller vers ce qui ne l'intéresse pas, Baudelaire est comme figé. Il multiplie les adresses à la tendresse maternelle ainsi que les protestations d'amour. L'ennui l'écrase du poids de ses rêveries et le ramène inlassablement au même point. Les « devoirs pressent, j'en suis assommé ». Il se réfugie dans l'idée de ces vacances qu'il attend depuis si longtemps maintenant, ce fameux voyage avec ses parents.

Le 17 juillet 1838, il a dix-sept ans et écrit à Aupick qu'il est sixième en discours français et latin, premier en vers latin. Il n'y a plus de devoirs, c'est le temps des promenades. Il raconte la visite du collège à Versailles, au cours de laquelle ils ont rencontré le roi Louis-Philippe en personne. Quoique flatté et conscient du bel effet que ne manquèrent de faire les cent voitures de louage (chiffre sans doute exagéré), Baudelaire joue les blasés et parle essentiellement des tableaux qu'il entr'aperçoit dans le palais. « … Je ne sais si j'ai raison, puisque je ne sais rien en fait de peinture, mais il m'a semblé que les bons tableaux se comptaient ; je dis peut-être une bêtise, mais à la réserve de quelques tableaux d'Horace Vernet, de deux ou trois tableaux de Scheffer, et de la bataille de Taillebourg de Delacroix je n'ai gardé souvenir de rien, excepté encore d'un tableau de Regnault[18] sur je ne sais quel mariage de l'empereur Joseph ; mais ce tableau se fait distinguer d'une toute autre façon. Tous les tableaux du temps de l'Empire, qu'on dit fort beaux, paraissent souvent si réguliers, si froids ; leurs personnages sont souvent échelonnés comme des arbres ou des figurants d'opéra. Il est sans doute bien ridicule à moi de parler ainsi des peintres de l'Empire qu'on a tant loués ; je parle peut-être à tort et à travers, mais je ne rends compte que de mes impressions : peut-être aussi est-ce là le fruit des lectures de *La Presse* qui porte aux nues Delacroix. Le lendemain, dans un journal, *Le Charivari*, on a dit qu'après notre dîner nous étions rassasiés de croûtes. » Dès cette visite, il est allé à l'essentiel selon son cœur : l'art, avec une belle intuition.

Après avoir demandé à son beau-père des permissions de sortie qu'il ne compte honorer que pour s'en aller voir Rinn afin de parler littérature, Charles clôt sa lettre sur un « je t'adore » où l'on sent la crainte respectueuse tout autant que le besoin de réaffirmer ce lien dont il pressent sans doute que ses choix personnels le mettront à mal.

Après cette visite, plus rien ne vient troubler « les torpeurs claustrales sous le ciel carré des solitudes ». Dans la fournaise de la ville chauffée à blanc, Charles sombre dans l'ennui et le découragement. « Je m'ennuie tellement, que je pleure sans savoir pourquoi. » Cruellement vexé par ses échecs au concours, il s'en prend aux ouvrages modernes que tout le monde lit et qui ont une réputation. Faut-il y voir un écho des conversations avec M. Rinn ? Il les trouve « faux, exagérés, extravagants et boursouflés ». Eugène Sue l'ennuie à mourir et il se dit dégoûté de la littérature. Seuls Hugo et Sainte-Beuve trouvent grâce à ses yeux. « Depuis que je sais lire, je n'ai pas encore trouvé un ouvrage qui me plût entièrement, que je pusse aimer d'un bout à l'autre. Aussi, je ne lis plus. » Sa lettre se termine par des protestations d'amour effusionnel à sa mère qui, elle, est en train de monter à cheval et de bien s'amuser. Le mois d'août continue d'égrener très lentement ses plus belles journées.

La distribution des prix s'accompagne d'une « levée d'écrou ». Charles, premier en vers latins et en discours français, va rejoindre ses parents à Barrège. Il ne tient plus. L'ébullition a remplacé le marasme intellectuel.

Heureux de partir, il l'est encore plus de voyager seul. « Me voilà obligé de faire l'homme », dit-il. Le voilà qui retrouve à dix-sept ans sa disposition d'enfant de dix ans. « Faire l'homme », « être un monsieur », être pris au sérieux une fois, voilà pourtant ce qui lui sera dénié sa vie durant. Peu soucieux « de faire l'aimable », il espère voyager seul et éviter les connaissances de sa famille. Il a rendez-vous avec lui-même et avec la vie. « Un voyage pendant les vacances, voilà ce dont je rêvais depuis longtemps et qui arrive enfin. » À son frère il écrit, mâle et désinvolte : « Je vais retrouver mon père. »

Ce sont tout d'abord quinze jours de courses à travers la campagne, puis toute la famille se rend à Bagnères, « lieu de délices » qui lui fait une forte impression. Le lac d'Escoubous le transporte, il en revient avec un poème : *Incompatibilité* qui sera, plus tard, la toile de fond de son poème en prose, *Le Gâteau.*

Les Aupick remontent ensuite par Tarbes, Auch, Agen, Bordeaux, Royan, Rochefort, La Rochelle, Nantes et ses musées qui ravissent Charles. Après un tel voyage, contrairement à du Bellay, il trouve la douceur angevine très surfaite.

De retour en pension à la fin octobre, il intègre, malgré une menace de redoublement, la classe supérieure. « Je suis en philosophie, une classe terrible. » En réalité c'est l'année qui sera terrible. Un pan de liberté est entré dans sa vie, et Baudelaire a grandi. Plus sûr de lui, plus mûr, plus conscient, il a forcément plus de mal à supporter la contrainte de la pension. Ses absurdités, dysfonctionnements et son arbitraire lui deviennent difficilement supportables.

Il est pourtant fort éloigné d'un rebelle. Il admet le principe d'éducation auquel il est soumis, craint de ne pas être à la hauteur et de décevoir ses parents tout autant qu'il appréhende la réussite, pourvoyeuse d'une liberté qui, bien qu'il y aspire clairement, l'angoisse encore beaucoup. Ses goûts, ses préoccupations, ses orientations prennent de la vigueur. Tout, cette année-là, lui est encore rendu plus aigu. Son comportement se détériore, il a plus de mal à jouer le jeu. Vis-à-vis de ses parents, rien ne change. Privé de sortie pour mauvaise conduite, il avoue qu'il s'agit là du résultat d'une année de moquerie envers un sous-directeur. Fin décembre, il confie à Alphonse sa crainte cette fois-ci de redoubler, ses parents le jugeant encore très enfant. La peur d'aller de l'avant cède devant celle de régresser. Le 26 février 1839, il envoie cette lettre certainement jugée aberrante par Aupick et à laquelle il ne fut donné aucune suite, alors qu'elle constitue son véritable acte de naissance : « Je t'écris pour te faire une demande qui te surprendra fort. Tu m'as promis des leçons d'armes, de manège ; au lieu de cela, je te demande, si tu le veux, si c'est possible, si cela ne te gêne pas, un *répétiteur*. Nous avons dit bien souvent ensemble qu'un répétiteur ne servait à rien, et quelquefois même nuisait à un élève ; cela est vrai quand l'élève est un paresseux, qu'il fait causer son répétiteur et que celui-ci fait ses devoirs.

» Mais moi, qui n'ai pas besoin d'aide pour suivre la classe proprement dite, ce que je demanderais à mon répétiteur, ce serait un surcroît de philosophie, ce serait ce qui ne se fait pas en classe, savoir, la *religion*, dont l'étude n'entre pas dans le programme de l'Université, et l'Esthétique, ou la philosophie des arts que notre professeur à coup sûr n'aura pas le temps de nous faire voir.

» Ce que je lui demanderais aussi, ce serait du grec – oui, de m'apprendre le grec, que je ne sais pas du tout, comme tous ceux qui l'apprennent au collège, et que j'aurais tant de peine à apprendre tout seul, quand je serai accablé de bien d'autre choses.

» Tu sais que je me suis pris de goût pour les langues anciennes, et le grec m'inspire une grande curiosité. Je crois, quoiqu'on en dise aujourd'hui, que cela procure non seulement de grandes jouissances, mais encore un avantage réel. Pourquoi étouffer ces goûts-là ? Cela ne rentre-t-il pas dans ce que je veux être – science, histoire, philosophie – qui sait ? l'étude du grec facilitera peut-être celle de l'allemand…

» Ce n'est pas un vain caprice. J'ai tant de fois changé, ou laissé de côté de forts beaux projets, que je crains toujours qu'on se défie de moi.

» – Le grec a toujours été une connaissance que j'ai enviée… Quant à la partie dogmatique de la religion, c'est aussi une chose qui me tourmente depuis le commencement de l'année. –

» Dernièrement, je me suis examiné, et je me suis demandé ce que je savais – un assez grand nombre de choses sur tous les sujets, mais vagues, brouillées, sans ordre, se nuisant mutuellement – rien de clair, de net, de systématisé – ce qui revient à dire que je ne sais rien – et pourtant, je vais entrer dans la vie – il me faut un bagage quelconque de connaissance bien arrêtées. – Que puis-je désirer de mieux pour le moment que l'étude d'une langue qui me permettra de lire dans les originaux de livres fort utiles ? et que l'étude de la plus belle partie de la philosophie, de la religion ?... »

La démarche peut sembler dans un premier temps bien fanfaronne, elle procède pourtant à la fois d'une véritable humilité, d'une grande candeur et d'une « vraie vision ». Humilité devant la vie et son propre savoir. Tellement conscient de son insuffisance qu'il ne s'imagine pas pouvoir survivre, avec toute cette « efficacité » que l'on attend de lui, à l'âge adulte. Dans le même temps il fait montre d'une candeur enfantine désarmante. S'imagine-t-il ainsi que tout adulte et étudiant part dans la vie nanti de ce bagage existentiel, de cette claire conscience de sa propre relativité quant aux mystères de l'existence et à la sagesse de l'histoire ? Ainsi, toute sa vie il fera généralement crédit aux autres de tout ce qu'il sait ignorer.

Enfin, cela nous révèle quelque chose de l'espace intérieur dans lequel se meut Baudelaire. Il est toute perception, vision élargie ; les choses lui apparaissent dans leur ensemble, avec leur finalité ainsi qu'avec leurs qualités et défauts. La beauté, la médiocrité, l'absurde, l'harmonie le frappent au plus haut point. Il est sensation, fascination. Il passe, dans la puissance du ressenti, de l'horreur à l'extase, et son esprit, d'une grande rapidité, est en même temps témoin de lui-même en train de ressentir. Son intelligence, sa finesse, son intuition, ne lui laissent aucun repos, ni aucune illusion sur lui-même. Comment le pourrait-il ? Depuis la mort de son père, toute appréciation de ses talents a disparu dans le discours parental et professoral. Doué, c'est entendu, mais selon tous tellement peu abouti... Il a tôt fait d'en conclure qu'il est ce « roseau mal penché », qu'il existe une clé qu'on lui a cachée, et devant la belle unanimité à son endroit il en déduit que cette clé lui sera donnée avec le statut d'homme.

La dimension aveuglante dans laquelle il se meut le rend inapte à percevoir le moyen par lequel il peut s'intégrer à la réalité terrestre. L'existence se construit au départ sur des renoncements, des abandons, notamment celui des finalités dernières, au moins dans un premier temps. Le sens de l'existence doit être morcelé et réinvesti en conformité avec le modèle social. Cette démarche est une perte de sens au regard de l'unicité de nos vies. Baudelaire ne saurait donc y voir une alternative sensée. Au milieu de toutes ses pensées et aspirations impérieuses, il a de plus en plus de mal à supporter ce qui lui apparaît comme simagrées sociales. Floué par l'école sur le plan de ses attentes de savoir, prisonnier depuis longtemps de son escroquerie et mû par la belle effervescence de la jeunesse, il se montre de plus en plus insolent. Le 18 avril 1839, un camarade lui fait passer un mot. Le sous-directeur ayant repéré le manège intervient et somme Charles de lui remettre celui-ci. Ce dernier, comme toujours plein de panache et de « théâtre », l'avale aussitôt. Il se retrouve chez le proviseur. Ce dernier, tenu à la solidarité envers son personnel, demande à Baudelaire la raison pour laquelle celui-ci a avalé le mot en question. La réponse de Charles à cette question directe ne l'est pas moins : pour épargner son camarade. Lorsque le proviseur lui rétorque qu'en agissant ainsi il livre bien au contraire son camarade a de plus viles insinuations, Baudelaire abasourdi éclate de rire. C'est plus que ne peut en supporter un proviseur de cette époque. Charles est renvoyé chez lui avec ce mot :

Monsieur,

Ce matin, M. votre fils sommé par le sous-directeur de remettre un billet qu'un de ses camarades venait de lui glisser, refusa de le donner, le mit en morceaux et l'avala. Mandé chez moi, il me déclare qu'il aime mieux toute punition que de livrer le secret de son camarade, et pressé de s'expliquer dans l'intérêt même de cet ami qu'il laisse exposé aux soupçons les plus fâcheux, il me répond par des ricanements dont je ne dois pas souffrir l'impertinence. Je vous renvoie donc ce jeune homme qui était doué de moyens assez remarquables, mais qui a tout gâté par un très mauvais esprit, dont le bon ordre du collège a eu plus d'une fois à souffrir.

Veuillez agréer, Monsieur, avec l'expression de mes regrets, l'assurance de mes sentiments les plus respectueux et les plus distingués.

Le proviseur, J. Pierrot.

De l'auteur du mot et fauteur de trouble, il ne sera pas fait mention dans le cadre d'une punition. Les ricanements de Baudelaire auraient-ils donc été, deux années durant, si fort à propos qu'ils se seraient vu ici sanctionnés pour solde de tous comptes ?

Le 18 avril même, l'impétrant repenti, confondu devant le désespoir de sa mère, récrit à son tour, sollicitant le pardon et sa réintégration. Si, conscient de l'équilibre précaire inhérent aux structures bourgeoises, Baudelaire ne peut s'empêcher de tirer le tapis afin de tout faire tomber, son cœur, dernier maillon de la chaîne, l'amène aussitôt à résipiscence. Car ce cœur est aussi profond que son âme. C'est un affectif, un être plein d'amour. Même s'il ne le galvaude pas avec tout un chacun. Baudelaire aime, et c'est là son drame. Il aime avec empathie. Le voilà donc, comme à chaque fois qu'il se laissera aller à ses rébellions, en train de ramasser ce qu'il a mis à terre, de l'épousseter et de tenter d'effacer son acte.

Monsieur,

Je suis rentré dans ma famille ; quand j'ai vu la peine de ma mère, j'ai compris tout mon malheur et surtout le sien ; aussi je viens essayer de réparer ma faute ; si cela est possible. J'ai refusé de livrer un papier qui aurait fait punir un camarade, un papier à peu près insignifiant, vous le savez ; quelque exagéré que cela vous parût, vous me l'auriez pardonné sans doute ; mais quand vous m'avez dit que j'exposai mon camarade à des soupçons infâmes, cela m'a semblé si extraordinaire que j'ai ri et que je vous ai manqué de respect. Je vous en fais mes excuses sincères, aussi profondes, aussi complètes que vous le désirerez.

Cette lettre ne fut pas envoyée. Peut-être fut-elle montrée. Dans tous les cas, il fut convenu que Charles serait inscrit comme externe au collège Saint-Louis, à partir du 15 avril, ce qui assurait la relève de Louis-le-Grand et lui permettrait de passer le baccalauréat.

– IV –

LE BACCALAURÉAT

« Il faut travailler, sinon par goût, au moins par désespoir, puisque tout bien vérifié, travailler est moins ennuyeux que s'amuser. » (*Mon cœur mis à nu*, X.)

Charles, inscrit à Saint-Louis en tant qu'externe, revient donc habiter chez ses parents, rue de Lille.

Caroline n'a alors qu'une idée en tête : trouver un moyen d'inscrire encore Charles au Concours général. L'intéressé ne semble pas particulièrement motivé mais accepte pour complaire à sa mère. Le 18 mai 1839, il écrit à Alphonse pour le remercier de s'être entremis afin de lui permettre de s'y inscrire. Il évoque également dans cette lettre l'insurrection de Barbès et Blanqui, le 12 mai, au cours de laquelle Aupick n'est pas rentré chez lui, dormant au Carrousel. Une fois encore, le général a fait des merveilles. Son efficacité lui vaudra comme d'habitude une nouvelle promotion.

Après le combat, le repos. Fin mai 1839, Caroline et son mari partent prendre les eaux, à Bourbonne-les-Bains, dans l'espoir de soulager enfin les douleurs au genou d'Aupick. Charles, qui étrenne son dix-huitième printemps, va s'installer chez Charles Lasègue. Encore répétiteur, le futur aliéniste vit alors chez sa mère, rue du Vieux-Colombier. Il est convenu que Charles prendra ses repas rue du Pot-de-Fer-Saint-Sulpice, dans la pension tenue par Mlle Céleste Théot, ancienne domestique reconvertie dans l'accueil de jeunes gens de bonne famille.

Farouchement bigote et ultra, la vieille demoiselle entretient un climat antigouvernemental à sa table, prenant pour argent comptant les propos catholico-légitimistes des jeunes gens qu'elle restaure. Elle aurait eu malgré tout quelque crédit auprès de certains professeurs, M. Patin en particulier. Celui-ci habite rue Cassette, près de la pension, et fait partie du jury de baccalauréat devant lequel se présentera Baudelaire. Cette connexion est à l'origine d'une anecdote que Baudelaire appellera « l'affaire du baccalauréat » et qu'Asselineau, son ami fidèle, racontera en ces termes à Théophile Gautier : « Un détail, que tu ignores peut-être, c'est que Baudelaire a été reçu au baccalauréat par complaisance, et à titre d'enfant idiot. Il avait été recommandé à Monsieur Patin en cette qualité par une demoiselle Céleste qui tenait rue du Pot-de-Fer une pension pour les étudiants dévots et catholiques et qui avait, paraît-il, grand crédit auprès des examinateurs. C'est de lui-même que j'ai su cela. »

Cela ressemble surtout à un canular d'étudiant dont on aimerait avoir le fin mot…

Charles retrouve autour de la table quelques camarades externes de Louis-le-Grand et de Saint-Louis. Il donne des cours d'anglais à un jeune homme de treize-quatorze ans et demande à Aupick un acte de naissance afin de se pouvoir inscrire au concours. Le général enverra également l'autorisation, signée et légalisée devant le maire de Bourbonne, permettant à Charles de se présenter aux examens du baccalauréat.

Ces deux mois représentent pour Baudelaire une bien curieuse période. Brutalement arraché au monde clos et étouffant de la pension, il se fait happer par la chronologie du monde qui ouvre sous ses pieds, vertige angoissant s'il en est, l'espace vide de son futur. En raison de sa fêlure première, chaque changement de statut fige Charles. À cette occasion, la peur de l'avenir prend un moment le pas sur le désir d'avancer, ouvrant la porte à la mélancolie, ce « monstre délicat »qui submerge Baudelaire. N'a-t-il pas eu, en bravant le proviseur, l'envie inconsciente – à l'approche inéluctable du bac – de sauter du train en marche, tentant d'annuler le cours des choses en se réfugiant chez ses parents ? Mais le temps qui s'écoule interdit tout retour, et Charles se retrouve pour la première fois livré à lui-même ainsi qu'à toutes ses angoisses, seul, face à ce qu'il considère un peu comme le cap Horn : son bac.

Il est bien accueilli par la famille Lasègue, qu'il estime.

Le foyer de son répétiteur eût-il été quelconque que le malaise de Charles en aurait peut-être été différé. Mais voilà, les Lasègue sont des gens d'une « haute raison spirituelle », d'« une grande force d'âme » et de « morale ». Ils sont bons, simples et cultivés, et s'intéressent en outre sincèrement à leur hôte. Pour le malheur de Charles, ils sont également affligés d'une gaieté perpétuelle et imperturbable, et sur ce dernier terme en particulier on peut faire confiance à Baudelaire. Cette gaieté, qui l'ennuie si fort, sait à l'occasion se faire railleuse et mordante et cohabite difficilement avec la sensibilité à fleur de peau de Baudelaire. « Certes, M. Lasègue, certes sa mère aussi sont ornés de toutes sortes de belles qualités. Sagesse, amour, bon sens, eh bien tout cela se développe sous une forme que je n'aime pas. Il y a des trivialités qui me repoussent un peu ; j'aime mieux que cela se développe capricieusement et plus vivement comme chez toi et mon ami. » Charles se plaint d'« un manque d'affinités ». Il avoue préférer être seul au collège que composer avec des étrangers. Il lui manque les pleurs, tracasseries et autres attaques de nerfs de sa mère. « Quand je sens en moi quelque chose qui me soulève… à qui puis-je le dire ? »

Lui qui avait appris à se protéger de la promiscuité dans le seul univers codifié de la pension se retrouve ainsi nu et vulnérable dans cette nouvelle situation.

En pension, il « travaillait un peu, lisait, pleurait, se mettait en colère, bref il vivait », alors que là il ne connaît qu'« indolence, maussaderie niaise et ennui ».

Effectivement, alors que l'été qui arrive écrase par degrés une ville vide de ses parents, Baudelaire plonge dans le malaise. Étouffé par ce regard étranger porté sur lui et pressé de se déterminer face à son avenir, il se dit « désorganisé », « mis de travers ».

Il formalise ses angoisses auprès d'Alphonse. Il ne se sent de « vocation à rien, et bien des goûts divers ». Lui qu'un de ses professeurs trouvait trop léger pour des études sérieuses s'étonne que l'on doive choisir de but en blanc un métier, une profession dont on ne sait rien, au lieu de tâter, de s'essayer à tout, ce qui, reconnaît-il, est à la fois absurde et impossible. À son beau-père qui lui demande s'il a des projets, il fait cette magnifique réponse : « Bien sûr que je fais un projet, tu sais bien que je suis un esprit à projets, moi… je t'en parlerai la semaine prochaine. »

Les lettres qu'il envoie à sa mère sont lourdes de sa confusion, de sa détresse, de son malaise. Un lancinant appel, presque animal, à la présence de celle-ci les traverse. Il en est obsédé. Il se désole de ne pas lui avoir rendu tout l'amour qu'elle était en droit d'attendre et espère, grandissant en raison, grandir en passion à son endroit. « Je m'accuse souvent de ne pas te donner ce que je te dois », « à force de m'y exercer, je parviendrais à être digne de ton affection ». Empêché d'affronter son avenir, il ne se sent pas à la hauteur des espérances maternelles. Pourrait-elle s'être trompée à son égard, voyant en lui plus de talent qu'il n'en a en réalité ? « Dénudé, dépoétisé… » devant le monde en la personne de tous ses nouveaux interlocuteurs directs, et son avenir, le retour au sein du giron maternel devient le seul garant, le seul témoin de son identité. Il erre dans ce no man's land entre adolescence et l'âge adulte, indolent, lourd, « maussade et niais », « aussi bas qu'on peut l'être, des défauts à foison », il s'ennuie et déplore la perte de son esprit d'activité. Privé de solutions concrètes satisfaisantes, il s'enferme dans la pensée magique et espère, de ses fréquents volte-face, un changement qui viendrait ex nihilo le transformer en étudiant modèle et adulte omniscient. Il mécontente Lasègue, qui le « persécute pour son bien », et craint d'avoir baissé d'un degré dans son estime. Les dernières lettres à Caroline se font plus pesantes encore. « Tes lettres me rendent mal à l'aise mais continue de les envoyer, elles me font du bien du fond de ma tristesse. »

Même s'il avoue en connaître la teneur qui ne varie guère, il ne veut surtout pas perdre ce mince fil qui le ramène encore à ce seul témoin de lui-même, ce dépositaire muet et emphatique de son reflet intime qu'est sa mère. Ce que Charles éprouve à ce moment précis où il essaie de se définir afin de prendre possession de sa vie, c'est la perte de son image. Son trouble face à la vie qui arrive, sa difficulté à rassembler et dire la spécificité de sa nature à vif de poète et les exigences de sa pensée fragmentent son reflet dans l'œil d'autrui. Il ne s'y reconnaît pas, et celui qu'il y voit ne correspond pas à ce qu'il est. Comment se projeter ? Sa magistrale intuition le ramène à la recherche fiévreuse de ce qui la rendait autrefois si fière de lui. Sa mère, voilà au moins un miroir dans lequel, même partiellement brouillé, il se voit sur fond de tendresse inconditionnelle. Elle est en quelque sorte le garant de son existence, le témoin de ce qu'il y avait avant la perte, le miroir grâce auquel il peut capter le reflet vacillant de la seule reconnaissance qu'il ait jamais eue, celle de son père – la seule, la brève mais dont l'existence a suffi pour lui donner une confiance et une espérance inébranlables, celles d'un jour être capable de se faire à nouveau reconnaître.

« Il faut être un homme bien », serine Caroline en réponse à son fils. Elle se sent si peu légitime elle-même, l'enfant recueillie aux origines confisquées, qu'il ne faut pas un seul instant que son fils fragilise la forteresse qu'elle s'est construite. Comment, toute à sa défense, pourrait-elle un instant voir vraiment Charles tel qu'il est, l'assumer et l'aider à prendre une liberté qu'elle-même n'a jamais prise ? Pourtant, nous le verrons, c'est à son insu exactement la consigne qu'elle lui a transmise.

Chez Baudelaire, toutefois, l'enfant vole toujours au secours de l'adulte empêché, et sa réaction est toujours à la mesure de la profondeur de son abattement. Deux semaines avant les épreuves, Charles veut maintenant en finir « tout d'un coup ». Afin de se perdre dans le travail, il se concocte un programme draconien. Deux semaines pour réviser, c'est-à-dire vingt-quatre questions par jour.

Il passe le dernier dimanche de juillet en compagnie de son camarade de Lyon, Henri Hignard. Ils vont se promener « sur les boulevards et dans les Tuileries ». « Il [*Charles*] est devenu un très beau garçon, mais, ce qui me fait bien plus plaisir, il est devenu studieux, sérieux et religieux… »

Le 12 août, il est reçu bachelier ès lettres. En grec, latin, histoire, géographie, rhétorique, mathématique et physique, il obtient des mentions passables à faibles. En composition, assez bien. Le même jour, *Le Moniteur* annonce la nomination d'Aupick comme maréchal de camp, grade correspondant à celui de général de brigade. Le 13, Charles envoie une lettre de félicitations à son beau-père en même temps qu'il lui annonce son nouveau titre de bachelier. M. Lasègue quittant la maison de ses parents invite Charles à faire de même. Sans instructions parentales, celui-ci ne sait que faire. Ses déjeuners chez Mlle Théot ont étés payés jusqu'au 5 août. Doit-il rentrer rue de Lille ? Il semble un peu perdu. Plus tard, il écrit à son frère pour lui annoncer la nouvelle et lui faire part de ses inquiétudes concernant l'avenir et le choix d'une profession. Entre le soulagement de l'épreuve accomplie et le désarroi le plus total, Baudelaire prend possession de lui-même.

Dans cette curieuse période suspendue, immobile au cœur de la fournaise citadine de juillet-août, qui exaspère le « secret douloureux qui le fait languir[19] », Baudelaire a traversé une autre épreuve initiatique. Le quartier dans lequel il réside, le chemin qu'il emprunte pour se rendre à Saint-Louis est bordé de ruelles et de « maisons ». Les portes cochères accueillantes abondent en rencontres prometteuses où le sordide voisine avec l'excitation. Cela explique aussi la tristesse plus pesante, le malaise face à sa mère, les « mesquineries » et autres petitesses dégoûtantes dont il parle. Ce « dégoût premier » pourrait également expliquer la reprise acharnée du travail pour son bac comme une nécessité d'avancer par rapport à cette dernière découverte.

– V –

LA BOHÈME

« Un chat est un vampire sucré. » (Sur l'album d'Asselineau.)

Fin août début septembre 1839, les Aupick reviennent de Bourbonne-les-Bains.

Après quelques jours de vacances à Fontainebleau chez son frère et sa belle-sœur, Charles prend sa première inscription en droit. Comme toujours, une fois l'épreuve passée – ici le baccalauréat – le stress s'évanouit et avec lui tout sentiment d'urgence vis-à-vis du travail. Baudelaire redécouvre avec bonheur le plaisir de jouir, car tout lui est jouissance.

Depuis le temps qu'il est institué paresseux, il s'y est fait. Il s'y fait d'ailleurs d'autant plus que, sourds à ses appels autant qu'à ses désirs, ses parents – semblables en cela à beaucoup d'autres – lui ont imposé la faculté de droit. Dans la mesure où cette voie mène à tout, l'idée n'est pas mauvaise ; dans la mesure où cette matière requiert un labeur ingrat d'apprentissage et s'applique en grande partie à ce que Charles considérera toujours comme les mesquineries et petitesses de l'existence, c'est un désastre.

Charles au départ en prend cependant son parti, comme il a toujours pris son parti de toutes les décisions parentales. Il n'a rien d'un rebelle et ne le sera jamais, un révolté certes, mais pas un rebelle.

Il réside alors chez ses parents et fréquente assidûment la pension Bailly. Emmanuel Bailly, cofondateur et rédacteur de *L'Univers*, est considéré par certains comme l'artisan du renouveau chrétien. Son fils, Vincent de Paul Bailly, sera le fondateur de *La Croix*. Il reçoit alors, 11, rue de l'Estrapade, internes et externes de la France entière, le plus souvent des jeunes gens issus de la noblesse terrienne catholique. La maison Bailly donne de nombreuses conférences, de droit, de littérature et d'histoire, ainsi que les fameuses conférences Saint-Vincent-de-Paul. À défaut de « faire l'homme », Baudelaire qui a maintenant dix-huit ans fait son jeune homme. Le voilà enfin libre de s'habiller, de circuler à sa guise et de fréquenter les gens de son choix.

Baudelaire, héritage du *mundus muliebris* qui fut jadis le sien, est un dandy. L'élégance, la beauté et le rare lui sont nécessaires. Il arbore ainsi sur lui les caractéristiques intérieures qu'on ne veut pas lui reconnaître. Ernest Prarond, un de ses amis, l'évoque alors ainsi : « Je le vois encore descendre un escalier de la maison Bailly, mince, le cou dégagé, un gilet très long, des manchettes intactes, une légère canne à pommeau d'or à la main, et d'un pas souple, lent, presque rythmique. » Son goût relève de l'instinct. Son premier acte libre sera donc évidemment de passer chez le tailleur. Avec la candeur insouciante qui le caractérise, il s'empresse d'aller chez le fournisseur de son beau-père, rue de Lille. Solennellement prié par Aupick de prendre soin de régler comptant ses achats, Baudelaire, sans doute étonné du prix des choses, entendons les seules qui vaillent la peine d'être considérées, laisse néanmoins ses notes s'accumuler. Lorsqu'il n'a plus d'argent, que diable, il en emprunte. Il faut dire que la vie qui s'ouvre à lui est bien palpitante. Charles revit littéralement. Son bel esprit d'activité se trouve galvanisé par tous les plaisirs offerts par la capitale. Découvertes, liberté de projets, frissons et extases en tous genres. Les musées, les salons, les théâtres, les bordels et la littératures sont écumés avec la même frénésie de connaissance, de jugement, et surtout dans un but plus ou moins conscient d'étalonnement. C'est pour lui une véritable jubilation de se mesurer librement sur les terrains qui sont les siens aux virtuoses attitrés. Le droit l'assomme mais la vie, l'art, la philosophie, le sexe, la société et la religion sont à réinventer, et Baudelaire s'y livre avec une passion et une frénésie sans faille. Sa curiosité infatigable, son intuition visionnaire, sa perception aiguë des rapports humains et sa sensibilité vibrante se conjuguent à toute la puissance constructive et exigeante de sa pensée. Quels stimulis fabuleux, essentiels ! Il a attendu si longtemps de vivre, comme s'il émergeait enfin pour aspirer à pleins poumons une grande bouffée d'oxygène. Il investit la dimension qui est la sienne. Bizarrement, dans ce domaine, on ne constate plus la moindre once de paresse. Comment, il n'a encore rien produit ? Mais c'est que, comme il s'en doutait déjà au collège, il a pour l'instant tout à voir et à apprendre.

Parmi les premiers apprentissages, il fait celui très formateur de l'amitié, des relations, de l'échange fructueux sous ses dehors frivoles. S'il renoue avec d'anciens camarades de Louis-le-Grand et du Collège Royal comme Dozon, Louis Ménard ou

Nestor Songeon, il fait également de nouvelles rencontres. Philippe de Chennevières, Ernest Prarond, Victor, Achille Périer de La Gennevraie notamment, ainsi que Gustave Le Vavasseur.

Tous sont étudiants en droit et, au contraire de Baudelaire, finiront leurs études, preuve qu'elles étaient compatibles avec leur vocation, et que cette dernière ne se confondait pas avec une muse. Tous la taquinent en effet et, en reprenant les termes même de Baudelaire concernant Le Vavasseur, on pourrait dire qu'une « difficulté a pour eux toutes les séductions d'une rime triplée, quadruplée, multipliée ». Ils n'ont de cesse de la dépasser. Tous suivront leur chemin, généralement original. Dozon s'imposera dans les consulats comme spécialiste des langues balkaniques ; Jules Buisson sera conseiller conservateur ; et enfin Chennevières, futur directeur des Beaux-Arts, écrira sous le pseudonyme de Jean de La Falaise. Voilà la lie de l'humanité avec laquelle « il arpentera le pavé glissant de Paris », du moins à en croire son beau-père.

Dès novembre 1839, il contracte une première blennorragie, probablement avec Sara « la louchette », dite « la Juive ». Celle à laquelle il dédiera le poème *Je n'ai pas pour maîtresse une lionne illustre*. Cet accident, que l'époque considère pour le coup comme une épreuve initiatique (ne dit-on pas fier comme un écolier qui a sa première vérole ?) donne lieu à une correspondance fraternelle active. Alphonse, vers qui naturellement Charles s'est tourné, lui prodigue les conseils d'usage et – plus prosaïquement – le recommande aux meilleurs soins de son ami Guérin, pharmacien « spécialiste des maladies secrètes et invétérées ». Charles bénéficie ainsi des plus récents traitements, qui incluent vraisemblablement l'opiat balsamique, dérivé d'opium, spécialité de l'apothicaire.

Alphonse, qui visiblement se souvient de ce qu'une vie de jeune étudiant signifie, fait passer cinquante francs à son frère par l'entremise dudit Guérin. Charles l'en remercie sans façons et le prévient gentiment qu'il en prendra encore probablement cinquante autres. Bien sûr il est conscient qu'il lui faudra rembourser son frère, mais cela ne semble représenter pour lui aucun caractère d'urgence. Plein de bonne volonté, il confie même à Alphonse qu'il s'ennuie tellement (rappelons-nous que nous ne sommes encore qu'en novembre, et qu'il vient d'être malade) qu'il va se mettre à travailler. « Je veux un plaisir quelconque, et j'espère en trouver là. Je veux être indépendant le plus tôt possible, c'est-à-dire dépenser *mon* argent, celui que les hommes m'auront donné en retour d'un plaisir ou d'un service que [*je*] leur aurai procuré ; et j'y veux parvenir par quelque moyen que ce soit. En attendant, puisque c'est ton argent que je dépense, reçois bien mes remerciements. »

Alphonse, probablement enchanté de le voir dans de si bonnes dispositions, se félicite d'avoir si promptement et efficacement réglé ce problème délicat, et d'avoir « fait le frère ». Il doit se rendormir plein d'autosatisfaction. Peut-être même remercie-t-il le Ciel pour l'existence des petites prostituées malades à deux sous comme sain moyen de faire rentrer les étudiants dans le rang. Mais hélas, ils partent tous deux sur un grand malentendu, ce sera souvent le cas entre Baudelaire et ses contemporains. On le croit sur un mot ou une phrase venu à résipiscence alors que, en réalité, les mots recouvrent chez lui un champ sémantique beaucoup plus étendu. Là où Alphonse veut comprendre que Charles va travailler son droit afin de gagner sa vie, Baudelaire ne fait qu'exprimer avec force son envie de liberté qui, il l'a bien compris, n'est fondée que sur l'échange. Cette phrase est ouverte. Il veut bien essayer de faire confiance à sa famille, ce qui sera toujours son premier mouvement, et essayer d'obtenir cette liberté par l'étude du droit, mais ici il ne s'y engage nullement de façon définitive. Il sera fidèle à sa déclaration à Alphonse, à laquelle en revanche la société le sera, elle, beaucoup moins. Il recevra si peu en échange de son immense contribution, et dans tous les cas certainement pas la liberté.

Lorsque dans la même lettre, quelques phrases plus loin, il prétend qu'il va se mettre à travailler ses matières, il se leurre lui-même et avec lui tous ceux qui ne veulent rien savoir de sa différence. Bien sûr qu'il va se pencher sur ses livres. Une idée en amenant une autre, le voilà passionnément parti sur une autre voie que celle commencée. La liberté, tapant à sa porte sans arrêt, l'interpelle de surcroît pour d'autres expériences, d'autres frissons, d'autres extases.

En décembre, pour la « dernière fois » bien sûr, Charles redemande de l'argent à son frère. C'est qu'il est tellement étourdi qu'il en a oublié la dette du tailleur. Entre les livres, les drogues pour sa maladie et les spectacles, il ne lui reste plus rien. Après s'être gentiment moqué des ambitions d'Alphonse, il mentionne son neveu Edmond, précisant que ce dernier sera sans doute bienheureux de venir lui emprunter un jour de l'argent quand il n'osera pas aller voir son père. Remarquable traite de cavalerie, tirée sans sourciller avec une belle désinvolture. Ce serait d'une arrogance rare si ce n'était si puéril.

Non content d'avoir emprunté de l'argent à son frère par l'entremise de M. Guérin, Charles raconte candidement à Alphonse qu'il vient de croiser son beau-père, M. Ducessois, le père de Félicité, et qu'une chose en amenant une autre celui-ci lui avait offert cinquante francs. À la fin de la lettre, il n'en distribue pas moins en jeune homme accompli ses civilités à leurs connaissances communes.

Aupick continue pour sa part son ascension. Il fréquente assidûment les soirées du couple royal et, à la fin décembre, *La Sentinelle de l'armée* annonce qu'il devrait remplacer le lieutenant-général Dariulé au poste de commandement de la place de Paris. Aupick est nommé, le 18 janvier, commandant de la deuxième brigade d'infanterie à Paris.

Parmi les plaisirs variés qui s'offrent à notre étudiant, le moindre n'est pas le théâtre. Au début de l'année 1840, Charles voit jouer *Marion Delorme* et s'enthousiasme. Dans la foulée, empruntant allégrement et généreusement deux cents francs à La Gennevraie, il « enlève » une fille afin de l'installer en maison. Il est heureux. Baudelaire renoue avec la certitude et l'assurance. Conscient de sa valeur, il s'en va planter un hommage banderille au vieux lion qui a dominé ses années d'internat et qui continue de dominer la vie littéraire de l'époque : Victor Hugo.

Paris, le mardi 25 février 1840,

Monsieur,

Il y a quelque temps, je vis représenter Marion Delorme *; la beauté de ce drame m'a tellement enchanté et m'a rendu si heureux que je désire vivement connaître l'auteur et le remercier de près. Je suis un écolier et je commets peut-être une impertinence sans exemple ; mais j'ignore tout des convenances de ce monde et j'ai pensé que cela vous rendrait indulgent à mon égard. Les éloges et les remerciements d'un étudiant doivent peu vous toucher, après ceux que vous ont prodigué tant d'hommes de goût. Vous vous êtes sans doute montré à tant de gens que vous devez peu vous soucier d'attirer près de vous un nouvel importun. Il me semble (peut-être est-ce bien de l'orgueil) que je comprends tous vos ouvrages. Je vous aime comme j'aime vos livres ; je vous crois bon et généreux, parce que vous avez entrepris plusieurs réhabilitations, parce que loin de céder à l'opinion vous l'avez souvent réformée, fièrement et dignement. J'imagine qu'auprès de vous, Monsieur, j'apprendrais une foule de choses bonnes et grandes ; je vous aime comme on aime un héros, un livre, comme on aime purement et sans intérêt toute belle chose. Je suis peut-être bien hardi de vous envoyer bon gré mal gré ces éloges par la poste ; mais je voudrais vous dire vivement, simplement, combien je vous aime et je vous admire, et je tremble d'être ridicule. Cependant, Monsieur, puisque vous avez été jeune, vous devez comprendre cet amour que nous donne un livre pour son auteur, et ce besoin qui nous prend de le remercier de vive voix et de lui baiser humblement les mains ; à dix-neuf ans, eussiez-vous hésité à en écrire autant à un écrivain dont votre âme eût été éprise, à M. de Chateaubriand par exemple. Tout cela n'est pas assez bien dit, et je pense mieux que ma lettre ; mais j'espère qu'ayant été jeune comme nous vous devinerez tout le reste, qu'une démarche si nouvelle, si inusitée ne vous choquera pas trop ; et que vous daignerez m'honorer d'une réponse : je vous avoue que je l'attends avec une impatience extrême.*

Que vous ayez ou non cette bonté, recevez le témoignage d'une reconnaissance éternelle.

Charles Baudelaire, 59 rue de Lille.

On ne sait la suite qui fut donnée à cette lettre. Ni si ce fut à cette époque ou plus tard que les deux poètes se rencontrèrent. Il est clair qu'avec cette lettre Baudelaire se cherche aussi un patronage indiscutable pour accompagner ses essais en littérature. Le bourgeois aime l'artiste, surtout lorsqu'il est arrivé. Il est donc certain que seule une telle protection serait éventuellement capable de museler ses parents.

Charles continue gaiement sa vie de bohème estudiantine avec ce que l'on a nommé plus tard l'école normande[20]. Ses parents ont déménagé pour le 48, rue Culture-Sainte-Catherine-des-Marais (aujourd'hui 50, rue Sévigné). Le 9 avril 1840 il a dix-neuf ans, le 15 il prend sa troisième inscription en droit.

Le 12 août son beau-père devient chef de brigade au camp de Fontainebleau, sous les ordres du duc d'Orléans.

Le 15 décembre 1840, Aupick donne deux billets à Baudelaire pour assister avec un ami au retour des cendres de Napoléon.

Rien n'est dit de ses examens et, à cette époque, il ne se donne même plus la peine de fréquenter les cours. Il est amené, probablement par ses parents, à faire un « stage » dans une étude d'avoué. Il s'agit peut-être de lui faire entrevoir l'intérêt d'une vie active.

Dans tous les cas, cela n'apparaît pas vraiment au centre de ses préoccupations.

Début décembre, dans une lettre, Charles demande à son frère de l'excuser de ne pas l'être allé voir et lui annonce sa prochaine visite. Une relation d'Alphonse qui l'apercevra vers cette période chez ce dernier le décrira ainsi : « J'avais aperçu un grand jeune homme, à l'œil distrait, indifférent, recherchant la solitude. À cette époque déjà, Charles couvrait des pages entières de vers élégants et faciles sur le premier sujet qui lui passait par la tête… »

Charles ne reprendra la plume qu'au moment des étrennes, s'excusant de ne pas avoir remercié son frère et sa belle-sœur plus tôt pour leur charmante invitation. Vraisemblablement, il a beaucoup été question de la vie dissipée qu'il mène à Paris, et il y a fort à parier que Félicité est entrée dans le vif du sujet. En guise d'étrennes, Charles lui envoie un album de musique, et plus indirectement un poème via une dédicace à son frère. À dire vrai le poème ressemble bien à une provocation, dans un contexte général de plus en plus cavalier vis-à-vis de son frère.

Il est de chastes mots que nous profanons tous :
Les amoureux d'encens en font un abus étrange
Je n'en connais pas un qui n'adore *quelque* ange.
Dont ceux du paradis sont, je crois, un peu jaloux.

On ne doit accorder ce nom sublime et doux
Qu'à de beaux cœurs bien purs, vierges et sans mélange.
Regardez ! il lui pend à l'aile quelque fange
Quand votre ange *en riant s'assied sur vos genoux.*

J'eus, quand j'étais enfant, ma naïve folie
– Certaine fille aussi mauvaise que jolie
Je l'appelai mon ange. *Elle avait cinq galants.*

Pauvres fous ! nous avons tant soif qu'on nous caresse
Que je voudrais encore tenir quelque drôlesse
À qui dire : mon ange, entre deux draps bien blancs.

Il est tentant d'imaginer sur quel sujet portèrent les débats. Charles ajoute cyniquement ces mots : « Je crois que tu serais assez aise de savoir comment j'emploie mes journées à Paris. Depuis que tu m'as renvoyé ici, je n'ai vu ni l'école ni l'avoué, si bien qu'on s'est plaint que j'y allais peu. Mais j'ai remis à l'an 1841 une réforme générale de ma conduite… » Dans quel sens ? Le terme « renvoyé » indique-t-il par ailleurs une brouille entre les deux frères ou plus simplement, lassé de la condescendance affectée de son cadet et peut-être de la teneur de ses discussions envers sa femme, Alphonse l'aurait-il renvoyé manu militari à Paris ? À moins encore que Baudelaire ne soit venu chercher refuge chez son frère contre le mécontentement du général et qu'Alphonse, peu soucieux de s'en faire un ennemi, n'ait simplement renvoyé l'étudiant à ses devoirs.

Le Vavasseur se souvient du Charles de cette époque en ces termes : « Il était brun, moi blond ; de taille moyenne, moi tout petit ; maigre comme un ascète, moi gras comme un moine ; distinct et distingué tout à la fois ; moi original et commun tout ensemble ; propre comme une hermine, moi négligé comme un caniche ; mis comme un secrétaire d'ambassade anglaise, moi comme un vendeur de contremarques ; réservé, moi bruyant ; libertin par curiosité, moi sage par indolence ; païen par révolte, moi chrétien par obéissance ; caustique, moi indulgent ; se tourmentant l'esprit pour se moquer de son cœur, moi laissant tous les deux trottiner comme une attelée, etc., etc., etc. Il était naturellement sobre, moi pas. Nous avons souvent bu ensemble. Je ne l'ai jamais vu gris, ni lui moi. » Au terme de païen par révolte il faudrait peut-être substituer celui de provocateur car Baudelaire, anticlérical et d'un christianisme personnel en constante évolution, a toujours été un mystique.

Le 20 janvier, Aupick refuse le commandement de l'école de Saint-Cyr. Le Vavasseur et Baudelaire sont très occupés à écrire un poème satirique contre Casimir Delavigne, académicien qui soutenait Jaques Ancelot pour son élection à la Coupole.

Dés le début de l'année, Charles demande à Alphonse de lui prêter à nouveau de l'argent. Celui-ci, inquiet de voir s'installer une fâcheuse habitude, le prie de lui envoyer le plus rapidement possible un relevé de ses comptes. Le 20 janvier, Charles s'exécute, sur un papier froissé et taché d'encre. Il est à peu près certain qu'il fut effaré de la malice avec laquelle les chiffres s'additionnent et grossissent. Le montant dépasse de loin ce qu'il avait imaginé. Il supplie son frère de ne rien en dire à ses parents, à sa mère surtout, et promet d'être raisonnable, d'amender sa conduite. Il se montre également soucieux de l'opinion que peut avoir de lui sa belle-sœur. L'argent n'appartient pas au mode de fonctionnement de Baudelaire. Il y demeure totalement étranger et n'en a cure. Lorsque ce métal vulgaire entre par effraction dans sa vie sous forme généralement de dettes, de créanciers furieux ou d'huissiers menaçants entraînant le manque de considération qui s'attache au mauvais payeur, il cède à la panique et même régresse. L'argent, lorsqu'il vient à manquer, l'infantilise, le rappelle à l'état de dépendance dans lequel il se trouve vis-à-vis de sa famille, alors qu'occupé à s'émanciper d'eux et se découvrir lui même il l'avait oublié. Cela l'irrite, le scandalise, et il lui faut un bon moment de réflexion avant de rendre les armes devant son implacable réalité.

Son frère lui répond immédiatement. Il est furieux. Du contenu autant que du contenant, preuve supplémentaire à charge contre Charles. Le remboursement de la dette consacrée à l'enlèvement d'une fille l'enthousiasme particulièrement, comme on l'imagine, ainsi que les habits négligés coûtant encore plus cher que ceux dits « habillés », entre autres détails. Charles a emprunté joyeusement à peu près à toutes ses connaissances. Jusqu'à un domestique qu'il a soulagé de trente francs. « Ceci », commente justement son frère, « est ignoble ». Sans compter les emprunts dont il dit ne plus savoir au juste l'origine. À La fin de l'addition, il n'y a nul rappel du total des sommes généreusement prêtées depuis deux ans par Alphonse, et ceci semble mettre un comble à la joie de ce dernier. Alphonse ajoute à la liste commentée qu'il renvoie les sommes engagées par ses parents pour son entretien. Il arrive au total de 3270 francs, soit le double à peu près des appointements annuels d'Alphonse en tant que substitut du procureur.

Au terme de la lettre de son frère, voilà Charles ni plus ni moins que « dégradé de sa qualité d'homme ». Le triste honneur d'écrire la première et dernière épitaphe bourgeoise de Baudelaire revient à Alphonse : « Tu as changé cet enfant plein d'espérances en un jeune homme exalté. Ne vivant que pour un jour, sans penser au lendemain, brisant tous les liens de société, rompant avec les mœurs, avec les usages, tu t'es constitué en état d'hostilité avec ceux qui, te paraissant plus âgés, ne pouvaient voir ta manière de vivre du même point de vue que toi. » « Tu t'es laissé entraîné par des amis que tu fréquentais et que tu n'osais produire à raison de leur tenue et de leur goûts. » « Tu t'es endetté pour nourrir, vêtir quelque *drôlesse.* » Peste ! c'est que les putains aussi se paient comptant ! Le reste de la lettre est conforme à ce qu'on peut imaginer. Alphonse, après avoir récapitulé les méfaits, l'inconséquence et l'ingratitude dont Charles s'est rendu coupable, lui représente ses devoirs vis-à-vis de ses parents. Il lui rappelle avec quelle bonté Aupick l'a élevé et refuse quant à lui de se brouiller avec un homme qui a toute son estime. La somme dépassant de si loin ses possibilités, il ne voit d'autre solution pour son frère que de tout avouer et de rompre avec cette conduite. Il lui offre, si tel est son choix, de s'entremettre pour lui en racontant tout lui-même à Aupick. À part être né intelligent et porter un réel intérêt à son frère, qu'aurait-il pu faire d'autre et cela aurait-il fonctionné ? En réalité, il n'y a guère à redire à la lettre d'Alphonse.

Pourtant Baudelaire ne se rend pas encorc. La leçon est cuisante. « Humiliante », écrit-il. Après avoir déchiré six brouillons, il ne peut envisager d'autre solution que d'accepter une somme si minime que ce soit de son frère, qui en cette qualité sera réglée la dernière ajoute-t-il candidement, afin de commencer à régler les créanciers les plus pressés. Il se débrouillera pour le reste sans que personne ne le sache. Comment ? On ne sait et lui non plus probablement. Si l'argent lui est une notion étrangère, l'honneur – le sien – lui tient à cœur, tout autant que le fait de se rendre dépendant le révulse. Il n'a simplement rien vu venir de tout ceci, lui qui tel un explorateur est tout entier absorbé par la découverte de son sujet : la vie. Il commence, à la suite de la lettre d'Alphonse, à prendre la mesure de la catastrophe qu'il a enclenchée. Il ne sait – et ne fait que le pressentir, ce qui le rend inquiet – à quel point l'argent rend les autres fous et constitue dans la société un point de non-retour. C'est au milieu de cet échange que paraît, dans *Le Corsaire*, le petit pamphlet de Charles et Le Vavasseur. Il paraît anonymement, et c'est heureux.

Alphonse répondit aussitôt au billet de Charles, l'exhortant à compléter sérieusement sa liste et promettant son intercession auprès d'Aupick. La suite dut être rude, puisque nous n'avons plus trace de correspondance jusqu'à la réunion du conseil de famille du 14 juin 1841. Les « deux natures » d'Aupick et Charles « se sont croisées ».

Le conseil de famille, cette instance qui s'est déjà réunie pour donner son approbation au mariage de Caroline et d'Aupick, et qui a nommé ce dernier tuteur de Charles, se réunit officiellement et donne lieu à un procès-verbal. Ses décisions sont de fait exécutoires. Sa composition se modifie, au fil des années, autour de quelques fidèles. Le duc de Choiseul-Praslin n'apparaît plus. Au fur et à mesure de la disparition des uns et des autres, les enfants ou d'autres amis prennent la suite. La réunion de celui-ci, cette année-là, autorise le prélèvement de 3000 francs sur le compte du mineur, en règlement de ses dettes. On imagine assez aisément la grande scène qui dut avoir lieu en amont, chez les Aupick. Il n'est qu'à relire les premières strophes de *Génitrix*, le poème d'ouverture des *Fleurs du Mal*, pour se le représenter ; Caroline, après tout, ne fut peut-être pas pour rien dans l'amour que son fils porta au théâtre et aux comédiennes. L'occasion ne sera pas vraiment donnée à Charles de confronter ses nouvelles résolutions à la vie de tous les jours car dès avril Aupick, qui s'est renseigné entre-temps sur la façon dont vivait son beau-fils, envoie à Alphonse une lettre officielle qui finit de situer Baudelaire dans l'univers mental de sa caste à l'époque.

Le 19 avril 1841, corps royal d'état-major

École d'application

Monsieur Baudelaire, Substitut du procureur du Roi à Fontainebleau.

Mon cher monsieur Baudelaire,

Le moment est arrivé où quelque chose doit être fait pour empêcher la perte absolue de votre frère. Je suis enfin au courant ou à peu près de sa position, de ses allures, de ses habitudes. Le péril est grand : peut-être y a-t-il encore un remède :

mais il faut que je vous voie, il faut que je cause avec vous de ce que je fais, que vous appreniez le point de démoralisation d'esprit, sans parler du physique, auquel Charles est parvenu. Je désirerais avoir avec vous, avec Paul Pérignon, Labie et Edmond Blanc qui est si bien pour votre frère, une conférence à l'insu de Charles, dans laquelle nous dirions ce que nous savons, afin de parfaitement nous éclairer et aviser à ce qu'il y aurait à faire. Je désire que ce soit à l'insu de Charles, pour ne point lui donner l'éveil. La situation des choses bien exposée, et connue, et un parti étant adopté, le lendemain la réunion aurait lieu chez moi, et Charles y paraîtrait. Là ces amis dévoués lui exposeraient les torts de sa conduite, les erreurs dans lesquelles il se fourvoie et on l'amènerait à consentir à ce qu'on lui proposerait.

Il y a selon moi, selon Paul et Labie, urgence à l'arracher au pavé glissant de Paris. On me parle de lui faire faire un long voyage sur la mer, aux unes et autres Indes, dans l'espérance qu'ainsi dépaysé, arraché à ses détestables relations, et en présence de tout ce qu'il aurait à étudier, il pourrait rentrer dans le vrai et nous revenir poète peut-être, mais poète ayant puisé ses inspirations à de meilleures sources que les égouts de Paris. Réfléchissez à cela : si nous nous réunissons à cette pensée, je suis en mesure de trouver les moyens d'exécution. Avec les dettes avouées de Charles et les faits que chacun d'entre nous peut attester, nous serons en mesure d'obtenir, Labie le croit, un conseil judiciaire, mesure indispensable pour l'arrêter.

Ma femme est bien malheureuse.

... Nous ne nous arrêterons à rien vous absent.

Mille choses affectueuses.

Général Aupick.

Charles est déjà jugé, et en aucun cas appelé à être interrogé. On sait bien ce que valent ses promesses. Son cas est désespéré. Seul un voyage, une coupure nette pourrait éventuellement inverser le cours des choses. Poète, puisque le mot est lâché, peut-être, mais au moins – comme le fait remarquer Aupick qui s'y connaît sûrement en poésie – un poète propre.

À la décharge d'Aupick, nul ne saurait trouver à redire à sa décision. La raison semble de son côté, ainsi que la société, la famille, et même une partie de Charles. Le problème trouve ses racines bien plus en amont, sur le quiproquo qui s'est noué au moment du mariage de Caroline. Peu importe, de toute façon ce voyage sera un cadeau à sa mesure, dont l'intensité perdurera jusqu'à la fin de ses jours.

En attendant, l'ambiance est plus que tendue rue Culture-Sainte-Catherine. Maxime du camp raconte une algarade qui serait survenue lors d'un dîner chez les Aupick :

« Un jour, le colonel Aupick donnait un dîner officiel ; il avait réuni à sa table des magistrats, des officiers supérieurs et quelques gros personnages. Baudelaire, qui avait alors dix-sept ans, assistait au repas. Je ne sais quel incident survint, Baudelaire fit une plaisanterie saugrenue que le colonel rabroua sans doute avec vivacité. Baudelaire écouta la semonce puis, se levant et se campant près de son beau-père, il lui dit : “Vous cherchez à m'humilier devant des gens de votre caste qui font semblant de prendre vos sornettes pour de bons mots et qui par politesse croient devoir rire de vos plaisanteries ; vous oubliez que je porte un nom que votre femme a eu le tort de quitter et que j'ai pour devoir de vous faire respecter. Vous m'avez manqué gravement ; ceci mérite une correction, Monsieur, et je vais avoir l'honneur de vous étrangler.” Il se jeta sur le colonel Aupick et le saisit à la gorge ; le colonel se dégagea et appliqua une paire de soufflets à Baudelaire, qui tomba en proie à un spasme nerveux. Des domestiques l'emportèrent. Il fut enfermé quinze jours au bout desquels Baudelaire fut mis en diligence sous la surveillance d'un officier qui le conduisit à Bordeaux. »

Il faut faire la part du souvenir et celui de la légende, l'incident fut peut-être moins grandiose. Baudelaire venait en fait d'avoir vingt et un an et il est envoyé le 25 avril à Creil chez un officier, Marc-Antoine Dufour, ami de ses parents, d'où il envoie une courte lettre à sa mère, se plaignant de ne pas être à Fontainebleau. Il lui demande de convaincre Aupick qu'il n'est pas un grand scélérat mais un bon garçon.

Le 27 avril, Charles annonce son départ à Alphonse qui lui envoie une de ces lettres lénifiantes dont il a le secret. Un peu anxieux à l'idée d'avoir causé du tracas à sa mère, Charles lui promet néanmoins bientôt de singulières fleurs, vers de l'époque. Quatre mille francs sont nécessaires au paiement du voyage, le général les emprunte aussitôt et réunit le conseil de famille afin de se faire rembourser cette somme sur l'argent de son beau-fils. Caroline ne veut surtout pas que ce dernier soit averti de ce conseil-là. Aupick précise à Alphonse la nécessité d'éviter de porter à la connaissance du duc de Choiseul-Praslin les errements de Charles. Curieusement, on parle également de remplacer MM. Naigeon et Ramey, amis de François Baudelaire, par des amis d'Aupick.

C'est ainsi que petit à petit les amis de François se verront remplacer au profit de ceux du général.

La décision du conseil est sans surprise, et Charles part directement de Creil pour Bordeaux en diligence, à la rencontre du capitaine Saliz.

Bourrelée de culpabilité, au moins autant que de soulagement, Caroline inonde Charles d'envois et de recommandations diverses. Gageons que les choix vestimentaires de Caroline ne sont pas ceux de Charles, et qu'il regrette un peu cet argent perdu. Amusé, il exhorte sa mère au calme en l'assurant qu'en réalité il est finalement presque heureux de ce départ. Heureux, possible ; intrigué et curieux, sûrement.

– VI –

LES ÎLES MASCARINES

« Les houles, en roulant les images des cieux,
Mêlaient d'une façon solennelle et mystique
Les tout-puissants accords de leur riche musique
Aux couleurs du couchant reflété par mes yeux. »
(*La Vie antérieure.*)

Le 9 juin 1841, par un « joli vent frais d'est-nord-est, beau temps et belle mer », le *Paquebot-des-Mers-du-Sud* met le cap au sud. À son bord, un garçon d'à peine vingt ans que ses proches érigés en conseil veulent arracher aux « égouts » de Paris et détourner de l'impensable vocation qu'il se découvre : la littérature.

Février 1842, l'*Alcide* entre en rade de Bordeaux. Parmi les passagers Charles Baudelaire, de retour plus tôt que prévu, arrive précédé de cette lettre :

Saint-Denis, Bourbon, 14 octobre 1841.

Monsieur le général Aupick, commandant de l'école d'état-major à Paris.

Général,

Je viens avec regret vous dire que je ne peux faire terminer à votre beau-fils, M. Charles Baudelaire, le voyage que vous aviez projeté pour lui sur le navire que je commande. Je dois à la confiance que vous avez bien voulu placer en moi de vous donner des explications sur les motifs qui m'ont porté à accéder enfin à son intention fortement exprimée de ne pas venir plus loin (de laquelle je n'ai pu le faire revenir à l'île de France qu'en lui promettant de bien examiner de nouveau ici nos positions respectives et de voir si elles me permettraient d'accéder à ses désirs).

Dès notre départ de France, nous avons tous pu voir à bord qu'il était trop tard pour espérer faire revenir M. Beaudelaire [sic] *soit de son goût exclusif pour la littérature telle qu'on l'entend aujourd'hui, soit de sa détermination de ne se livrer à aucune autre occupation. Ce goût exclusif lui rendait étrangère toutes les conversations qui ne s'y rapportaient pas et l'éloignait de celles qui revenaient le plus souvent entre nous marins et les autres passagers militaires ou commerçants. Je dois vous le dire aussi, quoique je craigne de vous faire de la peine, ses notions et ses expressions tranchantes sur tous les liens sociaux, contraires aux idées que nos étions habitués à respecter depuis l'enfance, pénibles à entendre de la bouche d'un jeune homme de vingt ans et dangereuses pour les autres jeunes gens que nous avions à bord, venaient encore circonscrire ses rapports de société. Moi-même, qui par l'engagement que j'avais pris avec vous me trouvais envers lui dans une position particulière et qui, je dois m'empresser de le dire, voyais avec d'autant plus de peine la fausse direction de son esprit, que son instruction, la capacité qu'il m'a semblé reconnaître en lui, et les manières douces et amicales qu'il avait avec moi m'avaient inspiré un intérêt sincère, j'ai dû renoncer à l'espoir que j'avais conçu de contribuer en gagnant sa confiance à lui faire prendre une voie où il pût employer honorablement les moyens que la nature lui a donnés. Ses expressions péremptoires sur tout ce qui tenait à ce sujet me convainquirent bientôt qu'il n'y avait aucune chance de réussir là où ses parents avaient échoué, et je dus renoncer à un sujet de conversation qui amenait des opinions quelquefois pénibles à entendre ; bref, sa position à bord, d'ailleurs il faut en convenir, offrant un immense contraste avec la vie que ce jeune homme avait jusque-là menée, le mit dans un état d'isolement qui, je le crois, n'a fait qu'augmenter ses goûts et ses poursuites littéraires. Un événement de mer comme je n'en avais jamais éprouvé dans ma longue vie de marin, dans lequel nous pûmes presque toucher la mort du bout du doigt sans qu'il en fût démoralisé pas plus que nous, vint ajouter à son dégoût pour un voyage qui dans ses idées était sans but pour lui, et quoique continuant à bien se porter, il eut des moments de tristesse dont, malgré le travail que me donnait le soin de conduire un navire démâté, je fis mes efforts pour le distraire dans la crainte des conséquences. Contre mon attente et à mon grand étonnement, notre arrivée à Maurice ne fit qu'augmenter sa tristesse. (J'avoue que le besoin de faire tout par moi-même pour hâter nos réparations dans ce port me fit passer tout mon temps dans le chantier de constructions ou chez mes consignataires où je logeais sans avoir pu y conduire M. Baudelaire, et je ne vis aucun de mes amis nombreux dans un pays que je visite depuis plus de vingt ans.) Mais à l'hôtel où il était avec d'autres passagers, il n'a formé aucune liaison. Rien dans un pays, dans une société, tout nouveaux pour lui, n'a attiré son attention, ni éveillé la facilité d'observation qu'il possède ; il n'a eu de rapports qu'avec quelques hommes de lettres inconnus dans un pays où elles occupent une place bien petite, et ses idées se sont fixées sur le désir de retourner à Paris le plus tôt possible. Il voulait partir sur le premier navire pour la France. Je crus devoir m'y refuser et m'en tenir aux instructions que vous m'aviez données.*

Je reconnus avec lui que je n'avais aucune contrainte à exercer sur lui pour le forcer à me suivre, mission dont d'ailleurs je ne me serais pas chargé, mais je lui fis voir qu'il n'avait pas qualité pour réclamer de l'argent que j'avais à vous. À cela il me répondit qu'il tâcherait de s'en passer, qu'il resterait à Maurice, où il espérait en peu de temps gagner de quoi payer son passage, et tout cela en me témoignant de l'attachement pour moi ; d'un autre côté, par ce que je voyais dans nos entrevues fréquentes, par l'opinion d'un passager qui avait toute mon estime et qui demeurait avec lui, je craignis qu'il ne fût atteint de la Nostalgie, cette maladie cruelle dont j'ai vu les effets terribles dans mes voyages, et dont les conséquences qui pouvaient être funestes pour lui auraient laissé sur ma responsabilité un poids que j'aurais gardé le reste de ma vie.

Je dus donc, au moment où seul il me retenait à Maurice, lui donner pour l'entraîner à bord l'espoir que je me rendrais à sa volonté s'il y persistait encore.

*Ses raisonnements, sur la manière dont vous prendriez son retour sur l'accomplissement partiel il est vrai qu'il avait fait de s'éloigner de Paris pour quelque temps, contribuèrent à me gagner et j'ai cru agir selon vos instructions et dans vos intérêts en le conduisant ici, d'où il se rendra directement auprès de vous au lieu de le laisser dans un pays que son inexpérience et ses idées erronées l'auraient exposé aux plus dangereuses influences. Ici, sans entrer dans de plus grands détails, je vous dirais qu'il n'a fait que persister dans son idée, qu'il a réclamé l'exécution de la promesse que je lui ai faite à Maurice, que j'ai dû consentir à son embarquement et sur un navire de Bordeaux dont le nom lui a plu et qu'il a choisi lui-même, l'*Alcide*, capitaine*

Jude de Beauséjour. Malheureusement ce navire ne part qu'après moi, mais je prends mes mesures pour que tout s'exécute régulièrement.

Je laisserai chez mon consignataire M. Grangier le montant de son passage fixé à 1500 francs pour le payer au moment du départ du navire. En cas d'événement avant le départ on le ferait passer sur un autre navire ; quoique M. Beaudelaire ait été modéré dans ses dépenses, à Maurice et ici, il a fortement écorné les 1700 francs que j'avais reçus de M. Noguez et je lui remettrai directement le reste pour le cas où un événement de mer le ferait relâcher quelque part.

Je l'ai recommandé de la manière la plus forte au capitaine qui est de ma connaissance et j'espère que son retour s'effectuera sans accident. Il me reste à vous exprimer, général, combien je suis peiné de n'avoir pu réussir à remplir vos vues, mais dans ma conviction je n'avais pas d'autre parti à prendre.

M. Baudelaire vous confirmera, je n'en doute pas, que nos relations, à part les divergences que je vous ai signalées, ont été des plus amicales, et je peux vous assurer que j'ai conçu pour lui un vif intérêt et que j'apprendrais avec bonheur qu'il est entré dans la voie que votre affection pour lui voudrait lui voir prendre.

*J'apprends à l'instant par les consignataires de l'*Alcide *que ce navire sera prêt dans sept ou huit jours ; il tardera donc bien peu après moi (car j'espère enfin dans trois ou quatre jours continuer ma route pour ce Bengale où toutes mes contrariétés me feront arriver bien tard).*

J'ai l'honneur d'être, Général, votre dévoué serviteur.

P. Saliz.

On imagine bien la disposition d'esprit qui suivit la lecture de cette lettre : la consternation dut régner rue Culture-Sainte-Catherine. Voilà pour ce qu'il fut donné à voir. Charles est parti à contrecœur, contraint et forcé à ce voyage brutal il sombre dans la mélancolie, se montre odieux avec ses compagnons de fortune et interrompt son cours à la première occasion. *Ite missa est.*

La simplicité du bilan qui s'impose à première vue porte certains biographes à sous-estimer l'importance de ce périple. Il est considéré tout au plus comme une parenthèse curieuse, voire incongrue dans le parcours du poète parisien. Il s'agit, par ce scepticisme, de tenir éloignée toute tentation de lecture exotique de ses poèmes. L'existence même de ce souci vis-à-vis d'une œuvre par ailleurs au-dessus de tous les soupçons de facilité indique clairement qu'il y aurait donc, en l'occurrence, matière à réflexion. En effet ce voyage sous-tend et traverse la vie et l'œuvre entière du poète, les marque de son empreinte. Le contraire n'aurait pas de sens.

S'embarquer, en cette moitié du XIXe siècle, est encore une aventure. La navigation, malgré les progrès de la cartographie et des instruments, présente toujours des dangers considérables. Ne dit-on pas à l'époque que la cloche de la Lloyd's annonçant les naufrages sonne toutes les heures ?

Les conditions de navigation sont éprouvantes, les cabines et carrés exigus et confinés. Sur un navire de commerce du type du *Paquebot-des-Mers-du-Sud*, peu de place, encore moins de commodités et bien sûr aucune distraction ne sont offertes aux passagers de hasard. Ces derniers, militaires, fonctionnaires ou négociants sont peu nombreux. Si, pour certains milieux, le voyage en Europe participe à la formation culturelle générale, le tourisme dans les pays lointains n'existe pas. L'exploration, les missions, la colonisation sont les seuls motifs des très grands déplacements. Il faut également avoir présent à l'esprit le triomphe populaire de l'orientalisme et de l'exotisme enfiévré de l'époque, chez Gautier ou Dumas par exemple, pour comprendre à quel point les modes de vie étrangers sont ignorés. La France dévore alors les comptes rendus d'expéditions comme autant de catalogues de curiosités. C'est donc un déracinement total – une « rude épreuve » selon les termes mêmes d'Aupick – qui est offert à Baudelaire pour ses vingt ans. Il n'est qu'à se reporter au seul voyage que ce dernier a déjà eu l'occasion de faire, de se remémorer l'excitation et la jubilation qui sont apparues dans ses lettres pour imaginer un instant les émotions que soulève ce départ, cette brèche ouverte sur l'inconnu. Certes il part de par la volonté d'autrui, certes c'est à la fois une punition et une tentative de diversion, mais enfin, c'est un voyage. Il se résout d'autant plus à ce dernier qu'il est juste question, pour lui, de prouver la force de sa vocation. S'il persiste dans cette voie jusqu'au retour, alors, pense-t-il, il aura conquis sa légitimité.

Ainsi, le 9 juin 1841, le *Paquebot-des-Mers-du-Sud*, beau trois mâts à dunette de quatre cent cinquante tonneaux, glisse doucement de la Gironde dans le golfe de Gascogne, faisant naître le poète à « l'eau et la lumière ». Les voiles claquent, les cordes s'enroulent, les ordres gueulent, le navire, par secousses, entame sa descente inexorable vers la fournaise africaine. Le rythme marin dans son ample balancement supprime tout ancrage intérieur, le temps, au fur et à mesure que les côtes s'éloignent, entre en suspension, passé et futur devenant plus incertains sous la dilatation du présent.

À son bord, outre le commandant Saliz, « homme admirable » ayant « bonté, originalité et instruction », ainsi que son second et beau-frère le baron Charles Duranteau, on croise quelques passagers, fonctionnaires, militaires ou négociants. Ils forment un succédané de société, le seul public de notre jeune et ombrageux poète. Si Saliz trouve grâce aux yeux de Charles, il n'en va pas de même en ce qui concerne les autres passagers. Se sentent-ils collectivement investis d'une mission envers ce jeune homme : lui faire abandonner ses idées extravagantes ? On imagine mal ce dernier supporter benoîtement les pénibles sermons et discussions mondaines de la part de personnages qui l'indiffèrent. Baudelaire, bien que courtois de nature et en l'occurrence acculé à l'inactivité, n'entend pas faire l'aimable. La bêtise associée aux convenances lui font toujours l'effet d'une provocation. Il jubile à démonter les belles mécaniques oiseuses des discussions de salon, par l'affirmation de théories d'autant plus scandaleuses qu'elles sont bien amenées, et d'autant plus difficiles à réfuter. Cela comble son goût du théâtre. Quant à la difficulté qu'il éprouve, selon le capitaine, à s'intéresser à quoi que ce soit d'autre, rappelons-nous son âge et l'intensité de ce qu'il est. À vingt ans, banni par ses proches pour avoir choisi sa voie, quel intérêt peut bien rivaliser avec le souci de lui-même et son avenir ? Certainement pas des discussions sur la production agricole de tel endroit, ou bien encore les histoires d'armateur : à vingt ans, on sait ce qui est important. Lui, tout particulièrement.

Baudelaire prend donc un malin plaisir – on retrouve là ses bizarreries et affectations de pension – à se rendre odieux et provocateur, pour la consternation de ses compagnons. Il professe et énonce des contre-principes cyniques, excelle maintenant à exprimer une pensée bien construite ; peu importe qu'elle soit fondamentalement ou non la sienne. Ses victimes ici ne lui sont rien et se montrent, de plus, coupables de bêtise, premier crime à ses yeux, le second étant le désintérêt envers la littérature, phénoménale dimension dans laquelle il a enfin une chance d'exister et d'être reconnu. Cerise sur le gâteau, il s'octroie la maîtrise de la conversation, se protégeant ainsi de tout ce qui pourrait le blesser s'il engageait ses vrais sentiments. Se montrant odieux, il affirme sa liberté, et la force de sa certitude. Car au milieu de tous ces doutes, de cette adversité, de cette lutte pour exister, Baudelaire sait. Il sait avec intuition, viscéralement et de toute la violence de son ressenti permanent et exacerbé, qu'il est dans le vrai total quant à ses intuitions.

La traversée cependant se poursuit. Aux alentours de l'équateur, la chaleur devient moite et étouffante. Le ciel et la mer sont chauffés à blanc, le temps se délite dans l'espace immobile. Juin et juillet se sont évaporés lentement, le *Paquebot-des-Mers-du-Sud* passe le cap de Bonne-Espérance et aborde l'océan Indien.

Le 8 août, les vagues forcissent, deviennent cassantes. Les vents se lèvent, le ciel s'obscurcit, la mer se démonte. Les lames se creusent, des murailles d'eau de plusieurs mètres de hauteur surgissent tels des monstres marins à l'aplomb du navire sur lequel elles s'abattent hurlantes, arrachant voilure et gréement. Le vaisseau gémit et craque de façon inquiétante mais le plus inquiétant sans doute, pour les passagers, est l'angoisse et la peur qui commencent à se peindre sur le visage du commandant et de ses marins. Un véritable pandémonium se déchaîne, les paquets de mer ne cessent de déferler dans un mugissement sourd et ininterrompu venu des quatre coins de la terre, le monde sombre dans la nuit. L'horizon alentour n'est plus qu'un banc obscur, épais, de nuages. Seul le ciel au zénith est si parfaitement clair qu'on peut voir les étoiles. Tout à coup, au-dessus du mât de misaine, file une étoile d'un éclat extraordinaire… Puis l'ouragan et la foudre se déchaînent, arrachant ce qui reste de voiles, et renversent le bateau sur le flanc. Dans un craquement sinistre de fin du monde l'un des mâts cède et sombre dans le chaos. Comme par miracle le navire se relève grâce à une toile goudronnée dépliée ; manœuvre dérisoire et désespérée tentée par le second aidé d'un Charles hors de lui que la tempête arrache et projette contre les haubans. Le bâtiment se maintiendra ainsi jusqu'à l'apaisement des éléments.

Dévasté, le vaisseau continue sa route tant bien que mal, secouru en voiles diverses par un autre navire de rencontre, et atteint enfin, le 1er septembre 1841, Port-Louis, capitale de l'île Bourbon. Là, les réparations et opérations de fret prendront deux semaines.

Cette traversée fut en réalité pour Baudelaire un creuset de transmutation. Confronté à la tempête, la violence, le temps, l'infini, l'abîme. Porté par le déchaînement des éléments au paroxysme de lui-même. Au point de rencontre entre le ciel et la mer ces deux gouffres, l'un de pure lumière mystique, le second glauque de l'insondable mystère de l'âme, dans une sorte d'apothéose qu'il est rarement donné de vivre, jeté hors de lui avec violence, il s'effondre ensuite et se replie sur lui-même. Cet abattement est à la mesure de ce qu'il vient d'endurer, terrible.

Après trois mois de navigation, aveuglés et brûlés de lumière, d'iode, ivres d'horizon, de balancement, et traumatisés par le cyclone, les passagers mettent pied à terre dans une étrange et brutale sensation d'immobilité.

Les vents marins un peu en retrait ne font que frôler paresseusement les côtes. L'air ne circule plus, il est à présent humide comme un bain de vapeur. On en est comme écrasé. Le corps est plus lourd. L'air, celui que l'on respire, est saturé d'odeurs, de moisissure, de sel, de goudron, de sueur, de vanille. Sur le quai, une foule noire s'agite mollement autour des bateaux. Noire et demi-nue. Les cris sont étranges, on croit reconnaître un mot sans le comprendre, le créole déroute.

Où que se porte le regard plus au loin, il n'est que stupeur. Stupeur devant les arbres immenses et élancés, les essences inconnues, les fleurs étranges, toute une végétation colorée, intense et prodigieuse de vitalité.

Un hôtel attend les voyageurs de passage. Nous n'en sommes pas à l'ère hôtelière, les conditions y sont à peine meilleures qu'à bord. Tout au plus peut-on utiliser l'eau sans compter. Les repas qui y sont offerts sont une nouvelle découverte. Les saveurs explosent dans ces brouets parfumés de viandes, d'épices et de fruits inconnus.

La ville est réduite à sa plus simple expression. Au détour d'un chemin, le jeune Charles assiste à un étrange spectacle. Une jeune Noire est fouettée en public. Comment dire l'épaisseur de la foule, l'odeur forte de ces corps réunis, la chaleur, la peur, la tension, la jeune fille à moitié nue, son abattement ou sa terreur, les rigoles de sueur qui se mêlent aux larmes ? Comment dire le bruit qui claque, la peau qui se rompt, le sang qui ravine le dos, comment dire la douloureuse effraction de l'âme ?

Peut-on imaginer un seul instant que Baudelaire ait glissé intact à travers tout cela ? Lui sans cesse partagé entre l'extase et l'horreur de la vie, lui si sensuel – on voudrait dire sensoriel – que tout lui est jouissance ou enfer, lui saisi et ravi par la beauté sous toutes ses formes et surtout les plus incongrues, lui si curieux, assoiffé de nouveauté et d'étrange, le voici englué dans le mal-être, affaibli par le climat, projeté dans un pays fantastique. Ici, température et humidité sont tellement proches de celles du corps que l'on ne sait plus très bien où finit celui-ci et où commence l'extérieur. Les odeurs deviennent des couleurs et les couleurs sont tellement intenses qu'elles en deviennent vibration. Le jour se lève invariablement à six heures, déroulant une succession d'heures lumineuses indistinctes pour se coucher à dix-huit heures. Le présent est étiré, à peine rythmé par la nonchalance indigène. Où que se pose le regard ce n'est qu'infini, infini du ciel, de la mer, éternité du temps et de la végétation. Tout est sensualité, toute sensualité devient mystique.

Toute la constellation sémantique de Baudelaire se fixe alors dans son ciel intérieur. Ce voyage, c'est la rencontre avec lui-même ; il en ressort doublé, exacerbé, rompu. C'est trop de tout. De sensations, d'étrange, de différences, d'intensité, d'infini. Il faut qu'il repense et s'approprie cette expérience. Il faut qu'il rentre, il y a tant à faire et plus un instant à perdre.

Il s'ouvre de cette décision à Saliz qui, après moult discussions, capitule. Charles choisit donc l'*Alcide* pour son retour.

Entre-temps, Baudelaire est reçu chez les Autard de Bragard, vieille famille créole habitant le quartier des Pamplemousses. La maîtresse de maison, Emmeline de Carcenac, tout juste dix-huit ans, est réputée pour sa grande beauté. Elle mourra vingt ans plus tard, au moment de la publication des *Fleurs du Mal*, et, belle image baudelairienne, son cœur sera conservé dans un coffret d'ébène incrusté de nacre. Dans ces salons, la discussion dut bien sûr rouler sur la littérature et la vocation de Charles. Celui-ci se voit raillé, et gentiment qualifié de baroque. Cela peut sembler sans importance. Ce ne le fut pas pour Baudelaire qui le mentionne dans sa lettre de remerciements comme d'une injustice que lui aurait faite un ami. « Si je n'aimais et si je ne regrettais pas tant Paris, je resterais le plus longtemps possible auprès de vous, et je vous forcerais à m'aimer et à me trouver un peu moins *baroque* que je n'en ai l'air... »

Il en sera toujours avec lui comme avec le sage du proverbe chinois : alors qu'il désigne la lune, le sot ne voit que son doigt. Tout entier investi dans la quête de sa reconnaissance, ce déni systématique de ce qu'il est l'isole un peu plus. Perçu comme une forme de mépris, c'est à chaque fois une souffrance cuisante. Pour l'instant, ce n'est encore qu'une piqûre stimulante.

Le 4 novembre, chargé de 4088 balles de sucre et de 397 balles de café entres autres, l'*Alcide* met le cap sur Bordeaux.

Baudelaire joint à sa lettre aux Bragard le poème intitulé *À une dame créole*, premier poème connu des *Fleurs du Mal*. Le 4 décembre, dernier adieu aux « pays parfumés que les soleils caressent[21] », le navire fait une escale de quelques jours au Cap au cours de laquelle Charles s'offre de nombreuses promenades. Après une navigation pénible alternant temps calme et épisodes de gros temps au cours de laquelle il lui faudra se ravitailler en vivres frais manquants, l'*Alcide* entre en rivière le 15 février 1842.

Après neuf mois de voyage – quel symbole –, Baudelaire vient reprendre le cours de sa vie. Il envoie une lettre au général lui annonçant qu'il a la « sagesse en poche », et l'éternel quiproquo entre les deux hommes augmente encore un peu plus.

Baudelaire parlera un peu de son voyage, et encore, à fort peu de gens. Par action et par omission, il est certain que Charles contribue ainsi à la naissance des nombreuses légendes qu'il occasionne.

Peu importe, loin du matériel fiable dont dispose le biographe attentif, loin des faits attestés et vérifiés, parfois dans leur sécheresse de comptes rendus, de minutes ou de contrats, toutes ces légendes disent encore quelque chose de Baudelaire, de sa différence ou de sa détermination.

Ce voyage, s'il a été un passage, ne s'est pas fait vers l'âge adulte. Passer à l'âge adulte, devenir un homme, implique d'admettre le principe de réalité ; et, pour le maîtriser, d'accepter de renoncer à certaines choses. Le renoncement permet seul de construire. Le voyage a plutôt concentré Baudelaire, et révélé à lui-même la viscéralité de sa singularité, son impossibilité à être autre que celui qu'il est. Sa dimension intérieure encore élargie a découvert de vastes espaces vierges et fascinants à explorer en même temps que le ressort puissant pour s'y mesurer et enfin la certitude intuitive, mais si forte, d'être capable d'y arriver. L'enfant qu'il était est à présent « doué d'organes virils pour s'exprimer », définition même du génie selon Baudelaire. Il a rencontré dans cette démultiplication des sens de nouvelles terres, un lieu de convergences qui le transporte. Il a trouvé son combat et ses armes. Il construira là-dessus, mais les seules réalités hélas dont il se rendra maître pour ce faire seront les subtilités de la langue. La pensée et les sens unis par l'intuition s'« architecturent » tels une cathédrale qui partirait du cœur de l'homme pour atteindre le ciel.

Les idées encadrent ses espaces intérieurs, les correspondances, les intuitions, les traversent pour restituer la capacité humaine du divin dans toute sa splendeur. Aveuglante réussite pour l'art, qui le laisse néanmoins entravé dans sa vie et clandestin de lui-même.

– VII –

LE CONSEIL JUDICIAIRE

« Ce qu'il y a d'enivrant dans le mauvais goût,
c'est le plaisir aristocratique de déplaire. » (*Fusées*, XII.)

Charles débarque le 16 février 1842 à Bordeaux où il est accueilli par Pierre Zédé, ami de la famille, qui se fait l'interprète de l'inquiétude de Caroline. Il écrit deux mots. Le premier, pour sa mère, est délicieux de culpabilisation elliptique. Charles s'y étonne, devant une telle inquiétude, de n'avoir pourtant reçu aucune lettre de sa mère, lui qui se serait constamment angoissé pour sa santé au cours de ces deux « vilaines traversées ». Ses pointes acerbes laissent néanmoins transparaître tout le plaisir qu'il anticipe de ces retrouvailles. Son second mot est pour Aupick. Bien qu'il l'y tutoie encore, le mot est très bref. Il dit revenir sans un sou et ayant souvent « manqué des choses nécessaires », tout en se réjouissant de venir bientôt l'embrasser.

Si Caroline est soulagée du retour de Charles, Aupick cependant ne se sent guère l'âme du père accueillant le fils prodigue. Il ne retient du récit du commandant Saliz – pourtant fort riche en renseignements sur la détermination, le courage, du jeune homme – que l'échec de son stratagème. Baudelaire s'éloigne une fois encore du chemin qu'il a tracé pour lui.

Habile tacticien, Aupick se tourne vers Alphonse qui, il l'a bien compris, se range définitivement à son avis. Il forme les pronostics les plus sombres. Alphonse le console en évoquant les deux dernières cartes qu'il leur reste à jouer, à savoir le service militaire et la mise à couvert de la fortune du jeune homme. Le beau-père de Charles semble déjà envisager le conseil judiciaire alors qu'Alphonse, toujours prompt au compromis informe, semble privilégier une solution amiable avec Narcisse Ancelle, le notaire de la famille qui a pris la suite de Me Labie.

Aupick, en attendant, inscrit Baudelaire au tableau de conscription pour le tirage au sort des jeunes gens nés en 1821 dans l'ex-Xe arrondissement, aujourd'hui le VIIe.

Charles arrive à Paris fin février 1842 et s'installe chez ses parents à l'École d'application rue Grenelle-Saint-Germain. Puis, leur ayant fait moult récits de ses aventures, à leur grande consternation Baudelaire s'empresse de renouer avec ses camarades.

Sommé de préciser sa vision de l'avenir, il leur confirme sa vocation littéraire. Il a eu tout le temps, en neuf mois, de roder ses arguments à toutes les objections familiales. Le débat est houleux, et la question de l'argent clairement posée. L'ambiance familiale se dégrade, Charles quitte la maison.

Il emménage au 10, quai de Béthune, sur l'île Saint-Louis où l'a précédé son nouvel ami, le peintre Deroy.

Le loyer est modeste, et il prie sa mère de ne pas lui jouer de mauvais tour avec son propriétaire. Caroline, devant le mal irréparable, a en effet investi un nouveau rôle : sauver Charles de la banqueroute, et malgré lui si nécessaire. Elle s'épanche donc de ses soucis auprès de tous ses créanciers potentiels, essentiellement les propriétaires ou maîtres d'hôtel pouvant lui permettre de se loger alors même qu'il n'est plus le bienvenu chez lui.

Pour la rassurer, Charles se dit éventuellement prêt à trouver de l'argent, fût-ce par le biais de leçons. En attendant d'affronter cette pénible extrémité, il poursuit son installation.

Il demande quelques meubles à sa mère, achète les autres et rencontre dans sa quête l'affreux Arondel, son spectre, le peu scrupuleux marchand de tableaux et antiquaire qui le poursuivra sa vie durant et même au-delà puisqu'il essaiera de se faire payer, au moment de la succession, les billets et traites que le poète lui aura signés alors même qu'il le savait insolvable.

Charles achète tableaux, dessins, gravures, aquarelles... Sachant qu'il doit bientôt entrer en possession de son héritage, il se meuble en fonction de ses goûts.

Voici une description de cet appartement, situé au rez-de-chaussée, tel que Charles Cousin se le remémore : « Bahuts, vieille table aux pieds tournés, miroirs de Venise, des livres – notamment les poètes de la Pléiade –, des chats et « certain lit de chêne brun, sans les pieds ni colonnes, sorte de cercueil sculpté dans lequel je suppose qu'il couchait quelquefois. »

Le 9 avril 1842, Baudelaire est majeur.

Le 20 il est exempté grâce au tirage au sort.

Le 28, il entre en possession de sa fortune. Il a pris connaissance au préalable de l'état de celle-ci chez Ancelle. Caroline et son mari transmettent à Charles son compte de tutelle et envisagent de prendre à leur charge les frais du voyage. Charles approuve les comptes et les choix qui ont été faits, puis exprime par écrit sa reconnaissance envers ses parents pour l'administration de ses biens. Il reçoit 18055,51 francs de reliquat, auxquels s'ajoutent deux actions de la Banque de France, plus 359 francs de rente sur l'État à 5 %, plus 1,83 hectare de terrain en quatre parcelles au village de Neuilly (aujourd'hui quartier des Ternes dans le XVIIe). Ces terrains, toutefois, ne sont pas encore estimés.

Il perçoit pour ces terres un fermage de 415 francs. Son revenu annuel est d'environ 1800 francs. Baudelaire n'est pas un homme riche mais plutôt aisé qui, s'il veut conserver son train de vie, ne saurait compter sans un apport financier supplémentaire.

Baudelaire paie ses dettes et débute son existence d'homme libre. Il vit largement, se refusant peu de plaisirs ; et pourquoi pas ? Il n'en a pas eu tant dans sa jeunesse qu'il soit déjà blasé.

Il est naturellement généreux. L'argent, encore une fois, ne représente rien pour lui. L'art, la beauté, le plaisir et le savoir, en revanche, sont tout. Il va enfin vers ce qui lui plaît, laisse libre cours à sa prodigalité et à son imagination. Il peut enfin offrir des présents dignes de ce nom à sa mère – et il ne s'en prive pas –, libre d'aller et venir à sa guise il convie ses amis à de petits dîners fins, s'habille comme il l'entend, loin de considérations matérielles bourgeoises ennuyeuses.

Malgré ses déboires antérieurs, Charles n'a toujours pas pris la mesure de la triste arithmétique de l'argent, ni de sa tyrannie. Son héritage le mettait à l'abri, et parce que rien dans la vie ne l'avait préparé à autre chose cela ne valait pas même une seconde de réflexion. La situation terrible qu'il a connue alors qu'il était submergé de dettes avant le voyage n'a pas pu l'alerter, car celle-ci a été oblitérée par la revendication parentale : « Sois ce que nous voulons ! » Le discours de ses parents a confondu les deux sujets. Baudelaire a bien entendu sa famille crier au scandale mais, ne pouvant souscrire au premier chef puisqu'il s'agissait de son choix de vie personnel, il pouvait d'autant moins souscrire au second. Le manque d'argent et sa réalité humiliante ne lui sont apparus que comme un corollaire de la colère de ses parents, une punition : « Tu n'écoutes rien, tu n'auras pas d'argent, car tes choix et tes goûts sont contestables. » Jamais il n'a compris cette situation comme la préfiguration d'une pauvreté rendue possible. Un jour il aurait son argent, un point c'est tout. À vingt et un ans, il est très jeune et n'a jamais vécu qu'en captivité ou semi-liberté. De retour à Paris, maître de sa fortune et de son destin, il est emporté dans l'effervescence bouillonnante d'un Paris bohème où l'art se fait et se défait, flirtant avec la politique et le demi-monde. Il se trouve pourtant être encore un adolescent à vif, empreint de pensée magique et des mirages de toute-puissance enfantins. Voilà les raisons pour lesquelles, ne tirant aucune leçon de ce qui lui est arrivé, il va dépenser comme il respire, naturellement, sans voir venir la sanction que ses parents, et non pas la vie elle-même – ce qui eût été lui rendre sa liberté face à la réalité – lui réservent.

Parmi les nombreux plaisirs qui l'attendent, il en est un qui ne souffre aucun retard : l'habillement. Il retourne bien sûr chez le tailleur et se fait confectionner, on voudrait dire créer tant la chose est pensée, les vêtements qui lui sont nécessaires.

Il n'y a, sur cette notion de nécessité, aucune ambiguïté possible. Plus que jamais conscient de sa différence et de sa singularité, il décide dorénavant de l'afficher, de la proclamer. Lui qui en a tellement souffert au collège comprend à présent qu'elle est sa richesse. Désormais il la revendique. Ses choix vestimentaires abracadabrants, volontairement à rebours de la mode, disent tout de lui, de son rapport au beau qui n'est pas le beau galvaudé de la facilité – ni celui boursouflé d'un romantisme du moi empêtré de pathos – mais le beau reconstruit, rare, rigoureux, perçu par certains comme quasi clérical, sans concession. Sa conception de l'habit est si particulière qu'elle suscite l'étonnement et ouvre une faille dans le discours quotidien. Le silence interrogatif induit par la surprise devant son accoutrement lui permet de dominer la situation. Sa « silhouette fantastique » devient son emblème.

Félix Nadar, son ami, relate sa première rencontre avec Baudelaire – alors que Banville, Privat d'Anglemont et lui devisaient à l'ombre tranquille des pépinières du jardin du Luxembourg – « lorsque le propos tout d'un coup tomba à l'aspect encore lointain d'une figure bizarre, fantomatique, qui se découpait sous la voûte des verdures, semblant venir droit sur notre banc. À mesure que l'apparition se rapprochait, plus distinctement nous percevions un jeune homme de bonne taille moyenne, élégant, tout de noir vêtu sauf la cravate sang de bœuf, en habit – ça se rencontrait encore de jour, par-ci par-là : l'habit, qui dut être médité, démesurément évasé du torse en un cornet d'où émergeait comme bouquet la tête, et à basques infinitésimales, en sifflet ; l'étroit pantalon sanglé par le sous-pied sur la botte irréprochablement vernie. Col de chemise largement rabattu, manchettes non moins amples en linge très blanc de fine toile protestaient par la proscription du moindre empois contre le supplice d'encarcanement dont l'étrange goût s'obstine à ankyloser nos générations présentes dans les roideurs du calicot silicatées : émancipation du corps n'aurait-elle quelques accointances avec dégagement de l'esprit ? – à la main, gantée de rose pâle, – je dis de "rose", – il portait son chapeau, superflu de par la surabondance de cheveux bouclés et très noirs qui retombaient sur les épaules... De premier droit une de ces rencontres où le passant reste ébahi sur place.

» "Tiens, Baudelaire !" dit alors ce Privat qui connaissait l'entier univers et qui pour une fois disait vrai...

» L'aspiré tirait bien à nous maintenant sur l'appel entendu, procédant dans sa marche par saccades des articulations ainsi que les petits acteurs en bois de sieur Séraphin semblant choisir pour chacun de ses pas la place, comme s'il marchait entre des œufs ou qu'il craignît par ce sable innocent de compromettre le luisant de sa chaussure.

» Le noir du costume aidant, le geste retenu, méticuleux, concassé rappelait les silhouettes successives du télégraphe optique qui se démantibulaient alors sur les tours de Saint-Sulpice ou, mieux, la gymnastique anguleuse de l'araignée par temps humide au bout de son fil... »

Le dandysme de Baudelaire trouve cependant ses limites dans l'affectif, qui le rend capable d'indignation ou de colère, tout comme sa sensibilité et sa curiosité intellectuelle l'empêchent à jamais d'être blasé. La recherche de l'étonnement, à la base de la démarche du dandy, demeure toutefois. L'étonnement qui sidère et stupéfie la pensée. L'étrangeté, l'envers, le décalage, le contre-pied, l'inattendu, le non-exploré. La réversibilité, le temps suspendu, la linéarité interrompue effritent les certitudes. Celles-ci implosent, révélant un autre univers, troublant dans sa similitude, qui fascine par ce qu'il véhicule de non-sens et de démenti au monde factuel et normal qui l'emprisonne d'habitude.

L'étonnement provoqué, ce sont les réalités fracturées qui laissent enfin apparaître l'âme du monde, tout comme le jouet cassé de la fin de la *Morale du joujou* devait en révéler l'âme.

La recherche de l'étonnement deviendra un axe revendiqué de la vie et de l'œuvre de Baudelaire, une constante de sa personnalité, le fondement de sa réputation « bizarre ».

Ce parti pris se confond souvent, à cette époque, avec la provocation. Appliqué au vêtement, il représente également le symbole de sa difficulté d'être, une preuve supplémentaire de sa clandestinité.

Baudelaire pour l'instant construit son image, s'imprègne du siècle afin de le transmuter. Outre l'école normande, il fréquente désormais plusieurs peintres, dont Deroy, qui lui ouvrent leurs ateliers et nourrissent ses considérations picturales de précieuses notions techniques.

Il prend ses quartiers à la Tour d'Argent, où Louis-Philippe puis plus tard Morny viennent dîner avec leurs favorites, ainsi qu'au café Tabourey. Il y laisse des ardoises mémorables, et le propriétaire du café rejoindra Arondel au moment de sa succession.

La bohème d'alors se donne rendez-vous, s'envoie des billets, se retrouve régulièrement et croise en chemin d'autres bohèmes en un ballet incessant. La bohème des buveurs d'eau, celle de Murger à laquelle au départ appartient Nadar s'oppose entre autres à celle des buveurs de vin, celle de Baudelaire.

Les quartiers sillonnés, les jardins et les cafés sont des lieux de rencontres privilégiés. L'actualité artistique et littéraire, les journaux et revues, articles, feuilletons et pièces font et défont l'événement. De ce brassage juvénile naissent projets et poèmes, pochades, articles et pamphlets.

Les camarades de Charles sont nombreux : Nadar, Banville, Murger, Deroy, Charles Cousin, Louis Ménard, Théophile Gautier, Nerval, Barbey d'Aurevilly, Privat d'Anglemont. Seuls Prarond, Théodore de Banville – le lumineux auteur des *Stalactites* – et Nadar peuvent alors prétendre au titre d'amis.

Félix Tournachon, alias Nadar, le photographe, le critique, le caricaturiste, le pilote d'aérostat ; Nadar, qui selon son frère Adrien aurait toutes ses viscères en double, fascine Charles. Il est sans doute, à cette époque, le seul qui ne soit pas trop dupe des affectations de Baudelaire, qui par ailleurs font jaser. Une plaisanterie alors circule : « Baudelaire, le soir, se couche sous son lit pour s'étonner. » Celui-ci est aux anges et soigne sa légende. Une des premières fois qu'il rencontre Banville, il s'empresse de lui proposer d'aller prendre un bain avec lui. Ce dernier accepte, sans se démonter, et continue de cheminer avec Charles ravi.

Considérant ce mode de vie quasi tribal, on peut être surpris du choix de l'île Saint-Louis, alors isolée du cœur de Paris par des ponts soumis à péage. Cela fait l'effet, à tous ses amis, d'un lieu bel et bien perdu. Baudelaire, en fait, est né sous le signe de l'oxymore : l'alliance des contraires. Sa sociabilité n'a d'égal que son goût de la solitude. Cette tour d'ivoire lui convient donc parfaitement.

Dans ses moments de retrait volontaire, Baudelaire martèle déjà le curieux alliage de son œuvre.

S'il fréquente assidûment la bohème, il s'y singularise néanmoins par une sorte de distance, à la fois provocatrice et farouche, qui force l'attention de ses camarades. Il n'est qu'à recenser la façon dont son personnage est traité sur le plan pictural par les peintres, acteurs et témoins de ce brassage culturel : Baudelaire figure toujours seul, au milieu ou en retrait de la foule, avec un livre, méditant sur quelque vaste sujet ou jetant un regard à la limite de la réprobation sur la vie trépidante à laquelle il se rattache.

Aux yeux de sa famille, pourtant, il n'est alors qu'un jeune homme dévoyé s'abreuvant aux égouts de Paris. Toute son histoire se trouve ici résumée. Les regards de la société se croisent et Baudelaire n'y est nulle part.

Le 13 mai 1842, Aupick devient chef d'état-major général du camp d'opérations de la Marne. Il rejoint son poste et laisse le champ libre à Charles. En juillet, ce dernier demande à sa mère un extrait d'acte de naissance, ainsi que son diplôme du baccalauréat, probablement pour s'inscrire dans une école. On ne retrouve cependant aucune trace de cette inscription.

Entre mai et juillet 1842, Charles qui court les théâtres, pantomimes, et cabarets, rencontre, alors qu'elle joue les utilités dans une pièce de théâtre nommée *Le Système de mon oncle*, la femme de sa vie, la triplement sulfureuse Jeanne Duval. La belle, en effet, est non seulement mulâtresse (malgache, plus probablement) mais qui plus est actrice et femme légère. Charles est saisi, happé, envahi, envoûté par la « langoureuse Asie et la brûlante Afrique » en elle réunies[22].

Voici Jeanne telle qu'elle apparaît à Nadar, dont elle est la maîtresse avant de devenir celle de Charles : « Une houle, un hourvari subit d'ébahissements, d'effarements dans la salle : quelques-uns, au fond, se dressent debout sur les banquettes... Il y a de quoi !

» En tenue de soubrette, le petit tablier et le bonnet à rubans flottant, une grande, trop grande fille qui dépasse d'une bonne tête les proportions ordinaires, surtout dans l'emploi, c'est déjà quelque chose pour surprendre. Ce n'est rien : cette soubrette d'extradimension est une négresse, une négresse pour de vrai, une mulâtresse tout au moins, incontestable : le blanc à paquets n'arrive pas à pâlir le cuivre du visage, du cou, des mains.

» La créature est belle d'ailleurs, d'une beauté spéciale... Sous le foisonnement endiablé des crespelures au noir d'encre semblent plus noirs encore ses yeux grands comme des soupières ; le nez petit, délicat, aux ailes et narines incisées avec finesse exquise ; la bouche comme égyptiaque... Tout cela sérieux, fier, un peu dédaigneux même. La taille est longue en buste, bien prise, ondulante comme couleuvre, et particulièrement remarquable par l'exubérant, invraisemblable développement des pectoraux, et cette exorbitance donne non sans grâce à l'ensemble l'allure penchée d'une branche trop chargée de fruits... Enfin la voix est sympathique, bien timbrée, mais dans les notes graves inusitées chez les Dorine... »

Jeanne est toute à elle, il ne reste qu'à l'adorer. La « Bizarre déité brune comme les nuits, au parfum mélangé de musc et de havane... sorcière au flanc d'ébène, enfant des noirs minuits[23] » a la féminité triomphante et animale d'un félin, auquel elle emprunte aussi l'immobilité majestueuse et le regard nonchalant. Tout en elle, jusqu'aux plus infimes gradations de sa peau havane et bronze mêlés, déroule au poète d'entêtantes extases qui le ramènent à ces ailleurs lointains qu'il vient de quitter.

Jeanne, le corps de Jeanne, comme un sortilège aromatique, un philtre d'ambre, confère désormais ses souples reflets de feu et de cuivre à l'architecture immortelle de ce qui ne s'appelle pas encore *Les Fleurs du Mal.*

Sa liaison avec Charles, immortalisée entre autres par le tableau de Courbet dans lequel elle apparaît, au côté du poète, en transparence sous une mince couche de peinture, est orageuse et passionnelle. Ces deux-là rompent, se déchirent et reviennent ensemble plusieurs fois. Même séparés, alors que Jeanne sombre dans la décrépitude et la maladie, Baudelaire – son envoûtement devenu vieille tendresse – continuera de se préoccuper d'elle et, malgré sa pauvreté, fera tout pour l'empêcher de finir dans la rue. Apollonie Sabatier, que nous rencontrerons plus tard, ne s'y trompe pas et renonce d'autant plus à Charles qu'elle constate que, séparés ou non, il n'appartient qu'à Jeanne.

Le 13 août, le *Paquebot-des-Mers-du-Sud* touche Bordeaux. Baudelaire a gagné six mois sur son exil.

Le 13 septembre 1842, le camp d'observation de la Marne est dissout. Dès octobre, Caroline et Charles, qui se sont beaucoup vus jusque-là, reprennent leur correspondance. Ce dernier mentionne désormais son beau-père comme « le général » dans les lettres qu'il adresse à sa mère. En effet, Aupick reprend fermement son épouse en main. L'existence de Jeanne durcit les positions des uns et des autres.

Charles affirme, visiblement pour rassurer sa mère qui s'inquiète de son train de vie, qu'il « a encore assez pour aller trois mois et plus pour emprunter ». Il envisage de « placer » son argent à cinq pour cent. Les préoccupations d'argent réapparaissent donc. Préoccupations maternelles essentiellement. En ce qui le concerne, Baudelaire n'est pas inquiet ; n'est-il pas riche ?

En octobre, il écrit un billet à Caroline, en réponse à ses « éternels et cruels reproches » ; il l'assure qu'elle ne trouvera rien chez lui pouvant compromettre son caractère de mère. Est-ce l'idée de Jeanne qui la fait redoubler d'« opiniâtreté » dans son refus de lui prêter de l'argent ?

Le train de vie de Charles se fait de plus en plus « gourmand ». Il se plaint de ne plus avoir de pantalon et un chapeau, ce qui l'empêche d'aller à l'école. Cela ne l'empêche pas, fidèle à lui-même, d'acheter des pendants d'oreilles qu'il offre à sa mère, avec de l'argent rendu sur lequel il ne comptait plus. Preuve qu'il sait prêter tout autant que solliciter.

En novembre, il emprunte 3500 francs et hypothèque les terres de Neuilly. Toucher à la terre, en ces temps et dans sa caste, représente un crime capital s'il en est. Il y a toutes les raisons de penser que cela tétanise la famille et sonne le glas de sa liberté, si toutefois l'arrivée de Jeanne n'avait pas suffi. Tout cela confirme ses parents dans leurs pires craintes. Ce qui s'exprime probablement avec angoisse en ce qui concerne Caroline, avec une satisfaction douloureuse chez Aupick et une impatience agacée chez Alphonse, laquelle n'est peut-être pas tout à fait exempte de jalousie. Et pourtant…

Et pourtant, cette année 1842 qui touche à sa fin, l'année de sa majorité, fut pour lui une année extraordinaire.

Il a quitté son pays, traversé le globe, frôlé la mort dans un cyclone, découvert de nouveaux mondes, géographiques mais aussi intérieurs. Il est entré en possession de son statut d'homme, a rencontré sa compagne et, au cœur de cette dilapidation apparente, a déjà écrit la majeure partie des pièces maîtresses des *Fleurs du Mal*, œuvre majeure de la littérature française. Selon les témoignages de Prarond, mais également de Privat d'Anglemont et Dozon, quatorze au moins de ses poèmes sont déjà écrits. *L'Albatros*, qu'il récite dès son retour de voyage, *L'Âme du vin*, *À une Malabaraise*, *Le Crépuscule du matin*, *Dom Juan aux enfers*, *La Géante*, *Je n'ai pas oublié*, *Voisine de la ville*, *Je t'adore à l'égal de la voûte nocturne*, *La Servante au grand cœur*, *Le Rebelle*, *Une nuit que j'étais près d'une affreuse juive*,

Le Vin de l'assassin, Le Vin des chiffonniers, J'aime ses grands yeux bleus…

Ses poèmes, Baudelaire les récite, à l'occasion, de sa voix hypnotique, métallique et rythmique, d'une façon qui force l'admiration de ses camarades. Au cœur de l'effervescence de son siècle, il en tire la substantifique moelle avec une précision, une intuition et une lucidité incomparables. Boulimique de ces lectures sérieuses qu'on lui a refusées l'année de son bac, il s'attache par l'expérience autant que par la lecture à parfaire son jugement. À son âge, profondément original, il préfigure déjà le XXe siècle, lui qui fut élevé par l'homme du XVIIIe qu'était François.

Le 11 novembre, Aupick prend le commandement du département militaire de la Seine et succède au général Pajol. Le couple emménage au 7, place Vendôme, dans l'hôtel de Créqui construit en 1704. Le 18 novembre, Aupick est raillé dans la presse qui ironise sur les bonnes fortunes courtisanes de l'orphelin. En 1843, pour une raison obscure, sans doute liée au dépassement chronique de sa rente, Baudelaire déménage pour la rue Vanneau. Il emprunte de nouveau sur hypothèque la somme de 7500 francs.

Si personne, à part Félicité et Mme Autard de Bragard, n'a pu lire un seul de ses poèmes, ils sont néanmoins quelques-uns à les avoir entendus. Cette année-là, Baudelaire projette d'en publier certains dans un recueil de vers auquel participe, entre autres, son ami Ernest Prarond. Il lui envoie, le 11 février, un billet où il recommande ses vers à sa vigilance, particulièrement en ce qui concerne le style enfantin, sa grande hantise. En fin de compte, Baudelaire les retire au dernier moment : « son étoffe neuve… était d'une autre trame que notre calicot ». Il n'est pas prêt. Il est possible, mais non prouvé, qu'il ait demandé à Prarond d'en signer un ou deux. Le recueil paraît en juin 1843. *Le Corsaire Satan* en fait une critique sympathique et Baudelaire s'empresse d'aller en déposer un exemplaire chez Gautier, qui n'est encore qu'une relation.

Le 9 avril 1843, il a vingt-deux ans. En mai, il réintègre l'île Saint-Louis et s'installe – après un bref passage au 15 – au

17 du quai d'Anjou, à l'hôtel Pimodan, qui se trouve au-dessus d'une tannerie laissant échapper des ruisselets multicolores dans la rue.

Cet hôtel particulier, abrite parfois Théophile Gautier qui publie alors son article sur le haschich dans la presse et, outre quelques modèles et demi-mondaines, divers mondains dont Roger de Beauvoir, ainsi qu'un peintre. Cet appartement est plusieurs fois décrit par ses contemporains, dont Nadar : « Un quart d'heure à peine, et tout le “banc” [*sic*] accompagnait en essaim Baudelaire à son logis, quai d'Anjou en l'Isle, grimpant quatre à quatre et bruyamment le dernier étage du vieil hôtel Pimodan, envahissait l'appartement un peu mansardé mais vaste, confortablement meublé. Un tapis couvrait entièrement le parquet, luxe pour nous inusité. D'un grand fauteuil tout moderne et très accueillant où je me carrai de suite je regardai quelques tableaux, dont la miniature de Mme Aupick au long col, et une inoubliable tête de femme, école italienne. Un peu plus tard, la cimaise devait s'enrichir du portrait de Baudelaire par Deroy, presque aussitôt mort sur son œuvre… et que nous vîmes brosser là, à la lampe, en trois ou quatre soirées… Il me souvient de l'atmosphère parfumée qui régnait ici ! Baudelaire répandait sur le tapis des flacons de musc à vingt sous. L'odeur était un peu forte. »

Son vaste ameublement trouble Banville. Les murs sont rouges avec des ramages noirs, des verres du Rhin couleur émeraude s'alignent, les carreaux des fenêtres sont dépolis à mi-hauteur, quelques livres soigneusement reliés s'alignent contre le mur. Tout dans cet appartement a été soigneusement choisi. C'est vraiment le sien.

Dès le 22 mai, Baudelaire n'a déjà plus un sou. Le 11 juin il décide de réaliser un partie de ses « actifs » et met en vente les terrains de Neuilly, via Ancelle, afin de résoudre ses problèmes de liquidités. Voilà qui est pour lui tout à fait logique. Il choisit de se faire verser une rente par l'acheteur, elle se monte à 1550 francs par an, jusqu'à extinction de la dette. Il fait un compte de sa situation au 27 juin. Il lui reste 55150 francs, ce qui constitue une rente de 3300 francs, y compris le titre de rente qui se trouve entre les mains de Mme Aupick.

Si Baudelaire est ravi dans un premier temps d'avoir dégagé son argent liquide, réalisé ses terrains et payé ces dettes, il ne doit pas lui échapper, au moment où il fait lui-même ce compte, qu'il a déjà englouti plus de la moitié de sa fortune. Il ne se le traduit peut-être pas aussi clairement, obnubilé et rassuré par la très grosse somme encore en sa possession. Cela suffit cependant à l'inquiéter suffisamment pour que, prêtant l'oreille aux admonestations d'Ancelle et de sa mère, il confie à cette dernière à la fois une procuration et la gestion de son compte.

L'argent ennuie Charles. Par cette procuration, il ne fait que confirmer sa mère dans son rôle d'intendante, ce qui après tout constitue une bonne définition du rôle maternel. S'il affirme ainsi de facto ses droits sur elle contre les droits d'Aupick, il légitime dans le même temps la tendance de Caroline à l'abreuver de conseils édifiants. De ceux-là Charles ne saurait toutefois tenir compte, lui qui a les yeux fixés sur la construction de son œuvre, celle qui l'établira publiquement dans son identité, le rendra visible et le libérera. Par cette procuration, il protège donc ainsi son travail, de lui-même, sans mêler quiconque à cette histoire. Il est clair que dans cette relation d'amour mère-fils, sur laquelle on a tant dit, le sujet, pour Charles, n'est pas tant sa mère que lui-même. Le deuil qui les a frappés si tôt tous les deux a rendu Caroline fragile aux yeux de Charles. Cela, comme c'est le cas le plus souvent après un deuil, ne lui permet pas, malgré le remariage de sa mère, de se laisser aller à la remettre en question, de se dégager d'elle.

Caroline elle-même, piégée dans un double mouvement, de compassion et de punition, agit de façon contradictoire. Elle donne d'une main ce qu'elle reprend de l'autre, se mettant d'autant plus en colère qu'elle se sent incohérente. C'est ainsi que, dans le désarroi le plus total, elle finira par s'abriter derrière Aupick et s'effacera derrière le conseil judiciaire. Cette libération pour elle n'aura qu'un temps, et elle l'expiera dans la colère, la culpabilité et les larmes jusqu'à la fin de son existence.

Remettre l'indépendance de son fils entre les mains d'inconnus, loin de l'affranchir de son implication dans la vie de Charles, autorisera désormais ce dernier à toutes les outrances et brutalités de comportement vis-à-vis d'elle. Elles ne trouveront leurs limites que dans l'immense solitude de son fils. Charles ne peut, clandestin de lui-même, se passer de ce lien ; de ce témoin unique de sa vie et de ce qu'il fut que représente sa mère, sous peine d'être tout à fait perdu.

Avec cette procuration, la confusion dans la gestion s'étend donc de Charles à Caroline. Cette dernière va jusqu'à envoyer des commissionnaires déguisés déconseiller aux commerçants et taverniers de faire de trop longs crédits à son fils. Ce qui le met hors de lui.

Fin octobre, Baudelaire déménage, à la cloche de bois, et demande à sa mère dans un billet de prendre garde à ce que son ancien propriétaire reste dans l'ignorance de sa nouvelle adresse. Ses parents sont excédés. Toujours dans le même billet, il prévient sa mère contre toute velléité de le doter d'un conseil judiciaire. Il la menace, le cas échéant, de disparaître de sa vie et de s'en aller avec Jeanne.

Il conserve pourtant le même train de vie, organisant ses priorités comme il l'entend. Les billets à ordre continuent de s'accumuler chez Arondel. C'est que Baudelaire a désormais des contacts dans les journaux. Il promet force nouvelles, romans et pièces. Il livre, parfois, un article satirique. Il doit écrire pour *Le Bulletin de l'Ami des Arts*, *La Démocratie*, etc.

Toutes les relations de sa mère sont immédiatement censées s'y abonner. Il lui envoie une partie d'un article censuré pour immoralité, afin d'avoir son opinion.

La justification littéraire, sociale et rémunératrice – pas celle de son œuvre qui se construit secrètement – lui semble enfin à portée de main. Fort de cette presque déjà réussite, laquelle n'est pour lui qu'une question de temps, il envisage, peut-être en raison des lamentations de Caroline, une reprise des contacts avec le général. Sans doute se sent-il enfin sur le point de se retrouver à égalité avec Aupick à partir du moment où, publié, il gagne de l'argent, « celui que les hommes lui auront donné en retour d'un plaisir ».

L'année 1844, Baudelaire, qui fête ses vingt-trois ans, accepte des besognes « bêtes et tristement payées ». Les articles de commande l'ennuient car ils le détournent de ses préoccupations sans toutefois que les avantages escomptés soient au rendez-vous. En mars, la publication des *Mystères galants de Paris* par le libraire Le Gallois fait bruisser le demi-monde sous la gifle acide d'une volée de bois vert. L'on croit alors y déceler la marque de l'insolence de Baudelaire. Ledit article concernant en partie son actuel propriétaire, le baron Pichon, Baudelaire s'empresse de « protester contre ces ridicules imputations ». Arondel, de son côté, propose obligeamment au même sieur Pichon, également son propriétaire, ses services pour bastonner l'insolent.

Charles travaille alors à une interminable nouvelle, probablement *La Fanfarlo*, dont le héros Samuel Cramer n'est autre que la reconstruction de l'image du poète tel qu'il se voit. Ainsi, dès sa première œuvre – et ce n'est pas un hasard –, il cherche à établir son reflet au cœur de son temps. C'est à cette époque qu'il rencontre Jules Barbey d'Aurevilly, lequel lui offre un exemplaire de *La Bague d'Hannibal* que Baudelaire fera relier plus tard. Il paraît traverser un moment de retrait et de solitude qu'il espère fécond. La méfiance teintée de tristesse qui apparaît dans ses let-tres à Caroline indique que cette dernière résiste à ses demandes d'argent incessantes ; probablement pressée en cela par le général, ce que Charles ne perçoit que trop bien. Ne souffrant d'ailleurs plus que ses textes soit à portée de ce dernier, il demande à sa mère de les lui renvoyer tous, la punissant du même coup. Toute réconciliation avec son beau-père étant désormais impossible, il blâme sa mère d'en avoir eu le souhait. À travers elle, cependant, c'est ce qu'elle a touché de reste d'espoir fragile en lui, quant à cette réconciliation, qu'il fustige surtout. Il se montre ici dupe de lui-même et de ce fâcheux cœur.

Baudelaire n'a jamais investi Alphonse de quelque sentiment que ce soit. Très tôt il a ressenti que cette relation n'empruntait ses mots au vocabulaire de l'affection que pour mieux habiller sa vacuité lointaine. « Mon frère n'a jamais vécu en moi, ni moi en lui. » En revanche, Charles a aimé Aupick, avec crainte, certes, mais aimé quand même. « Ces rêves de réconciliation me font mal. » Désormais il ne veut plus se rendre chez elle, faute de supporter « l'effet triste et violent que produit sur moi cette grande maison froide et vide, où je ne connais personne que ma mère – je n'y entre qu'avec précaution, je n'en sors que furtivement ; cela m'est devenu insupportable ».

Le 9 avril 1844, Baudelaire a vingt-trois ans. Le temps que ses censeurs lui avaient imparti est écoulé. Il ne le sait pas, ne veut pas le voir, n'y croit pas un instant.

Le 12 mai suivant, Aupick est nommé chef de l'état-major général du corps d'opération de Moselle, sous les ordres du duc de Nemours, et rejoint Metz jusqu'au 25 septembre. Baudelaire pense voir s'éloigner le danger et se rapproche de sa mère.

Malgré tout, dès le 15 juin, la décision est prise de demander l'attribution d'un conseil judiciaire. Il ne s'agit rien moins que de le déchoir de sa qualité de personne majeure et de confier l'administration de son argent à un tuteur. La requête est déposée conjointement par Alphonse – n'être rien et tant pouvoir, quel vertige ! – et Caroline.

Le 14 juillet, Charles va passer quelques nuits à l'hôtel des Haricots, petit rituel qui attend les jeunes gens se dérobant à l'obligation de la Garde nationale.

Le 25, Aupick donne tous pouvoirs à sa femme pour remplir les formalités nécessaires. Le 2 août la procédure débute, le 9 il est conclu qu'il doit y avoir convocation d'un conseil de famille, pour avis et interrogation de Charles Baudelaire, dans la chambre du conseil.

Le 20 août, Me Corion, huissier, fait sommation au sieur Baudelaire de se présenter au Palais de justice le 27 août pour interrogatoire. Charles envoie une lettre à sa mère : « Un appel suprême à ton bon sens et à la tendresse si vive que tu dis avoir pour moi… et je te prie de ne montrer cette let-tre à personne.

» Ensuite, je te prie en grâce de n'y voir aucune intention de viser au pathétique, ni de te toucher autrement que par quelques raisonnements. L'habitude bizarre qu'ont prise nos discussions de se tourner en aigreurs, dont souvent il n'y a rien de vrai chez moi, l'état d'agitation dans lequel je suis, le parti pris chez toi de ne plus m'écouter, m'ont obligé à prendre la forme d'une lettre où je veux te persuader combien tu peux avoir tort malgré toute cette tendresse.

» J'écris tout ceci à tête bien reposée, et quand je songe à l'état de maladie dans lequel je suis depuis plusieurs jours, causé par la colère et l'étonnement, je me demande comment, par quel moyen, je pourrai supporter la chose accomplie ! Vous ne cessez de me faire avaler la pilule de me répéter que cela n'a rien que de tout naturel, et nullement déshonorant. C'est possible, et je le crois ; mais en vérité qu'importe ce que c'est réellement pour la plupart des gens, si c'est *tout autre chose* pour moi. Tu regardes, m'as-tu dit, ma colère et mon chagrin comme tout passagers ; tu présumes que tu ne me fais un bobo d'enfant que pour mon bien. Mais persuade-toi donc bien d'une chose, que tu sembles toujours ignorer ; c'est que vraiment, pour mon malheur, je ne suis pas fait comme les autres hommes. Ce que tu regardes comme une nécessité, et une douleur de circonstance, je ne peux pas, je ne peux pas le supporter. Cela s'explique très bien. Tu peux, quand nous sommes seuls, me traiter de telle façon qu'il te plaît, mais je repousse avec fureur tout ce qui est attentatoire à ma liberté. N'y a-t-il pas une cruauté incroyable à me soumettre à l'arbitrage de quelques hommes que cela ennuie, et qui ne me connaissent pas ? Entre nous, qui peut se vanter de me connaître, et de savoir où je veux aller, ce que je veux faire, et de quelle dose de patience je suis capable ? Je crois sincèrement que tu tombes dans une grave erreur. Je te le dis froidement, parce que je me regarde condamné par toi, et je suis sûr que tu ne m'écouteras pas : mais remarque bien ceci tout d'abord, c'est que tu me fais sciemment et volontairement une peine infinie, dont tu ne sais pas tout le poignant.

» Tu as manqué à ta parole de deux manières. Quand tu as bien voulu me prêter 8000 francs, il a été convenu entre nous qu'au bout d'un certain temps tu aurais le droit de prendre une certaine quantité sur tous les travaux que je pourrais faire. J'ai refait quelques dettes ; et quand je t'ai dit qu'elles étaient minimes, tu m'as promis d'attendre encore un peu. En effet, quelques médiocres avances d'argent, combinées avec de l'argent gagné, pouvaient les éteindre rapidement. Maintenant ton parti est pris d'une manière furieuse ; tu as été si vite en besogne que je ne sais plus moi que faire et que je suis obligé de renoncer à mon plan. J'avais imaginé que mon premier travail, étant presque une chose de science, et tombant sous les yeux de plusieurs personnes, il te serait fait quelques compliments, que toi voyant de l'argent venir, tu ne m'aurais pas refusé quelques nouvelles avances, et qu'ainsi au bout de quelques mois j'aurais pu revenir à un débarras complet, c'est-à-dire au point ou j'en étais après tes 8000 francs. Point, tu n'as pas voulu attendre quinze jours. Vois donc quel faux raisonnement tu fais et quelle conduite illogique. Tu me fais une peine infinie, et tu fais une démarche tout offensante, la veille de ce jour que je t'ai tant promis. C'est juste le moment que tu choisis pour me casser bras et jambes, car comme je te l'ai dit, je ne veux pas du tout accepter un *conseil* comme quelque chose d'anodin et d'inoffensif, je sens déjà l'effet qui se produit. Et à ce sujet tu es tombée dans une erreur bien plus grave encore qui consiste à croire que ce sera un stimulant. Tu ne peux pas te faire une idée de ce que j'ai senti hier, de ce qui m'est tombé de découragement dans les jambes, quand j'ai vu que la chose devenait sérieuse, quelque chose comme une envie subite d'envoyer tout promener, de ne plus m'occuper de rien, de ne même pas aller chez M. Ed. Blanc chercher ma lettre, en me disant tranquillement : à quoi bon, je n'en ai plus besoin, je n'ai plus qu'à me contenter de manger comme un idiot ce qu'elle voudra me donner. C'est de ta part une erreur si grave que M. Ancelle me disait à Neuilly : “J'ai dit à votre mère que si vous laisser manger le tout vous conduisait au travail et à un état, je lui conseillais de vous laisser faire ; mais que cela ne serait jamais” ; je ne crois pas qu'il soit possible de dire quelque chose de plus insolent et de plus bête. Je n'ai jamais osé aller jusque là, et me dire froidement que je mangerais tout. Je présume bien que tu n'es pas aussi indulgente que lui, et pour moi j'aime trop ma liberté pour faire pareille sottise. Maintenant, quoique je ne sois que ton fils, tu dois avoir assez de respect pour ma personne pour ne pas me soumettre à un arbitrage d'étrangers, quand tu sais la valeur de ces douleurs pour moi. Et avoir égard aux difficultés de ce que j'ai entrepris. À coup sûr, et je t'assure, ma chère mère, que ce n'est point une menace pour te faire reculer, mais l'expression de ce que je sens, le résultat sera juste contraire à ce que tu attends, c'est-à-dire un abattement complet.

» Maintenant j'en viens à autre chose qui pour toi aura sans doute plus de valeur que toutes sortes de promesses et que toutes mes espérances.

» Tu es, m'as-tu dit, conduite par une tendresse inquiète et persistante. Tu veux me conserver ce que j'ai, malgré moi. Je le veux bien et je n'ai jamais eu l'intention de le dévorer entier. Je suis prêt à te livrer tous les moyens de me le garder. Excepté un pourtant, celui que tu as choisi. Que t'importe le moyen, pourvu que tu arrives à ton résultat. Pourquoi veux-tu employer uniquement celui qui me fait une si affreuse peine ? Celui qui répugne le plus odieusement à ma nature, des arbitres, des juges, des étrangers, à quoi bon ? Dernièrement, ne sachant pas un mot de droit, je t'ai parlé en l'air d'une donation combinée de telle sorte qu'elle me revînt, en cas de mort. Je ne sais pas si cela est possible ; mais à coup sûr, tu ne me feras pas croire que dans toutes les tricheries du notariat, il n'y ait pas d'autres moyens qui puissent te satisfaire que celui que tu veux employer. Et pourquoi ? Voyons, peut-on être plus loyal, et plus sincère que je le suis, puis-je te donner une preuve plus éclatante de ma bonne foi, et de l'accord de ma volonté avec la tienne. J'aime mieux n'avoir plus de fortune, et m'abandonner entièrement à toi que de subir un jugement quelconque, l'un est encore un acte de liberté ; l'autre est attentatoire à ma liberté.

» Pour en finir, je te supplie en grâce, le plus humblement du monde, de t'épargner une grande peine, et une humiliation affreuse pour moi. Mais pour Dieu, point d'arbitre, point d'étrangers, point de conférences. Je désire que toutes choses soient suspendues, jusqu'à ce que j'aie avec toi et M. Ancelle une longue conférence. Je vais le voir ce soir ; j'espère te l'amener. Mais je suis sûr, formellement sûr qu'après un premier succès, il me sera facile moyennant que tu m'aides un peu d'arriver *rapidement* à une bonne position. Je te renouvelle mes prières avec instance. Je suis sûr que tu te trompes, après cela, si je ne t'ai pas dûment expliqué combien il serait plus doux et plus raisonnable de nous arranger à l'amiable, fais ce que tu voudras, et arrive que pourra.

» M. Edmond Blanc m'a donné une fort bonne lettre avec laquelle je vais tâcher de me débrouiller à la *Revue* ce matin. Une dernière fois, songe bien que je ne te demande d'autre faveur que celle d'une communication de moyens.

» Charles. »

Le 24 août, le conseil de famille se réunit.

« Considérant qu'il est à la parfaite connaissance des membres composant le Conseil de famille que dès les premières années de sa minorité M. Charles Baudelaire a manifesté les disposition de la grande prodigalité ;

» que le Conseil de famille pendant cette même minorité avait cru devoir prendre des mesures qui paraissent convenables pour le défendre contre de fâcheux entraînements et le ramener à un esprit d'ordre et de régularité dans ses dépenses, mais que les mesures ont été complètement inefficaces ;

» que M. Baudelaire, une fois parvenu à sa majorité, étant devenu maître de sa fortune s'est livré aux plus folles prodigalités ; que dans l'espace d'environ dix-huit mois il a dissipé près de la moitié de son patrimoine qui s'élevait à un capital d'environ cent mille francs et que les frais les plus récents donnaient lieu de craindre que le restant du patrimoine ne fût complètement absorbé si l'on mettait le moindre retard à le pourvoir comme prodigue d'un conseil judiciaire.

» Par ces motifs le Conseil de famille a été avec nous d'avis à l'unanimité qu'il y a lieu de pourvoir M. Charles Baudelaire d'un conseil judiciaire sans le concours duquel il ne puisse faire les actes excédant ceux de la simple administration, et le conseil croit qu'il est en même temps de son devoir d'exprimer le vœu pour la complète efficacité de cette mesure indispensable que le choix du tribunal porte sur toute autre personne que la mère par suite de son état de santé et de la faiblesse naturelle d'une mère pour ses enfants. »

Le 27 août, Baudelaire refuse de se présenter et de rendre des comptes devant des étrangers. Il envoie ce billet à sa mère : « Que veux-tu que je t'écrive ? Que je souffre de te voir souffrir ; quoi de plus vrai et de plus croyable, mais au fond, je regarde tout ceci comme de pures spéculations. Qu'on aime sa mère, et qu'on soit brutal et dénué de tact, quoi de plus naturel , mais pourquoi me troubler et me tourmenter pour une faute que je sens et que je connais.

» *Je travaille* ; M. Ancelle – M. Ancelle – M. Ancelle…

» C. Baudelaire. »

Le 21 septembre 1844, Me Ancelle est nommé aux fonctions de conseil judiciaire ; Charles n'interjette pas appel. Le 30, le greffier fait afficher le jugement, celui-ci est définitif. Baudelaire prend la plume dès huit heures et demie pour s'adresser à sa mère qu'il vouvoie à présent :

« M. Ancelle m'a donné les derniers sacrements. Ainsi je n'ai plus qu'à me retourner à moi tout seul, et à me creuser le cerveau.

» Ayez la bonté de venir m'assister aujourd'hui après votre déjeuner, ne fût-ce que par quelques heures de conversation. Je suis trop abattu pour n'être pas très calme, et je vous promets que je ne me laisserais aller à aucune violence de langue ; n'y manquez pas, je vous en prie ; car j'en suis à ce point que je ne sais ni ce que je veux, ni ce que je vais faire. Je présume que votre présence seule, ne me fût-elle d'aucune utilité, me rendra un peu de sécurité.

» Charles. »

« Sécurité », le mot à lui seul rend compte du désarroi total dans lequel le laisse cette décision. On voudrait le voir rompre avec ses parents, se mettre en colère, prendre le mors aux dents, partir même pour refaire sa vie ailleurs. Au lieu de cela, Baudelaire se soumet. Plus frappant encore, du conseil judiciaire jusqu'à la frénésie « délirante » qui le saisira en 1848, Baudelaire prend pour ses premiers écrits le nom de Dufayis, ou de Fayes, ou bien encore Dufay, le nom de jeune fille de sa mère.

Pourquoi n'a-t-il pas réagi, ne s'est-il pas battu contre ce qui, il l'a très bien compris, représente la fin de sa vie d'homme libre, cette infantilisation ?

Cette décision est un violent déni, non seulement de son droit d'être adulte, mais aussi de sa capacité de l'être. Contre cela seul il aurait sans doute pu se battre, mais ce qui l'atteint au cœur, c'est la trahison. Par la « prostitution des choses intimes », ce qui inclut sa vulnérabilité, le conseil judiciaire légitime le droit des autres de le juger et le sanctionner ; cela par le fait de sa propre mère. Lui, si pudique, est mis à nu et jeté dans la foule, celle-là même contre laquelle il se défend depuis si longtemps. Il ne guérira jamais de cette humiliation. L'entrée en clandestinité est définitive, l'asservissement complet.

Face à la violence du coup porté, le choix comme premier nom de plume du nom de jeune fille de sa mère – au-delà d'une réaffirmation de ses droits sur celle-ci, et de l'humour qu'il pourrait y avoir à l'impliquer de cette façon dans un mode de vie qu'elle déplore – ne peut être considéré comme une vengeance superficielle. Pour la comprendre, il nous faut revenir à la spécificité du lien entre Charles et Caroline.

L'enfant et la mère, frappés tous deux au même âge par la perte du père, sont renvoyés un temps l'un à l'autre, dans cette « maison voisine de la ville », sans plus rien pour venir les séparer. La réponse se trouve au cœur de l'histoire de Caroline et de leur sensibilité commune. Rappelons-nous les circonstances de la naissance de Caroline. L'absence de certificat de mariage de ses parents et l'absence de relations avec leurs familles respectives plaident en faveur d'un mariage d'amour, inégal et peut-être secret. Caroline se trouve ainsi au confluent de deux héritages, bourgeois en ce qui concerne sa mère, et aristocratique en ce qui concerne son père. La mort de son père, auréolée de panache pour la petite fille, et le flou qui entoure les circonstances du mariage de ses parents et son éventuelle reconnaissance a rendu l'héritage aristocratique d'autant plus souterrain que l'enfant ne dut son salut qu'à la bourgeoisie. Pourtant ce sentiment d'appartenance existe, aussi inconscient soit-il. Il resurgit de temps à autre, au détour d'une phrase, d'une attitude, de sa sensibilité même. Il traverse le récit de son histoire familiale. Il est pour elle une sorte de vécu douloureux et secret dont la claire revendication ou même l'affirmation tranquille a été rendue impossible. Ne pouvant investir cette dimension, elle sera bourgeoise absolument, et il en va de sa survie.

Aussi est-ce cela même qu'elle scande à Charles tout au long de ses lettres depuis la pension, et juste avant son bac, alors même que celui-ci tente vainement d'entendre sa propre voix. « Il faut être un homme respectable, il faut avoir le Concours général. » En effet le bourgeois, à la marge de deux mondes, l'aristocratique et le terrien, qui existent par ce qu'ils sont, se caractérise par ce qu'il fait : son travail, son argent, ses distinctions. La survie de Caroline, son existence « objective » est liée à la pérennité et la magnification de ce statut bourgeois, de sa respectabilité. Cela forme donc la partie audible de son discours. Il est impeccable. Il est la première injonction faite à son fils. Mais, pas plus que quiconque, Caroline ne se révèle capable de maîtriser la dimension « secrète » qui l'habite. Pour la maîtriser encore faudrait-il qu'elle la sache, la reconnaisse, l'admette. Hélas, elle n'en demeure pas moins active et s'exprime de mille et une façons « infraverbales ». Ces signaux qui lui échappent, à travers le discours comme à travers les actes, tissent la deuxième injonction secrète et paradoxale faite à son fils : « Reprends mon histoire, continue-la. » Le voilà tenu, à travers cette double injonction, de réparer les torts faits à sa mère. Parce que c'est Charles, il y répondra comme il l'a fait, probablement en raison de l'osmose de sensibilité entre eux deux. Il s'y retrouvera piégé. Il faut être respectable et bourgeois s'entend « il y va de notre survie, et surtout de la mienne, mais surtout, sois ce que mon père était et que j'aurais tellement voulu être, une aristocrate, quelqu'un de libre et de grand, jusqu'à ce qu'un bourgeois nommerait folie. Quelqu'un qui échappe au jugement du tout-venant ».

Il choisit, en rentrant en clandestinité socialement, de répondre à cette demande paradoxale et, lui qui en porte déjà le prénom, prend comme nom de plume celui de ce grand-père mort au combat, pour ses idéaux, celui qui avait choisi d'affirmer ses choix fût-ce au prix de l'émigration. En fin de compte il va réussir ce tour de force, au prix de sa vie terrestre affective. Il obtiendra la reconnaissance de son œuvre, de l'originalité de sa voix, et imposera sa stature aristocratique. Qu'importe que ce soit après sa mort, il n'en doutera jamais. Si cela lui avait été donné de son vivant, il se serait enfin reconnu dans cette image, et serait devenu libre.

L'année de ses vingt-trois ans, donc, à la moitié exacte de sa vie, la mise sous tutelle interrompt Baudelaire sur son chemin d'homme, qui lui était déjà plus douloureux qu'à d'autres. C'est désormais l'enfant en lui qui reprend le chemin et vient inlassablement au secours de l'homme, prisonnier, qui théorise sa vie pour survivre.

Baudelaire vivant et jouisseur, tireur de billets à ordre, vivant selon sa seule fantaisie, c'est Charles enfant. Baudelaire abattu, sombrant dans la dépression et l'amertume, c'est l'adulte empêché de vivre, dénié d'existence. Baudelaire le poète, c'est les deux composantes réunies dans sa dimension intérieure vaste comme l'infini.

À partir de ce moment, la linéarité de sa vie est brisée. Sa trajectoire s'incurve pour former un cercle. La vie de Baudelaire forme une boucle parfaite, dans lequel la parution des *Fleurs du Mal* répond au paroxysme du voyage. Leur procès, au conseil judiciaire. La perte de la parole de son aphasie finale à l'acquisition qu'il en a faite enfant. Entre les points d'orgue, montée douloureuse vers l'âge adulte, descente lente et douloureuse vers l'enfance. L'affectif forme la chair de ce cercle. Toute sa vulnérabilité s'y concentre ; il maîtrise ses sens et sa pensée, jamais son affectif. Celui-ci sera impitoyablement broyé dans les étaux de sa lucidité et de sa rigueur sans concession. Arrêté dans sa « maturation », cet affectif renaît chaque matin scarifié par les douleurs anciennes et pourtant intact quant à sa capacité de souffrance.

– VIII –

L'ENTRÉE EN CLANDESTINITÉ

« C'est par le loisir que j'ai, en partie, grandi.
À mon grand détriment ; car le loisir, sans fortune,
augmente les dettes, les avanies résultant des dettes.
Mais à mon grand profit, relativement à la sensibilité,
à la méditation, et à la faculté du dandysme et du dilettantisme.
Les autres hommes de lettres sont, pour la plupart,
de vils piocheurs très ignorants[24]. »

En septembre 1844, Baudelaire, riche de 55 000 francs, ne dispose que de 200 francs par mois. Il a vingt-trois ans.

Ce revenu, lors de son versement, est déjà entamé par d'incessantes échéances des billets à ordre qu'il a semés auparavant. Toujours aussi peu intéressé par les problèmes d'argent, se sentant encore moins tenu de s'y impliquer, puisqu'on a décidé de ce qu'il lui fallait pour vivre, Baudelaire, au début, ne change rien à ses habitudes.

« Protecteur » de Jeanne il continue de participer à la vie de bohème ; il reste, dans le Paris d'alors, auquel Rambuteau fait subir ses premières entailles, un passant perspicace et passionné. Tout lui est sujet, la petite « mendiante rousse… » par exemple, fille des rues qui meurt cette année-là, parvient jusqu'à nous grâce à Deroy, Banville et lui.

Baudelaire court les spectacles, dévore la presse, flâne dans les ateliers d'artistes, musarde sur les boulevards, dans les jardins, les musées. Il se constitue au fil de ces sorties un réseau dense et complexe de relations, de connaissances qu'il utilise, opportuniste, naïf et fin à la fois.

Il lit, partout. On ne le voit jamais qu'avec un gros livre sous le bras. Il épuise des soirées entières en discussions passionnées, dans les cafés, chez ses amis, assassinant le lieu commun de sa pensée tranchante et nette, telle le « baudelaire » éponyme, cette épée, plate et recourbée, qui s'apparente au cimeterre. Son plus grand plaisir : sidérer, surprendre son interlocuteur. Il y met toute sa juvénile ardeur. Son humour à froid et sa causticité déroutent, d'autant plus que, né sous le signe de l'oxymore, il fait parfois montre, au détour d'un discours cynique, maîtrisé et froidement provocateur, d'une belle naïveté ou d'une candeur confondante.

Au plus noir de la mélancolie comme dans ses plus grands moments de cabotinage, son esprit, toujours en travail, théorise en permanence et transforme chacune de ses émotions et expériences en verbe.

Ses contemporains le regardent comme un animal étrange. Il en fascine quelques-uns. D'autres, plus nombreux, le redoutent ou le méprisent. Rares sont ceux qui l'apprécient à sa juste valeur et mieux vaut d'ailleurs pour ces derniers être motivés. Baudelaire, par moment le plus charmant et attentionné des hommes, peut également se montrer le plus odieux qui soit. Lui si courtois devient volontiers brusque et sans façons dès lors qu'il admet quelqu'un dans son cercle proche. Il se montre susceptible, ombrageux et capricieux. Mais au moment même où l'exaspération pourrait l'emporter chez ses amis, il les désarme par une attention étonnante, les marques d'une fidélité sans faille, ou même par l'aveu involontaire de sa vulnérabilité.

Baudelaire, trop original et difficilement maîtrisable, déstabilise. Rares également sont ceux qu'il indiffère. De façon générale, plus l'interlocuteur se prend au sérieux, plus il se sent menacé, et plus il a recours au mépris pour se protéger. Incapable d'affronter cette pensée subversive, il lui devient alors impératif d'en discréditer l'auteur afin de la rendre inaudible. Cette défense de faible, érigée en système, s'incarne parfaitement dans le modèle bourgeois qui triomphe sous Louis-Philippe. C'est ainsi que naît la sulfureuse réputation de Baudelaire, qui traverse les siècles sans être seulement entamée par la réhabilitation de son œuvre. Si l'on demande encore aujourd'hui, à brûle-pourpoint, à quelqu'un de parler de Baudelaire, la réponse sera presque systématiquement la même : poète maudit et débauché.

La vie de Baudelaire engendre toujours la même attente un peu fascinée de cette fantastique débauche.

Si Baudelaire est l'homme des gouffres, son abattement n'a d'égal que ses sommets de jouissance. À la différence d'Huysmans, à qui on le compare parfois, les gouffres de Baudelaire ne sont jamais ceux vertigineux d'un sentiment terrifiant de vide intérieur, celui-là même qui favorise toutes les perversités réelles, les gouffres de Baudelaire sont des gouffres en plein, en trop-plein.

L'immense capacité intérieure de jouissance de Baudelaire, jointe à une vie particulièrement difficile, expliquent en partie la subsistance de ce malentendu. Baudelaire sort beaucoup, bien sûr, et préfère la compagnie des filles à celle des femmes « comme il faut » ou, pire encore, des femmes intelligentes. Qu'il se rende au bordel ne signifie pas forcément que celui que Nadar appelait le « poète vierge » consomme effectivement. Quand bien même consommerait-il, faut-il rappeler qu'à cette époque certains de ces endroits sont les mieux fréquentés de la ville. On y trouve des avocats, des notaires, des ministres… Lui en tout cas est célibataire et ne s'est pas institué en chantre des vertus familiales. On lui prêtera trois amours, en réalité il n'y a jamais eu que Jeanne. Quant à savoir qui fut à part elle sa maîtresse, nous en sommes réduits aux pures conjectures. Une certitude, une seule, demeure, cohérente : il n'y a pas en l'occurrence de demi-mesure. Ou bien l'on considère qu'il n'y eut que Jeanne, ou bien on considère que toutes ou presque furent ses maîtresses, la multitude annulant tout intérêt.

Mme Sabatier et Marie Daubrun – qui seront par la suite les plus sérieuses prétendantes au titre – furent certes des muses importantes, et des amitiés amoureuses, mais leur influence est infiniment plus circonscrite que celle de Jeanne, l'unique à marquer aussi bien la vie que l'œuvre de Baudelaire. S'il reste fidèle à Jeanne, c'est moins par principe que par obsession. Sa vie est libre. Il goûte la liberté de ces lieux, des « filles ». Il préfère largement emmener Louise Villedieu, putain à 5 francs, voir les tableaux du Louvre (où, effaré, il la voit se mettre à rougir et se couvrir le visage, lui demandant à chaque instant comment on pouvait étaler publiquement de pareilles indécences[25]) que supporter un dîner avec une femme intelligente. Si cette dernière n'appartient pas au demi-monde, il faudra qu'elle soit âgée de quelques années de plus que lui ou bien d'un statut social inattaquable pour que Baudelaire lui pardonne.

Baudelaire fume la pipe et boit essentiellement du vin. Nul pourtant ne le voit jamais ivre. S'il aime les expériences enivrantes, il a cependant horreur de perdre le contrôle de lui-même en public. Certains jours, il boit effectivement davantage qu'il ne mange, c'est une question de moyens. À la fin de sa vie, il sera alcoolique.

La syphilis qu'il a contractée entre 1839 et 1842 lui occasionne de nombreux troubles, douleurs et malaises. Il a souvent recours, pour les soulager, à l'opiat balsamique comme au laudanum. Il s'y habitue, s'y adonne lorsque la vie matérielle lui devient trop difficile, qu'il se trouve bloqué chez lui ou jeté sur les chemins dans la boue, la pluie ou la neige, à la recherche de quelque argent. Lorsque tout ce qu'il a vendu, hypothéqué ou engagé ne suffit plus, et qu'il a trop emprunté aux uns et aux autres. Entendons-nous bien, Baudelaire ne porte aucun jugement moral sur la drogue. Comme c'est assez naturel pour le jeune homme qu'il est, il goûte un jour chez Louis Ménard, avec Charles Cousin, au dawamesk, préparation de haschisch mêlée à diverses amandes et pistaches, alors très en vogue. Il nous en reste un dessin amusant ou Baudelaire se caricature à côté de la colonne Vendôme qu'il domine. Les sensations qu'il y découvre, pour amusantes qu'elles soient, supportent à peine la comparaison avec ce qu'il a pour habitude d'éprouver. Très tôt déjà il a « cultivé son hystérie avec jouissance et terreur ». Son extrême sensibilité, l'immensité de son espace intérieur, sa sensualité exacerbée, ses fulgurances le font déjà vivre entre le ciel et l'enfer, dans une tension épuisante. Il vit, et se regarde vivre, avec une telle intensité que les deux se conjuguent, dans une mise en abyme vertigineuse et saisissante. Relisons la préface des *Paradis artificiels* : elle est nette et sans ambiguïté. L'effet du dawamesk lui apparaît au mieux comme « un miroir grossissant, mais un pur miroir ». Pour Baudelaire, une fois l'expérimentation faite, outre la probabilité d'un terrible voyage, l'« après » et son engourdissement mortifère lui semblent un prix bien trop élevé à payer.

Charles professe la plus haute considération à l'égard de sa lucidité, de ses capacités intellectuelles et de la valeur de son œuvre, ainsi que de ce qu'elle doit à la rigueur et à la concentration, pour ajouter aux fléaux avec lesquels il se débat déjà. Ainsi, n'en déplaise à beaucoup, si la drogue a quelque chose à voir avec Baudelaire, ce n'est qu'en tant qu'épiphénomène et non pas, comme on le laisse trop souvent entendre, le signe d'un amour de la débauche, de velléité, de paresse ou de recherche de sensations fortes.

Encore faut-il lire *La chambre double* pour comprendre la profonde méfiance de Baudelaire envers les traîtres effets de la drogue, celle qui soulage les douleurs, mais « vaporise » le temps précieux qu'il doit à son œuvre. Rappelons qu'il n'y est venu que par la maladie.

... Une chambre qui ressemble à une rêverie, une chambre véritablement spirituelle, où l'atmosphère stagnante est légèrement teintée de rose et de bleu.

L'âme y prend un bain de paresse, aromatisé par le regret et le désir...

À quel démon bienveillant dois-je d'être ainsi entouré de mystère, de silence, de paix et de parfums ?... cette vie suprême que je savoure minute par minute, seconde par seconde !

Non ! Il n'est plus de minutes, il n'est plus de secondes ! Le temps a disparu ; c'est l'Éternité qui règne...

Mais un coup terrible, lourd, a retenti à la porte, et, comme dans les rêves infernaux, il m'a semblé que je recevais un coup de pioche dans l'estomac. Et puis un Spectre est entré. C'est un huissier qui vient me torturer au nom de la loi : une infâme concubine qui vient crier misère et ajouter les trivialités de sa vie aux douleurs de la mienne : ou bien le saute-ruisseau d'un directeur de journal qui réclame la suite du manuscrit.

La chambre paradisiaque, l'idole, la souveraine des rêves, la Sylphide, comme disait le grand René, toute cette magie a disparu d'un coup brutal frappé par le Spectre.

Horreur ! je me souviens ! je me souviens ! Oui ! ce taudis, ce séjour de l'éternel ennui, est bien le mien. Voici les meubles sots, poudreux, écornés ; la cheminée sans flamme et sans braise, souillée de crachats ; les tristes fenêtres où la pluie a tracé des sillons dans la poussière ; les manuscrits, raturés ou incomplets ; l'almanach où le crayon a marqué des dates sinistres !

Et ce parfum d'un autre monde, dont je m'enivrais avec une sensibilité perfectionnée, hélas ! il est remplacé par une fétide odeur de tabac mêlée à je ne sais quelle nauséabonde moisissure. On respire ici maintenant le ranci de la désolation.

Dans ce monde étroit, mais si plein de dégoût, un seul objet connu me sourit : la fiole de laudanum ; une vieille et terrible amie ; comme toutes les amies, hélas ! féconde en caresses, et en traîtrises. Oh ! oui ! le Temps a reparu ; le temps règne en souverain maintenant ; et avec le hideux vieillard est revenu tout son démoniaque cortège de Souvenirs, de Regrets, de Spasmes, de Peurs, d'Angoisses, de Cauchemars, de Colères et de Névroses. Je vous assure que les secondes maintenant sont fortement et solennellement accentuées, et chacune en jaillissant de la pendule, dit : « Je suis la Vie, l'insupportable Vie ! »

Il n'y a qu'une seconde dans la vie humaine qui ait mission d'annoncer une bonne nouvelle, la bonne nouvelle qui cause à chacun une inexplicable peur. Oui ! si le Temps règne en maître ; il a repris sa brutale dictature. Et me pousse, comme si j'étais un bœuf, avec son double aiguillon. « Eh hue donc ! bourrique ! Sue donc, esclave ! Vis donc, damné ! »

Le « poète vierge », la silhouette en retrait des tableaux de l'époque, sa vie, ses lettres et enfin tous ses écrits attestent d'une réalité profondément différente de la légende. Il est, pour Nadar : « Charles Baudelaire, jeune poëte nerveux, bilieux, irritable et irritant, et souvent complètement désagréable dans la vie privée. Très réaliste sous des allures paradoxales, il a dans sa forme tout le style et la sévérité antiques, et des quelques rares esprits qui marchent par ce temps dans la solitude du *moi*, il est, je pense, le meilleur et le plus sûr de sa route... » Ce à quoi il ajoute, au moment de livrer ses souvenirs sur son ami perdu de longue date : « J'ai hésité longtemps... Le très cher est pour moi là – toujours – en sa chaste réserve de sensitive, sa répugnance native, son horreur de tout stupre, comme tenant par-delà la mort son rideau baissé... »

À la fin de l'année 1844, à vingt-trois ans, il sombre doucement dans une semi-pauvreté qui ne tarde pas à exercer ses effets délétères. Faute de pouvoir acheter des vêtements ou de pouvoir payer la blanchisseuse, il ne peut plus sortir. Pour peu qu'il n'aie plus de charbon pour se chauffer, le voilà cloué au lit durant d'interminables journées. Une amélioration financière se fait-elle sentir qu'il passe alors son temps en courses à pied, à défaut de pouvoir s'offrir une voiture, pour des détails qui monopolisent des heures. Son esprit est ainsi harcelé de mille détails sordides. L'amertume, l'inconfort, et l'humiliation quotidienne sont désormais son lot. Le voici alors en proie à l'inaction, contrainte et dévastatrice. L'oisiveté devient alors à double titre son grand fléau. Dans un premier temps, cette inertie qui lui est imposée lui est un véritable calvaire, lui qui est toujours occupé à mille projets, puis dans un second temps elle engendre l'ennui, vecteur principal du malentendu baudelairien. Oisiveté et ennui sont devenus pour la postérité synonymes de paresse blasée et vacuité dédaigneuse en lieu et place de ce qu'ils signifient réellement chez lui : souffrance imposée et épisode dépressif.

Tout cela fragilise l'image qu'il s'est construite, et le grand malaise de son adolescence – la mélancolie, l'épisode dépressif

– resurgit. Sa lucidité intellectuelle reste, quant à elle, miraculeusement intacte.

L'alternance de ses périodes d'accablement, de dégoût, et de ses périodes actives s'accentuent à chaque fois, et plus blessé il devient plus vulnérable encore.

Malgré toutes les compromissions qu'il est maintenant tenu de faire, il poursuit la construction de son œuvre. Il continue sans relâche à structurer sa pensée grâce à sa curiosité encyclopédique et passionnée. Dès septembre 1844, il commence à se dévoiler en tant que poète au-delà du cercle de ses amis. Il écrit *Noble femme au bras fort* et confie devant Arsène Houssaye, directeur de revue, plusieurs de ses poèmes à Privat d'Anglemont, afin qu'il les place petit à petit dans la presse et en assume la paternité. Le premier à paraître, dans *L'Artiste*, est *À Madame du Barry*, en décembre.

Cela fait déjà un moment que Baudelaire éprouve ses poèmes, les peaufine, les lit avec gourmandise de sa voix hypnotique. Louis Ulbach, futur fondateur de *La Revue de Paris*, alors étudiant en droit, raconte : « Je vois encore le sourire fin, le regard railleur, dans sa courtoisie [...] Chacun de nous récita son œuvre récente. Il faut bien avouer que nous avions l'âme pure, et que les anges, les amours vaporeuses, les impressions ineffables, les rêveries parmi les bluets, les adorations à distance, dans l'ombre, ou tout au plus les familiarités de dieux de l'Olympe envers les déesses, se reflétaient dans nos vers.

» Baudelaire, après avoir subi le flot cristallin de nos poëmes, prit la parole à son tour. Il commença d'une voix grave, au timbre légèrement vibrant, avec un air ascétique, et il nous récita le poëme de *Manon la pierreuse*.

» À la première rime, il était question de la *chemise fangeuse* de Manon et le reste valait ce début. Les mots les plus crus, merveilleusement enchâssés, les descriptions les plus hardies se succédaient, et nous écoutions, pleins de stupeur, rougissant, repliant nos poëmes séraphiques et sentant battre sur nos fronts les ailes effarées de nos anges gardiens, effarouchés du scandale.

» C'était d'ailleurs superbe d'allure ; mais cela ressemblait si peu à nos principes littéraires que nous sentions pour ce poëte excellent et dépravé une admiration craintive, et que Baudelaire ne revint plus. »

Ses poèmes interdisent son auditoire et alimentent sa réputation auprès de ses camarades : « … Le banc a tressailli : nous allions enfin le connaître, celui-là tant désiré, attraction suprême ! Privat nous avait transportés nous en récitant quelques pièces, dont par exception fortuite le légendaire craqueur avait négligé de s'attribuer la paternité… » continue Nadar à la suite de sa première rencontre.

Le 25 février 1845, probablement à l'occasion de l'élection de Sainte-Beuve à l'Académie française, Baudelaire décide de lui écrire. Il ajoute à sa lettre le poème *Tous imberbes alors...* Bien qu'il ait lu et particulièrement apprécié *Volupté* dans sa jeunesse, Baudelaire ne semble pas ici dénué d'opportunisme. Inlassablement, il prépare le terrain pour la publication de ses poèmes. Constamment à court d'argent, il court de Neuilly à la place Vendôme, essayant d'arracher avances ou dépannage à sa mère, ainsi qu'à Ancelle. Il passe des journées entières occupé à trouver quelques francs destinés à pouvoir se chauffer, se nourrir, se désaltérer. Nous sommes à l'époque des porteurs d'eau et des fontaines que l'on installe chez soi. Il faut toujours, hélas, faire nettoyer ou repriser les vêtements afin de pouvoir sortir. Baudelaire fait feu de tout bois et tente désespérément d'interrompre l'infernale sarabande que le temps et l'argent jouent dans sa vie.

Il signe des billets à ordre. Dont un en mars, de 6500 francs, tiré par Arondel. Il hypothèque son mobilier et sur le point de le perdre s'en va chez Ancelle puis chez sa mère : « Figure-toi bien que depuis douze jours que je peux manger et dormir, je n'ai pas eu, non pas deux jours de repos, mais pas même quelques heures ; je n'ai jamais eu devant moi 30 francs, ce qui représente huit jours de travail. Devant de pareils faits, il n'y a point d'accusation possible.

» Il me suffit de douze jours pour achever quelque chose et le vendre. Si avec un sacrifice de 60 francs, ce qui représente quinze jours de calme, tu obtiens de moi le plaisir de me voir à la fin du mois te donner les preuves de trois livres vendus, ce qui représente au moins 1500 francs, et te remercier profondément, les regretteras-tu ? » Que de temps perdu. Les projets de pièces, de romans, d'articles, Baudelaire n'en est jamais à court. Il voudrait ouvrir toutes les portes à la fois. Pour l'instant, il travaille encore sa nouvelle, *La Fanfarlo*, mais également à l'élaboration de son traité d'esthétique, relatif à la peinture et à la sculpture. Il commence à rassembler ses poèmes, en vue d'une publication, sous le titre trompeur des *Lesbiennes*, qui n'est pas alors synonyme d'amours saphiques.

Il découvre à vingt-quatre ans le *Salon de 1759*, de Diderot. Sous le coup de cette lecture, il envisage de rédiger son *Salon de 1845*. Il va jusqu'à demander à son ami Champfleury de lui faire une critique mentionnant cet illustre patronage.

Le *Salon de 1845* est une première publication, à peine une plaquette. Elle témoigne d'une maturité de jugement impressionnante chez un si jeune homme. Fort du savoir technique acquis dans la fréquentation des ateliers de ses amis, il fait montre d'une belle originalité critique, ce qui n'a rien d'étonnant. Cet ouvrage ambitieux, loin des complaisances artistico-mondaines, reflète toute sa conception philosophique de l'art, alors même que son intuition et sa spiritualité s'appuient déjà chez lui sur tout un réseau de correspondance. Eugène Delacroix s'y taille la part du lion.

Son *Salon* recueille un petit succès d'estime qui ne semble cependant pas arriver jusqu'à ses parents. Néanmoins, c'est une première affirmation de lui-même et une première preuve tangible de ce qui lui est possible de faire. Au dos du *Salon* figurent plusieurs titres d'œuvres à venir. Certaines verront le jour, d'autres non, mais au moment même où l'engagement est manifesté, il est sincère, soyons en sûr. Le sens du temps, chez Baudelaire, n'est pas celui des autres hommes.

Il interprète ce frémissement comme un début de reconnaissance et s'autorise enfin à publier, dans *L'Artiste*, *À une dame créole*.

Le choix de ce poème n'est pas anodin. Écrit sur le bateau au retour de La Réunion, il fut à l'époque sa déclaration d'intention, sa réponse à un défi en même temps qu'un premier poème assumé. Dans une certaine mesure, il est à l'origine des *Fleurs du Mal*.

La situation entre Caroline et Charles se dégrade. Outre sa scandaleuse liaison, ses nombreux appels de fonds auprès de Mme Aupick ne cessent, on s'en doute, de l'exposer à des sermons de plus en plus désagréables. Caroline ne peut guère, sans le concours d'Ancelle ou de son mari, lui avancer tout l'argent qu'il lui demande. Chaque demande l'expose donc elle-même à subir d'autres sermons. La pauvre femme, sans arrêt tiraillée entre une pulsion de compassion maternelle nourricière et la fidélité conjugale, ne sait plus vraiment quelle conduite adopter. Elle se retourne contre Charles, fauteur de tous ces troubles, généreuse en actes, humiliante en paroles, confortant ainsi la situation malsaine dans laquelle ils sont tous enferrés désormais.

C'est dans ces circonstances que, à la fois en pleine veine d'inspiration et en butte a de nombreux tracas d'ordre matériel et physique, humilié par sa mère et pratiquement désavoué par elle, Baudelaire fait parvenir le 30 juin une bien curieuse lettre à Ancelle.

À Narcisse Ancelle, Paris le 30 juin 1845.

Quand Mlle Jeanne Lemer[26] *vous remettra cette lettre, je serai mort. Elle l'ignore. Vous connaissez mon testament* [Ancelle avoue son ignorance en marge de la lettre]. *Sauf la portion réservée à ma mère, Mlle Lemer doit hériter de tout ce que je laisserai, après paiement fait par vous de certaines dettes dont la liste accompagne cette lettre.*

Je meurs dans une affreuse inquiétude. Rappelez-vous notre discussion d'hier. Je désire, je veux que mes dernières intentions soient strictement exécutées. Deux personnes peuvent attaquer mon testament, ma mère et mon frère, et ne peuvent l'attaquer que sous prétexte d'aliénation mentale. Mon suicide ajouté aux désordres divers de ma vie ne peut que les servir pour frustrer Mlle Lemer de ce que je veux lui laisser. Il faut donc que je vous explique mon suicide et ma conduite à l'égard de Mlle Lemer, de telle sorte que cette lettre adressée à vous, et que vous aurez soin de lui lire, puisse servir à sa défense, en cas que mon testament soit attaqué par les personnes ci-dessus nommées.

Je me tue sans chagrin. Je n'éprouve aucune des perturbations que les hommes appellent chagrin. Mes dettes n'ont jamais été un chagrin. Rien n'est plus facile que de dominer ces choses-là. Je me tue parce que je ne puis plus vivre, que la fatigue de m'endormir et la fatigue de me réveiller me sont insupportables. Je me tue parce que je suis inutile aux autres et dangereux à moi-même. Je me tue parce que je me crois immortel, et que j'espère. Au moment où j'écris ces lignes, je suis tellement bien doué de lucidité que je rédige encore quelques notes pour M. Théodore de Banville, et que j'ai toute la force nécessaire pour m'occuper de mes manuscrits.

Je donne et lègue tout ce que je possède à Mlle Lemer, même mon petit mobilier et mon portrait parce qu'elle est le seul être en qui j'ai trouvé quelque repos. Quelqu'un peut-il me blâmer de vouloir payer les rares jouissances que j'ai trouvées sur cette affreuse terre ?

Je connais peu mon frère, il n'a pas vécu en moi ni avec moi, il n'a pas besoin de moi.

Ma mère, qui si souvent et toujours involontairement a empoisonné ma vie, n'a pas non plus besoin de cet argent. Elle a son mari ; elle possède un être humain, une affection, une amitié.

Moi, je n'ai que Jeanne Lemer. Je n'ai trouvé de repos qu'en elle, et je ne veux pas, je ne peux souffrir la pensée qu'on veuille la déposséder de ce que je lui donne sous prétexte que ma raison n'est pas saine. Vous m'avez entendu ces jours-ci causer avec vous. Étais-je fou ?

Si je savais qu'en priant ma mère elle-même, et en lui exposant la profonde humiliation de mon esprit, je pusse obtenir d'elle de ne pas troubler mes dernières volontés, je le ferais immédiatement, tant je suis sûr qu'étant femme, elle me comprendra mieux que tout autre et pourra peut-être à elle seule détourner mon frère d'une opposition inintelligente.

Jeanne Lemer est la seule femme que j'ai aimée, elle n'a rien. Et c'est vous, monsieur Ancelle, un des rares hommes que j'ai trouvés doués d'un esprit doux et élevé, que je charge de mes dernières instructions auprès d'elle.

Lisez-lui ceci qu'elle connaisse les motifs de ce legs, et sa défense, en cas que mes dispositions dernières soient contrecarrées. Faites-lui, vous, homme prudent, comprendre la valeur et l'importance d'une somme d'argent quelconque. Essayez de trouver quelque idée raisonnable dont elle puisse tirer profit, et qui rende utile mes suprêmes intentions. Guidez-la, conseillez-la ; oserais-je vous dire : aimez-la pour moi du moins.

Montrez-lui mon épouvantable exemple et comment le désordre d'esprit et de vie mène à un désespoir sombre, ou un anéantissement complet. Raison et utilité ! je vous en supplie !

Croyez-vous réellement que ce testament puisse être contesté, et m'enlèvera-t-on le droit de faire une action vraiment bonne et raisonnable avant de mourir ?

Vous voyez bien maintenant que ce testament n'est pas une fanfaronnade ni un défi contre les idées sociales et de famille, mais simplement l'expression de ce qui reste en moi d'humain, l'amour et le sincère désir de servir une créature qui a été quelquefois ma joie et mon repos.

Adieu ! Lisez-lui ceci, je crois en votre loyauté, et je sais que vous ne le détruirez pas.

Donnez-lui immédiatement de l'argent. Elle ne connaît rien de mes suprêmes intentions et s'attend à me revoir venir la tirer de quelque embarras.

Dans le cas même où ses dernières volontés seraient discutées, un mort a bien le droit de faire une libéralité.

L'autre lettre qu'elle vous remettra et qui n'est faite que pour vous contient la liste de ce qu'il faudra payer pour moi, afin que ma mémoire soit intacte.

C. Baudelaire.

Si Charles est vraiment déterminé à mettre fin à ses jours, la lettre semble bien alambiquée, et s'adresse à un destinataire inattendu. Est-il imaginable de voir ainsi Baudelaire se confier à sa mère via le canal de son conseil judiciaire, pour lui faire part d'un désespoir si violent que la mort en serait la seule issue ?

Il semble pourtant, que Baudelaire se soit donné ou ait reçu un coup de couteau. La blessure est assez bénigne, mais nécessite quelques soins.

Il passe sa convalescence chez Jeanne, rue de la Femme-sans-Tête.

Sans parler de cette bien curieuse et soudaine idée de l'inutilité pour autrui de son existence, Baudelaire n'est pas suicidaire, ce serait méconnaître la force de sa foi en lui, et de son espoir de succès et de reconnaissance. Jamais il ne fait montre de tels penchants, même au plus fort de l'adversité.

L'idée de la mort le traverse souvent face à la violence de cette vie d'« avanies ». Cette idée le séduit et il déplore de ne pouvoir s'y livrer, ayant tant de choses à réaliser ou à remettre d'aplomb. Seule la perte de tout espoir de rémission physique le conduira, au soir de sa vie, à l'abdication. Il ne se défait jamais de l'espérance et tient sa valeur en haute estime. À relire cette lettre on a plutôt le sentiment d'un règlement de compte affectif et, sur la fin, d'une combinaison visant à obtenir de l'argent rapidement. Plutôt que d'imaginer que Baudelaire se soit laissé emporter par son côté comédien, il semble plausible de retenir deux autres pistes. Jeanne et/ou l'argent, le chantage affectif sur sa mère constituant peut-être une jouissance supplémentaire. Baudelaire, persécuté par les billets à ordre qui se révèlent – malheureusement pour lui – résister à l'usure du temps, a peut-être également choisi cette solution pour dérouter ses créanciers. Mettre en scène avec la complicité involontaire des siens un suicide et en profiter pour disparaître ? Mais pour resurgir où ? À moins que ce ne fût pour obtenir, via Jeanne, de retrouver sa fortune et faire fléchir sa mère à l'occasion de sa convalescence.

Le propos principal de cette lettre officielle, puisque adressée à un notaire, est surtout de proclamer la place que Jeanne occupe pour lui. Dans ce courrier, il l'institue ni plus ni moins que sa légataire s'il venait à mourir, contre tous les liens familiaux. Il établit l'abandon de sa famille et leur jette à la face l'existence de sa concubine, établissant dans le même mouvement la supériorité désintéressée de sa conduite sur la leur. Cette lettre ressemble à un mariage qui n'en serait pas un, peut-être aussi à une menace.

La réaction de Caroline est difficile à interpréter. Il semble qu'elle commence par lui fermer sa porte, ulcérée peut-être par ce qu'elle ressent comme un tour joué à son cœur de mère, à moins que ce ne soit sous l'influence de la colère d'Aupick. « Au moment où je voulais m'habiller pour vous aller trouver, j'ai trouvé les portes fermées à double tour. Il paraît que le médecin ne veut pas que je bouge.

» Ainsi, je ne puis pas vous aller voir ; quand je vous écris c'est M. Ancelle qui répond et qui me défend de vous aller voir. De plus, l'on m'enferme.

» Prenez-vous donc mes souffrances pour une plaisanterie ? et avez-vous le courage de me priver de votre présence ? Je vous dis que j'ai besoin de vous, qu'il faut que je vous voie, que je vous parle. Mais venez donc, venez tout de suite, pas de pruderie. Je suis chez une femme, mais je suis malade et je ne peux pas bouger. Il faut au moins, si vous ne pouvez pas faire ce que je vous demande, m'instruire de ce qu'il est possible de faire. On me met au secret, on m'enferme, vous ne me répondez pas quand je vous écris, on m'écrit que je ne puis pas vous voir, qu'est-ce que tout cela veut dire ? Je vous en supplie, venez donc me trouver, mais de suite, de suite, pas de cris.

» Mme Duval, rue de la Femme-sans-Tête, 6.

» PS – Je vous affirme que si vous ne venez pas, cela ne peut qu'occasionner de nouveaux accidents. Je veux que vous veniez seule. »

Ce grand désespéré envoie dans le même temps à Banville un poème admiratif. « ...Cela vous prouve que je pense à vous.

En revanche, ayez donc le courage de m'écrire tout de suite et un peu longuement. Si vous pouvez, cela me distraira. Ne jouez pas avec mes torche-public, c'est-à-dire ne les montrez pas. J'ai reçu ce matin une surprise des plus singulières ; c'est le journal d'Abbeville avec un feuilleton sur moi ravissant mais tout de bon ravissant, et comique outre mesure, il est évidemment de Le Vavasseur, il demeure rue de Beaune, mais comme je ne sais pas le numéro, je ne puis lui écrire. Si vous le voyez repassez-lui ma reconnaissance. J'ai de sérieuses raisons pour avoir une peur de tous les diables de Privat ; tâchez de lui boucler la langue ; il saura ce que cela veut dire. Bonjour à Vitu. Remerciez Dupont et Senneville qui ont eu la bonté de s'enquérir de moi... » Le ton en est beaucoup plus badin.

S'il ne se montre pas encore prêt à assumer l'entière paternité de ses poèmes, c'est que son œuvre n'est pas encore finie, et son exigence ne peut se satisfaire d'une œuvre à moitié ébauchée, qui n'aurait pas été encore soigneusement polie et repolie, jusqu'à frôler la perfection.

Conséquence voulue, fortuite ou seulement espérée de cette tentative de suicide, Caroline obtient de son mari la permission d'héberger Charles, qui se trouve cet été-là dans l'impossibilité de réintégrer l'hôtel Pimodan. Faute d'avoir payé son loyer. Il y a toutefois laissé ses meubles. C'est dans cet appartement providentiel qu'Élise Sergent, la tourbillonnante « reine Pomaré », s'installe ravie. Baudelaire l'y rencontre par hasard et a peut-être avec elle, mais rien ne le prouve, une brève liaison.

Chez sa mère, ces semaines-là, il est à vingt-quatre ans plus tenu qu'il ne l'a jamais été à vingt. Bientôt lassé de ce régime carcéral autant que du mépris exsudant des domestiques même, Baudelaire reprend son envol et s'installe momentanément à l'hôtel de Dunkerque, 32, rue Laffitte. Il promet à sa mère de tâcher d'arranger toutes ses affreuses histoires de billets en même temps qu'il l'envoie, d'un ton comminatoire et désinvolte, chercher livres et tableaux à Pimodan afin de les faire respectivement relier et encadrés. Aux frais de qui ? Il lui promet en outre qu'elle aura bientôt lieu d'être contente. Il lui enverra du reste la note de l'hôtel.

Toujours cet été-là, il écrit sur l'album d'Asselineau, qu'il a rencontré au salon de 1845, le poème *Je t'adore à l'égal de la voûte nocturne*. Asselineau, surnommé Asselinus, devient avec Auguste Poulet-Malassis le plus proche de ses amis ; le second cercle, encore très proche, comprend Nadar et Banville, Champfleury puis, plus tard, Gautier et Barbey d'Aurevilly. D'autres traversent sa vie, proches un moment, tels Prarond, Le Vavasseur, Deroy ou Courbet dont les liens se distendent par la suite. Il y aura également des affinités fortes et formalistes, dans lesquelles le respect tient un plus grand rôle, avec Manet, Flaubert...

Le 7 novembre, Aupick est nommé grand officier de la Légion d'Honneur. Charles malmène sa mère de plus belle dans ses lettres. En fait, il ne tolère plus qu'elle s'éloigne du rôle qu'il lui a assigné : n'être que sa mère à lui, dispensatrice inépuisable de subsides et de consolations. Il est muré dans une sorte de toute-puissance enfantine vis-à-vis d'elle qui ne sait comment échapper à sa tyrannie. Fait-elle mine de vouloir s'en affranchir ? Le ton de désinvolte devient cassant, blessant et hautain. Le laisse-t-elle longtemps sans nouvelles ? Il finit par lui écrire une lettre déchirante de désespoir et de solitude jusqu'à ce que Caroline, alarmée ou touchée, ne le ramène à l'apaisement. L'accalmie ainsi obtenue, Charles glisse à nouveau de la tendresse à la désinvolture, puis de celle-ci à la multiplication de revendications dont la forme autant que le fond sont inacceptables. Charles n'est pas ici le seul à blâmer. Dans ce jeu ils sont deux. Baudelaire fait payer à sa mère l'abandon de son achèvement et celle-ci, déchirée par ses ambitions contradictoires, adopte une attitude incohérente, alternant soumission et rébellion.

Voici une lettre assez représentative de leurs relations :

C'est aujourd'hui le 16. Je t'envoie la note de la dépense de l'hôtel. Fais-moi le plaisir en donnant tes 45 francs de ne faire aucun commentaire. Le reste me regarde. Je resterai encore dans cette maison jusqu'à ce que je reprenne mon mobilier. Et j'attends pour reprendre mon mobilier le résultat de quelques feuilletons qui me feront vers la fin du mois une somme assez considérable pour me mettre un peu à l'aise.

Si tu pouvais me renvoyer par la même personne un peu d'argent en plus pour moi, cela me rendrait fort heureux, car je suis dans un dénuement fort remarquable. Il me faudrait aussi par écrit l'adresse de Mme de Mirbel et de M. Daigny.

Baudelaire Dufaÿs.

En novembre, Charles a l'occasion de faire une critique des *Contes Normands*, que son ami Philippe de Chennevières, vient de publier sous le pseudonyme de Jean de La Falaise. Le 24 il fait paraître, dans *Le Corsaire-Satan*, *Comment on paie ses dettes quand on a du génie*. Charge amusée visant Balzac et Ourliac. Il s'inscrit ce mois-ci à l'école de droit, ce qui explique peut-être la complaisance de Caroline pour régler son logement. Cette inscription, toutefois, ne sera pas renouvelée. Banville, Pierre Dupont et lui publient une parodie de *Sapho*, d'Arsène Houssaye. On lui attribue également le délicieux croquis représentant le critique Courtois examinant un tableau de Delacroix à l'aide d'un cornet acoustique.

Le 22 décembre 1845, Baudelaire est convié à l'une de ces fantasias du haschich, alors très en vogue dans certains milieux, donnée par Boissard, au cours de laquelle il rencontre Balzac et Gautier. Il y assiste plutôt en observateur qu'en consommateur. Ainsi que nous l'avons vu, c'est par le laudanum et l'opiat balsamique, prescrits lors des désordres causés par la syphilis, qu'il s'est quant à lui habitué à la drogue. En aucun cas pour stimuler sa création artistique qui est son essence même, encore moins par goût de l'aventure ou jouissance transgressive. La transgression chez Baudelaire, est plus profonde et se situe ailleurs.

Le 2 janvier 1846, Alphonse devient juge d'instruction à Fontainebleau ; son frère, lui, habite alors dans une chambre à 30 francs, au 24 de la rue de Provence.

Ce mois-ci trois œuvres de Baudelaire paraissent dans la presse. Un poème, sous le nom de Privat, *Vos cheveux sont-ils blonds… Le Musée classique du Bazar Bonne-Nouvelle*, sorte de *Salon* parallèle, ainsi que *Le Jeune enchanteur*, donnée comme une œuvre originale, qu'il a pourtant traduite de l'anglais. Cela n'est pas rare à l'époque, et permet une traduction tout à fait libre.

Inscrit cette fois-ci à l'École royale des chartes (qu'il ne semble pas fréquenter davantage que le droit), Baudelaire travaille à son *Choix de maximes consolantes sur l'amour*, qui doit sortir en mars. Il annonce également, dans différentes revues, *Le Catéchisme de la femme aimée*. À cette occasion, il envoie une lettre mi-figue mi-raisin à sa belle-sœur Félicité qui se trouve alors chez sa mère, à Paris. Cette fois-ci, il en est sûr, il va pouvoir vivre de ce qu'il gagne. Hélas les dettes, qui ont la rancune tenace, ne se laissent pas distancer et continuent de dévorer petit à petit son apport mensuel, entraînant ipso facto d'autres dettes. Les quelques francs gagnés dans la presse améliorent à peine son quotidien. Il envoie sa mère dégager des objets au mont-de-piété. Cela cependant ne suffit pas à inverser la fatale tendance.

Son ami Deroy, qui a enfin terminé le portrait de Baudelaire, présente ce dernier au salon de 1846, où il est refusé. Les *Stalactites* de Banville paraissent. Elle portent en épigraphe un vers extrait de *L'Âme du vin*.

La seconde quinzaine de mars, Charles fait le compte de ses nombreuses commandes de feuilletons en même temps qu'il avoue ne plus disposer que de huit jours pour rédiger son nouveau *Salon*. C'est à cette occasion qu'il rencontre enfin Delacroix, lors d'une visite dans son atelier. La rencontre est unilatérale. Pour Delacroix, Baudelaire n'est pas de ces amis, et il semble bien se demander ce que ce dernier veut de lui. Cela ne l'empêche toutefois pas d'en profiter pour lui emprunter 200 francs.

C'est à la même époque environ que, selon la légende, importuné au cours d'une leçon d'escrime par un créancier, il se met à le pourchasser à la pointe de son épée.

Il a vingt-cinq ans le 9 avril 1846 et il publie, dans *L'Esprit Public*, ses *Conseils aux jeunes littérateurs*, inspirés par Stendhal. Bien qu'auteur d'un salon officiel, Charles participe néanmoins au *Salon caricatural*, publié chez Charpentier, avec ses complices habituels Banville et Vitu. Baudelaire en réalité ne joue aucun jeu sauf le sien.

En mai, il habite 33, rue Coquenard, aujourd'hui rue Lamartine. Il envisage d'écrire une *Vie et mort de Lucain* ; cet auteur le fascine, mais il n'aura jamais le temps de s'y consacrer. Le 23, son *Salon* paraît chez Michel Lévy. Le 16 juin, Baudelaire écrit à la Société des gens de lettres, les priant de bien vouloir l'admettre afin qu'il puisse, avoue-t-il candidement, participer aux avantages que cette dernière assure à ses membres.

Ce nouveau *Salon* récolte de bonnes critiques, jusque dans *Le Portefeuille*, revue diplomatique dans laquelle on espère qu'Aupick se laisse surprendre.

Cet été-là, trois de ses œuvres, deux reprises et *Le Poème cavalier*, signé Privat, paraissent dans les journaux. En août, *L'Écho des théâtres* reprend *Comment on paie ses dettes* en feuilleton sur trois jours. Une nette volonté de se prendre en main émerge des lettres de Charles ainsi que, pour la première fois, une lassitude des dettes. Pour la première fois également, Baudelaire et sa mère semblent travailler main dans la main. Il écrit, elle gère les créanciers. Il continue malgré tout de signer des billets à ordre. Les sommes semblent toutefois moins extravagantes et correspondre davantage à des dépenses « nécessaires ».

À l'automne 1846, deux nouveaux poèmes paraissent. L'artiste publie *Dom Juan aux enfers* et, un peu plus tard, *À une Malabaraise*. Ses articles, traductions et poèmes sont alors régulièrement repris d'un magazine à l'autre. Fin octobre, il vient demander de l'argent à sa mère afin de soigner des ulcères, lui avouant qu'il a utilisé celui qu'Ancelle lui a donné à cet effet pour acheter des livres. Les relations entre la mère et le fils se détériorent à nouveau.

En 1847, *Le Bulletin de la Société des gens de lettres* publie enfin *La Fanfarlo*. Si l'intrigue originale doit quelque chose à Privat d'Anglemont ou bien à l'intrigue de *Béatrix*, Baudelaire se l'est approprié.

En ce début d'année, Charles fait une rencontre capitale. Le 27 janvier, dans *La Démocratie Pacifique*, paraît *Le Chat noir*, d'Edgar Allan Poe, traduit par Isabelle Meunier. Baudelaire, très impressionné, reconnaît alors en Poe, son contemporain, un étrange alter ego. Il en éprouve une « commotion singulière ». « À tout venant, où qu'il se trouvât, dans la rue, au café, dans une imprimerie, le matin, le soir, il allait demandant : – Connaissez-vous Edgar Poe ? Et, selon la réponse, il épanchait son enthousiasme, ou pressait de questions son auditeur.

» Un soir, fatigué d'entendre ce nom nouveau revenir sans cesse dans nos conversations et tourbillonner à mes oreilles comme un hanneton exaspéré, je dis à mon tour : – Qu'est-ce qu'Edgar Poe ?

» En réponse à cette sommation directe, Baudelaire me raconta ou plutôt me récita le conte du *Chat noir*, qu'il possédait comme une leçon apprise, et qui, dans cette traduction improvisée, me fit une vive impression.

» Dès lors, Baudelaire ne cessa plus de s'occuper d'Edgar Poe. Il ne fit plus une démarche, plus un pas dans un autre sens. Quiconque, à tort ou à raison, était réputé informé de la littérature anglaise et américaine, était par lui mis littéralement à la question. Il accablait les libraires étrangers de commissions et d'informations sur les diverses éditions des œuvres de son auteur, dont quelques-uns n'avaient jamais entendu parler. J'ai été plus d'une fois témoin de ses colères lorsque l'un d'eux lui avouait ne connaître ni l'auteur ni l'ouvrage, ou lui répétait une fausse indication. Comment pouvait-on vivre sans connaître par le menu Poe, sa vie et ses œuvres ? »

Il découvre dans l'œuvre de Poe « des poèmes et des nouvelles dont j'avais eu la pensée, mais vague et confuse, mal ordonnée, et que Poe avait su combiner et mener à la perfection. Telle fut l'origine de mon enthousiasme et de ma longue patience ». Le « génie », « le style au-dessus du vulgaire », la rigueur de l'écriture mais aussi, l'adoption, la pension, son étrangeté par rapport au monde d'où il est issu, tout de la vie et de l'œuvre de Poe ramène Charles au clandestin qu'il est de lui-même ; impuissant à se voir, n'arrivant pas à rassembler son image dans le regard de ses contemporains, il est ainsi confronté, « étrange commotion », au reflet d'un autre, limpide à ses yeux. L'enjeu de cette étude pour Charles est énorme et explique qu'il y consacrera désormais, et jusqu'à épuisement de l'œuvre, de longues années. Aussi ne faut-il pas s'étonner de ses débordements dans les traductions d'articles américains sur Poe, c'est que Baudelaire, comme toujours, n'y parle que de lui.

Le lendemain des vingt-six ans du poète, en avril 1847, le nouveau salon refuse le portrait de Baudelaire peint par Courbet. Aupick, quant à lui, devient général de division.

Le 18 août, Marie Daubrun (que l'on cite souvent comme la troisième femme de la vie du poète) perce dans le rôle titre de *La Belle aux cheveux d'or*. Charles, admiratif de la belle, noue avec elle une amitié amoureuse dont les détails ne nous sont pas connus. Son écho dans la vie du poète, même si elle lui inspire quelques poèmes, ne paraît pas toutefois très significative.

Les poèmes de Baudelaire-Privat continuent de s'égrener au fil des revues, tels *Une chanson*, *J'adore ses grands yeux bleus, sa chevelure ardente*. Le 14 novembre, Champfleury publie *Les Chats* dans un feuilleton du *Corsaire-Satan*.

Le 28 novembre, le général est nommé commandant de l'École polytechnique. Le couple s'installe au 66, rue de Clichy, avant de rejoindre l'école.

Baudelaire, malgré ses participations à divers journaux, ne peut se dégager du piège financier auquel l'acculent ses trop nombreuses dettes. Malade, il s'installe chez Jeanne et ne veut plus voir Ancelle dont l'immixtion permanente dans sa vie privée le rend fou.

À Madame Aupick

C'est seulement quand je suis réduit [aux] *dernières extrémités, c'est-à-dire* [quand] *j'ai très faim que je vais à* [vous], *tant cela me cause de dégoût [et] d'ennui. Pour comble de malheur, M. Ancelle veut votre autorisation ; je suis donc venu malgré le temps, la fatigue, [...] solliciter de vous la permission de prendre à Neuilly de quoi acheter [...] une fontaine et vivre quelques jours. Le plus indispensable, c'est [...]. Je ne monte pas chez vous parce que je sais de quelles injures, de quelles avanies et de quelles humiliations je paierai ce dont j'ai besoin. Je retourne immédiatement à Neuilly porter votre autorisation. J'attends cette réponse en voiture en bas.*

Détruisez ce billet, car il serait honteux pour vous qu'on pût le trouver.

À Madame Aupick, Paris, samedi 4 décembre 1847.

Malgré la cruelle lettre par laquelle vous avez répondu à ma dernière demande, j'ai cru qu'il m'était permis de m'adresser encore une fois à vous, non pas que je ne sache parfaitement quelle mauvaise humeur cela vous causera, et quelle peine j'aurai à vous faire comprendre la légitimité de cette demande, mais parce que je sens en moi une telle conviction que cela peut m'être infiniment et définitivement utile, que j'ai espéré vous la faire partager. Remarquez bien que je dis encore une fois, ce qui dans ma pensée bien sincère veut dire : la dernière fois. Sans doute je vous dois des remerciements pour l'obligeance que vous avez mise à me faire fournir quelques-uns des objets indispensables à une vie plus raisonnable que celle que je subis depuis longtemps, c'est-à-dire quelques meubles. Mais les meubles achetés, je me suis trouvé sans le sol, et sans quelques-uns de ces objets non moins indispensables qu'il est facile de deviner, une lampe, une fontaine, etc. Qu'il vous suffise de savoir que j'ai été obligé de subir une longue discussion avec M.A. pour arracher du bois et du charbon. Si vous saviez quel effort il m'a fallu faire pour prendre la plume et m'adresser encore une fois à vous, désespérant de vous faire comprendre, à vous dont la vie est toujours facile et régulière, comment je pouvais me trouver dans de pareils embarras ! Supposez une oisiveté perpétuelle commandée par un malaise perpétuel, avec une haine profonde de cette oisiveté, et l'impossibilité absolue de s'en sortir, à cause du manque perpétuel d'argent. À coup sûr dans de pareils cas, il vaut mieux, quelque humiliation qu'il m'en coûte, m'adresser encore à vous qu'à des indifférents chez qui je ne trouverais pas la même sympathie.

Actuellement, voici ce qui m'arrive. Tout heureux d'avoir un logement et des meubles, mais privé d'argent, j'en cherchai depuis deux ou trois jours, quand lundi dernier, au soir, exténué de fatigue, d'ennui et de faim, je suis entré dans le premier hôtel venu, et depuis ce temps j'y reste, et pour cause. J'avais donné l'adresse de cet hôtel à un ami, à qui j'ai prêté de l'argent, il y a quatre ans, du temps que j'en avais, mais il me manque de parole. Du reste, j'ai dépensé peu de choses, 30 ou 35 francs en une semaine ; mais là n'est pas tout l'embarras. Car je suppose que, par une bienveillance malheureusement toujours insuffisante, vous veuillez bien me tirer de cette malheureuse étourderie. Demain que faire ? Car l'oisiveté me tue, me dévore, me mange. Je ne sais vraiment pas comment je possède assez de force pour dominer l'effet désastreux de cette oisiveté, et posséder encore une lucidité absolue d'esprit, et une espérance perpétuelle de fortune, de bonheur et de calme. Or voici ce que je vous demande à mains jointes, tant je sens que je touche aux dernières limites, non seulement de la patience des autres, mais aussi de la mienne. Envoyez-moi, cela dût-il vous coûter mille peines, et quand bien même vous ne croiriez pas à l'utilité réelle de ce dernier service, non seulement la somme en question, mais de quoi vivre une vingtaine de jours. Vous fixerez comme vous l'entendrez la chose. Je crois si parfaitement à l'emploi du temps et à la puissance de ma volonté, que je sais positivement que si je pouvais parvenir à mener, quinze ou vingt jours durant, une vie régulière, mon intelligence serait sauvée. C'est un dernier essai, c'est un jeu. Risquez sur l'inconnu, ma chère mère, je vous en prie. L'explication de ces six dernières années si singulièrement et si désastreusement remplies, si je n'avais pas joui d'une santé d'esprit et de corps que rien n'a pu tuer – est fort simple ; cela se résume ainsi : étourderie, remise au lendemain des plans les plus vulgairement raisonnables, conséquemment misère, et toujours misère. En voulez-vous un échantillon ; il m'est arrivé de rester trois jours au lit, tantôt faute de linge, tantôt faute de bois. Franchement, le laudanum et le vin sont de mauvaises ressources contre le chagrin. Ils font passer le temps, mais ne refont pas la vie. Encore pour s'abrutir faut-il de l'argent. La dernière fois que vous avez eu l'obligeance de me donner 15 francs, je n'avais pas mangé depuis deux jours – quarante-huit heures. J'étais perpétuellement sur la route de Neuilly, je n'osais pas avouer mon tort à M.A., et je ne me tenais éveillé et debout que grâce à l'eau-de-vie qu'on m'avait donnée, moi qui exècre les liqueurs, et à qui elles tordent l'estomac. Puissent de pareils aveux – ou pour vous ou pour moi – n'être jamais connus de la postérité ! Car je crois encore que la postérité me concerne. On ne voudrait pas croire qu'un être raisonnable, et issu d'une mère bonne et sensible, soit tombé dans de tels états. Aussi que cette lettre, adressée uniquement à vous, la première personne à qui je fais de pareilles confidences, ne sorte pas de vos mains. Vous devez trouver dans votre cœur des raisons bien suffisantes pour comprendre que de pareilles plaintes ne peuvent s'adresser qu'à vous, et ne pas sortir de vous. Du reste, avant de vous écrire, j'ai pensé à tout, et j'ai résolu de ne plus voir M.A., avec qui j'ai déjà eu deux entrevues désagréables, si vous commettiez la faute de considérer cette dernière tentative comme vulgaire et ressemblant aux autres, et de lui communiquer cette lettre ou simplement un avis. Je viens de relire ces deux pages, et elles me paraissent singulières à moi-même. Jamais je n'ai osé me plaindre si haut. J'espère que vous voudrez bien mettre cette excitation sur le compte de souffrances inconnues à vous que je subis. L'oisiveté absolue de ma vie apparente, contrastant avec l'activité perpétuelle de mes idées, me jette dans des colères inouïes. Je m'en veux de mes fautes, et je vous en veux de ne pas croire à la sincérité de mes intentions. Le fait est que depuis quelques mois je vis dans un état surnaturel. Or, pour en revenir au principe de la démonstration que je voulais vous faire, mon existence absurde s'explique généralement ainsi : dépense étourdie de l'argent consacré au travail.

Le temps fuit, les nécessités subsistent. Une dernière fois, voulant en finir et croyant à ma volonté, je me suis adressé à vous, pour faire un essai, une dernière mise au jeu, comme je vous le disais tout à l'heure, cela – encore une fois – vous parût-il exorbitant, et gênât-il vos affaires. Je devine et je comprends très bien que toute irrégularité de dépenses doit être insupportable et une occasion de trouble dans la vie d'une femme de ménage, surtout de vous auprès de qui j'ai vécu ; mais je suis dans une situation d'esprit exceptionnelle ; j'ai voulu voir une fois encore si l'argent de ma mère me profiterait – et je crois cela sûr et définitif ; je souffre trop pour ne pas vouloir en finir une dernière fois. Ce mot est déjà, je crois, revenu plusieurs fois.

Et en effet, malgré l'épouvantable douleur que j'éprouverais à quitter Paris et à dire adieu à tant de beaux rêves, j'ai fait la sincère et violente résolution de le faire, si je ne puis pas prendre sur moi de vivre laborieusement quelque temps avec l'argent que je vous demande. Or ce serait pour aller loin. Des gens que j'ai connu à l'Île de France ont daigné se rappeler de moi ; j'y trouverais une place très facile à remplir, des appointements beaux pour un pays où on vit facilement quand on y est établi, et l'ennui, l'ennui horrible et l'affaissement intellectuel des pays chauds et bleus. Mais je le ferai comme châtiment et expiation de mon orgueil si je manque à mes dernières résolutions. Ne cherchez pas parmi les places officielles quel peut-être cet emploi. Car il est presque domestique. Il s'agit de tout apprendre, sauf la chimie, la physique et les mathématiques, aux enfants d'un ami. Mais ne parlons plus de cela, car la nécessité possible de cette résolution me fait frémir. Seulement j'ajoute que dans le cas où je jugerais à propos de me punir d'avoir ainsi manqué à tous mes rêves, j'exigerais, puisque là-bas m'attendrait une vie facile et sûre, que tout derrière moi fût payé. La seule pensée de cette décadence et de cette abjuration de forces me donne le frisson. Aussi je vous conjure de ne pas même montrer confidentiellement cette lettre à M.A., tant je trouve honteux pour un homme de douter d'un succès. J'ai jusqu'au mois de février pour accepter ou refuser, et je prétends vous donner au jour de l'an les preuves que votre argent a été bien employé. Or voici mon plan : il est excessivement simple. Il y a à peu près huit mois que j'ai été chargé de faire deux articles importants qui traînent toujours, l'un une histoire de la caricature, l'autre une histoire de la sculpture. Cela représente 600 francs, et ne remplira que des besoins urgents. Or ces matières-là pour moi sont un jeu.

À partir du jour de l'an, je commence un nouveau métier, c'est-à-dire la création d'œuvres d'imagination pure, le roman. Il est inutile que je vous démontre ici la gravité, la beauté et le côté infini de cet art-là. Comme nous sommes dans les questions matérielles, qu'il vous suffise de savoir que bon ou mauvais, tout se vend ; il ne s'agit que d'assiduité.

Or j'ai calculé que la lassitude excessive de la plupart de mes créanciers qui regardent leur créance comme déplorable, et en plus la conscience intime qu'ils ont pour la plupart de m'avoir indignement volé, me permettraient de réduire le chiffre total de mes dettes à 6 ou 8000 francs au plus. Cette somme-là est facile à trouver avec de l'attention et de la persistance, croyez-en l'expérience que j'ai acquise dans tout ce remue-ménage de journaux et de librairie. Qui chargerai-je de la besogne pénible de conférer avec eux, moi-même, M.A., ou un autre, je l'ignore encore. Mais j'exige de vous la promesse que ce premier acte accompli, et de plus, ayant laissé quelques mois s'écouler, pour prouver que je sais non seulement payer de dettes, mais aussi ne plus en faire, vous m'aiderez de votre témoignage et la première aussi de vos efforts, pour me faire rendre la libre disposition de ma fortune. Alors aussi vous me rendrez ces cruelles lettres dont vous m'avez parlé, et envers lesquelles vous êtes si sévères.

Mais si vous saviez de quelle complication de petites et de grandes souffrances est faite ma souffrance habituelle ! Au moins me suis-je appliqué cette fois à vous écrire une lettre convenable, et qui peut témoigner de la lucidité absolue de mon esprit dans mes bons moments ; mais le malheur est que j'ai besoin de vous, et que je ne puis faire vis-à-vis de vous aucune démarche qui n'ait l'air intéressé.

Je suis bien fatigué. J'ai comme une roue dans la tête. Une dernière fois, ma chère mère, je vous adjure au nom de mon salut.

C'est la première fois, je crois, que je vous fais aussi longtemps confidente de tant de plans chéris et importants pour moi. Puisse cela vous persuader que je pense de temps en temps faire abnégation de mon orgueil vis-à-vis de ma mère !

Ne me parlez plus de mon âge. Toutes les éducations, vous le savez, ne sont pas les mêmes, et la question se résume ainsi. Plus il s'est écoulé de temps entre le jour de la naissance et l'instant marqué pour le succès, plus il faut aller vite et profiter du reste.

Mais encore une fois, je me sens maintenant si parfaitement disposé qu'il serait vraiment malheureux que je ne me fusse pas fait comprendre. Le temps s'envole, et quelques jours d'oisiveté de plus peuvent me tuer. Je vous l'ai dit, j'ai tant abusé de mes forces que je suis arrivé aux dernières limites de ma propre patience, et que je suis incapable d'un dernier grand effort si on ne m'aide pas un peu.

Si par hasard la pensée vous venait de demander de l'argent à M.A., ne lui dites pas pourquoi, et puisque c'est à vous que je me suis adressé, que j'aie au moins le plaisir de recevoir ce service de vous seule. Répondez immédiatement ; voilà trois jours que je m'encourage moi-même à vous écrire et que je n'ose pas. Vous pouvez vous fier au commissionnaire. Encore un mot. Il y a longtemps que vous cherchez à m'exclure tout à fait de votre présence. Vous espérez sans doute que cette exclusion achètera la conclusion de mes embarras. Quelques torts que j'aie pu avoir, ce n'est pas là une faute, et me croyez-vous l'âme assez forte pour supporter une solitude perpétuelle ? Je prends l'engagement de ne vous aller voir la première fois que pour vous porter une heureuse nouvelle. Mais dès lors je vous demande à vous voir, et à être bien reçu, et de façon même que votre contenance, vos regards et votre parole me protègent chez vous contre tout le monde.

Adieu. Je suis heureux de vous avoir écrit.

Caroline, cette fois-ci, lui donne ce qu'il lui demande. Il habite alors au 36, rue de Babylone, dans cet hôtel dans lequel il est entré au hasard, un soir qu'il était affamé et harassé de fatigue. L'agitation et le mécontentement grondent à nouveau dans Paris.

– IX –

L'IVRESSE DE 1848

« 1848 ne fut amusant que parce que chacun y faisait des utopies comme des châteaux en Espagne. 1848 ne fut charmant que par l'excès même du Ridicule[27]. »

L'année 1848, celle de tous les possibles politiques, débute. Ne se trouvant pas assez bien vêtu, Charles n'ira pas rendre visite à sa mère, désormais installée rue Descartes. Il règne un climat d'effervescence dans les rues de Paris. Les banquets se multiplient en réponse à la censure, et les espoirs renaissent des braises et des cendres. Les idées politiques et sociales se croisent, se propagent, s'affirment et vibrent dans le halo mou et atone du règne de Louis-Philippe. Le socialisme est encore un concept très éloigné de celui que nous connaissons actuellement. Idée encore neuve, elle émane de gens en rupture avec leur milieu d'origine, quelle qu'il soit, ce qui lui confère toute sa richesse et ses nuances. Pétri de romantisme, le socialisme véhicule toute une conception de l'homme qui rompt avec l'ordre bourgeois, à la recherche d'une nouvelle harmonie avec le monde. Symbolisme, réalisme, utopisme, les « ismes » fusionnent en perspectives de sociétés nouvelles, rêvées, théorisées, fantasmées. Rivalisant de créativité, phalanstères et sociétés idéales déploient leurs extravagantes conceptions sociales.

Baudelaire, passionné de philosophie et de sciences humaines, a découvert le terrain de l'économie politique. Il est assez attiré, en outre, par les pensées systémiques. Fourier, Proudhon, Constant, Lamennais, Esquiros, Swedenborg, Wronski, Lavater, Barbereau… Il les a tous lus. Il va parer les événements politiques de 1848 d'un sens qui lui est propre. L'Histoire rencontre la vie de Baudelaire et pendant un instant, à l'image de l'incident de la « roulée », elle va fusionner avec celle de ce jeune homme de vingt-sept ans qui a déjà tant vécu, tant souffert, tant pensé. Il va exploser et laisser libre cours à sa rébellion intime, qui se confond avec celle du peuple. Il n'a plus rien, plus d'argent, plus de foyer, plus de mère, les directeurs de journaux le paient une misère, Aupick lui a tout pris. L'armée et le bourgeois lui ont pris et retiennent en otage sa légitimité, la reconnaissance de sa valeur et son avenir d'homme. C'est assez, il faut leur faire mordre la poussière, l'heure est venue de renverser le mensonge et la compromission. Faire place au soleil, ce père absent, et penser enfin les lendemains.

De partout, de toutes les rues jaillit le même élan, le même cri, la même énergie juvénile. La surprise est au bout de la rue, les barricades se dressent face à l'utilitarisme, à l'argent, au confort.

« Il faut aller fusiller Aupick ! » hurle Baudelaire, hors de lui et réjoui, debout sur les barricades, avec dans les mains un fusil flambant neuf : c'est une nécessité absolue qu'il crie à Buisson et Toubin. « Je ne l'avais jamais vu si leste, si gai et si infatigable », racontera celui-ci.

Baudelaire traverse cette période en état d'ivresse spirituelle totale. Il court les assemblées, dont celle de Blanqui qui invite les hommes d'intelligence et de dévouement à fonder un club. Le 28 février Baudelaire est sur sa liste, le 10 mars il ne l'est plus. C'est que l'éternel malentendu sévit encore, même ici, au cœur de ce bouillonnement d'idées et d'événements, au cœur même des assemblées politiques.

Il faut se représenter Baudelaire dans une assemblée. Le public chauffé à blanc, l'orateur à son heure de gloire s'adressant à la foule enthousiaste, et Charles, dans toute cette foule, naïvement convaincu quelque part que l'on va enfin débattre dans la plus grande rigueur intellectuelle du problème fondamental de l'homme et de la société à reconstruire. Il rêve qu'on l'a rejoint. Il ne lui faut hélas pas plus de quelques minutes pour perturber tout le monde, créer l'événement et la gêne.

... Le premier candidat qui parut fut Alphonse Esquiros escorté par sa femme, l'institutrice poète Adèle Battanchon, qui vint bravement prendre place à côté du bureau. Esquiros a depuis écrit des ouvrages remarquables sur l'économie politique, mais il n'avait encore fait que des vers et des études de mœurs sur Paris. Notre ignorance en matière d'économie politique valut la sienne, mais il était plus facile de poser des questions que d'y répondre ; il fit d'abord le procès de l'infâme Guizot et de l'infâme Louis-Philippe, puis une peinture sombre et énergique de la triste condition des travailleurs et des larmes montaient aux yeux d'une partie de l'auditoire quand, profitant d'une pause où l'orateur s'épongeait le front, Baudelaire lui demanda avec la contraction des lèvres qui lui étaient habituelle dans de pareils moments « si les intérêts du petit commerce ne lui paraissaient pas aussi sacrés que ceux de la classe ouvrière ». Phrase qui pendant trois mois resta célèbre dans tout le Quartier latin.

Esquiros répondit qu'il avait aussi des sympathies pour la classe intéressante des petits commerçants et il s'apprêtait à revenir à son thème favori, mais son antagoniste n'était pas homme à lâcher prise si aisément.

« Puisque nous sommes à parler commerce, reprit-il avec la même grimace labiale, quelle est votre opinion sur le libre-échange ? Cette question si importante qui peut être regardée comme la clef de voûte de l'édifice social ? »

On commençait à parler en France du libre-échange demandé par Michel Chevalier, Bastiat et de Molinari, mais le débat n'était pas sorti de l'école et ne préoccupait pas le grand public.

À ce coup fourré, Esquiros se trouble, rougit, balbutie : « Il n'a pas encore eu le temps d'étudier cette question, dont il sent toute l'importance, mais il s'y appliquera s'il est élu député avec tout le soin que comporte le problème », et tout en continuant à s'éponger le front il descend de la tribune et va s'asseoir auprès de sa femme qui lui prodigue toutes les consolations de l'amitié la plus pure.

Arsène Houssaye lui succède, Baudelaire ne pouvait le supporter ; il ne l'appelait jamais que le Meunier à cause des moulins à vent qui formaient le dernier plan de toutes les poésies et de toutes les berquinades de cet écrivain. Comme Esquiros, Houssaye commence par mettre en accusation Louis-Philippe et son ministre en appuyant sur le peu de dignité de leur politique avec l'Angleterre. Il cite le mot sanglant attribué à lord Palmerston : « Je ferai passer la France par le trou d'une aiguille », et il s'apprête à le commenter avec indignation quand le terrible « tombeur » se lève et lui demande son opinion sur le droit de visite et les traités de 1815. Le candidat connaissait parfaitement Mme Favart, Mlle de Lespinasse, le maréchal de Saxe et le duc de Richelieu, mais le droit de visite, mais les traités de 1815 ! Il balbutie lui aussi, s'excuse de n'avoir pas encore dirigé ses études vers ces questions qu'il piochera à fond ainsi que tous les autres problèmes historiques et sociaux, si la réunion veut bien l'inscrire sur sa liste.

Cet homme-là a décidément quelque chose... d'urticant.

Qu'à cela ne tienne, il crée, sur le coin d'une table, avec quelques camarades, dont Courbet et Champfleury, un journal : Le Salut Public, *en hommage au style de Robespierre, ce « style sentencieux », « de glace ardente, recuit et congelé comme l'abstraction », qui ne connaîtra que deux numéros.*

Baudelaire, dans la tête de qui rien n'était inconciliable, fit pieusement hommage d'un exemplaire à l'archevêque et en porta démocratiquement un autre à Raspail... pour lequel il professait tendresse et admiration sans borne depuis qu'il avait lu L'Ami du Peuple. *Tenant plus que Champfleury et moi au succès de ce second numéro, il se revêtit bravement d'une de ses blouses blanches et ainsi costumé vendit bravement le soir notre production dans la rue Saint-André-des-Arcs, pendant qu'une jeune veuve déguisée en ouvrière en faisait autant rue des Saints-Pères. À eux deux ils rapportèrent douze ou quinze francs, et il fut décidé 1° que la république privée à l'avenir de nos lumières s'en tirerait comme elle pourrait, 2° qu'un magnifique banquet commémoratif à la fois de la naissance et du décès de notre journal serait célébré en restreignant toutefois le nombre des invités à cinq convives : les trois fondateurs, mon frère, bailleur de fond, et la jeune veuve...*

En avril Baudelaire devient également, pour un mois, secrétaire de rédaction de *La Tribune nationale*, journal républicain modéré.

Pendant les événements, le général Aupick – qui dirige l'École polytechnique, traditionnel foyer d'agitation – a comme d'habitude finement manœuvré. Il obtient sa récompense du nouveau gouvernement dont Lamartine occupe le poste de ministre des Affaires étrangères. Le général devient donc « envoyé plénipotentiaire et extraordinaire auprès de la Sublime Porte ». Charles exige alors un rendez-vous avec sa mère afin de lui faire ses adieux. Elle le reçoit « durement », avec « violence », et fait montre de l'« entêtement nerveux » dont elle est à ses yeux coutumière. C'est donc sur une brouille que Caroline quitte Charles et rejoint Constantinople. Il participe quant à lui aux terribles journées de juin avec, dira-t-il, de la poudre sur les mains. « Ce jour-là, raconte Le Vavasseur, il se serait fait tuer ! »

Le 15 juillet, une de ses premières traductions de Poe paraît dans la presse.

Fin août, il écrit à Proudhon deux lettres assez théâtrales, dans lesquelles il se dit détenteur d'informations brûlantes quant à sa sécurité, et après l'avoir assuré de son admiration dévouée, l'informe qu'il l'attendra au café du coin de la rue. Il semble bien qu'il y ait eu finalement une brève rencontre mais sans suite. Lorsque l'on se souvient que Proudhon, à l'époque, prônait un mutualisme fondé sur la suppression de l'argent et l'échange des produits librement consentis entre divers groupes sociaux... on conçoit que cela ait laissé Baudelaire rêveur.

En octobre, Arthur Ponroy, journaliste du *Corsaire* et auteur, lui propose la place de rédacteur en chef d'un nouveau journal : *Le Représentant de l'Indre*, à Châteauroux. Son « horreur du domicile » le reprenant, Charles accepte et part s'installer dans la capitale berrichonne.

Le choc est terrible pour les notables castelroussins peu préparés à recevoir un esprit libre comme Charles. Il arrive, accompagné de… sa femme, en l'occurrence Jeanne. Il réquisitionne les contes de son ami Chennevières, et inaugure ainsi son premier article : « Lorsque Marat, cet homme doux, et Robespierre, cet homme propre, demandaient, celui-là trois cent mille têtes, celui-ci la permanence de la guillotine, ils obéissaient à l'inéluctable logique de leur système. » Châteauroux s'étrangle, et s'étrangle d'autant plus qu'il vient de découvrir que l'étrange femme de cet journaliste particulier ne serait que sa « favorite ». Comment dès lors s'étonner de tels propos… Le coupable est confondu.

Baudelaire rétorque que la favorite d'un poète vaut bien une femme de notaire et regagne Paris. Le 8 décembre il est à Neuilly, où il habite avec Jeanne, avenue de la République.

Mon ivresse en 1848.
De quelle nature était cette ivresse ?
Goût de la vengeance. Plaisir naturel de la démolition
Ivresse littéraire ; souvenir des lectures...
Les horreurs de juin. Folie du peuple et folie de la bourgeoisie. Amour naturel du crime.[28]

– X –

FÉLIX, JULES, THÉODORE, AUGUSTE ET LES AUTRES…

« – On dit que j'ai trente ans ; mais si j'ai vécu trois minutes en une… n'ai-je pas quatre-vingt-dix ans ?[29] »

Les années qui séparent 1849 de la parution des *Fleurs du Mal*, en 1857, correspondent chez Charles à une époque particulièrement douloureuse, de tous les points de vue.

Il est désormais régulièrement publié dans la presse. Sonnets, traductions, notices, essais, articles, éloges, critiques… Tout cela n'est pour lui que prostitution. « Je suis las des journaux. Je suis convaincu qu'un homme d'esprit ne peut jamais être compris par un directeur de journal. » Ces derniers ne sont d'ailleurs, à ses yeux, que des « canailles ».

Il arrache ce labeur mercantile, lambeaux après lambeaux, à sa réflexion intérieure incessante, à sa création, ce perpétuel et douloureux enfantement qui le mobilise tout entier, par-delà les vicissitudes matérielles et affectives. Il investit néanmoins ce travail (le travail est ici dans l'astreinte), il y apporte toute sa rigueur et son exigence. Le voilà alors tenu de rendre compte auprès de cette canaille du bien-fondé de sa construction, ou bien de ses choix linguistiques ; contraint de se battre pied à pied avec des sots et des ignorants, ne percevant qu'une infime partie de ce qu'il écrit, de la juste place de chaque mot qu'il choisit. Baudelaire, à ce sujet, devient cassant. « J'ai pris l'habitude, depuis mon enfance, de me considérer comme infaillible. […] Supprimez tout un morceau, si une virgule vous déplaît dans le morceau, mais ne supprimez pas la virgule ; elle a sa raison d'être. J'ai passé ma vie entière à apprendre à construire des phrases, et je dis sans crainte de faire rire que ce que je livre à une imprimerie est parfaitement fini… Je sais ce que j'écris. […] On ne retouche pas mes vers… »

Depuis sa naissance, sa vie n'est que transaction avec la réalité, justification de son existence et de sa légitimité. Sur le terrain sémantique, en revanche, il est inattaquable. Chaque contestation ou proposition de modification de sa pensée est un condensé du déni cinglant que l'on oppose à sa sensibilité particulière depuis toujours. Chacune de ses réponses n'est ainsi violente qu'à la hauteur de la douleur ressentie. Malgré cela, il continue – luttant pour battre monnaie, dans l'espoir fou de se libérer de ses dettes – à livrer ces morceaux de chair.

Cet homme retourne ainsi sans arrêt le couteau dans sa plaie, lutte avec lui-même pour s'astreindre à ce travail. Avec un courage effarant, une ténacité terrible, il rivalise d'ingéniosité pour s'y contraindre. Il se fait enfermer, laisse la clé sur la porte, attend la nuit, se fait réveiller pour s'y remettre…

« Paresseux, procrastinateur, jouisseur », crache le bourgeois enchaîné à son rocher de Sisyphe au visionnaire qui, du haut de ses pensées, remarque seul la vérité : le sens de la pente est inversé, et le travail de Sisyphe inutile. Alors que le bourgeois œuvre à de petits stratagèmes tels le progrès visant à procurer un équilibre instable et temporaire à son rocher, le poète lui est tout entier occupé à se forger les clés de sa prison en arpentant les nouvelles limites du monde qu'il a découvert. Depuis Galilée, on n'en finit plus de faire payer ceux qui attestent d'une vérité qui nous dépasse. Étant donné, donc, qu'il est essentiel de ne rien déranger, Baudelaire est rétribué à la hauteur de sa contribution : peu. Malgré tout, la mise bout à bout de ces sommes lui donnera le vertige, lorsque, cédant pour la première fois devant les dettes, il se décidera à en faire le compte plus tard. Dans l'immédiat, ces petites sommes concourent parfois à de légers mieux dans son gouffre matériel quotidien.

En 1849, Baudelaire se rapproche de la trentaine. Lui qui se meut spirituellement dans une éternité intérieure dont il est en partie captif, entre à cette occasion une nouvelle fois en contact avec la réalité du compte à rebours de la vie terrestre. Cela est vrai de tout homme, mais Charles l'éprouve, à chaque fois, dans toute sa violence originelle. Il plonge alors dans l'angoisse. Dans ses plaisirs comme dans ses mélancolies, dans ses désespoirs qui n'excluent jamais l'espérance comme dans ses extases, Baudelaire est toujours en travail. Il travaille inlassablement à tenter de se mettre au monde, devenir visible, rompre ce terrible isolement. L'enjeu, à l'image du symbolisme de sa vie, est fondamental : l'accès à l'autre. Chaque anniversaire devient celui de sa solitude, de son emprisonnement, de sa vie clandestine.

Sa mère l'a quitté, en colère, pour l'autre bout du monde, le laissant aux prises avec celui qu'il considère comme sa croix, sa « plaie » : Ancelle. L'argent, quant à lui, ne lui laisse aucun répit.

Paradoxalement, il élargit à cette époque le cercle de ses amis.

En 1849 il se rapproche de Théophile Gautier, peut-être par le biais de leur commune admiration pour Wagner que « l'avenir consacrera le plus illustre des maîtres ». À cet époque également, il rencontre Auguste Poulet-Malassis, « Coco malperché », qui deviendra son éditeur mais avant tout le plus proche de ses amis avec Asselineau.

Auguste Poulet-Malassis, de quatre ans plus jeune que Charles, fils d'imprimeur alençonnais, fréquentait l'École des chartes lors des événements de 1848. Il fonde alors avec quelques amis une revue socialiste : *L'Aimable Faubourien, journal de la canaille*, qui ne connaîtra que cinq numéros.

Lors des journées de juin, il est arrêté avec des insurgés et connaît la détention sur les terribles pontons de Brest. Libéré fin 1848, cet amoureux du XVIIIe commence par reprendre ses études et se mêle naturellement à la bohème littéraire. Il égale en pudeur celle de Baudelaire.

Au début de l'année 1850, nous retrouvons Baudelaire mystérieusement installé pour un temps à Dijon, avec Jeanne, sans doute en raison de nouvelles aventures journalistiques. Manifestation d'humour ou d'amour, il a envoyé Jeanne discuter d'argent avec le digne et paternel Ancelle. Les nouvelles qu'elle lui rapporte ne le satisfont pas du tout. Charles, dans un moment d'aberration, avait chargé ce dernier de superviser un premier travail de calligraphie de ses poèmes, magnifique album relié contenant la majeure partie des *Fleurs du Mal*, qu'il montre par la suite à Asselineau.

Le brave notaire, curieux et ravi de se donner ainsi un troublant frisson au contact de cet exotique milieu, s'empresse obligeamment.

Peu rompu néanmoins aux pratiques indigènes, il laisse libre cours à la fougue du calligraphe et Baudelaire, ahuri, découvre qu'il a ainsi écrit des sonnets sur la « vitesse de la lune », et le « tombant vivant ». Aucun de ses desiderata techniques n'a été correctement respecté. Ancelle, ce « grand enfant sentimental », n'est bon qu'à lire ses lettres de travers, et condamné à ne jamais rien comprendre à rien. Baudelaire l'accuse en outre de noyer Jeanne de paroles au lieu de lui expliquer clairement les problèmes. L'affection vérolique qui a refait surface l'incline encore moins que d'habitude à la mansuétude envers le pauvre notaire.

De retour de Dijon il s'installe avec Jeanne, qu'il appelle sa femme, à Neuilly. Il continue de lire des essais comme celui de Bouzeran, philosophe théologien. Celui-ci traite de la philosophie du Verbe dans la trinité catholique, de Dieu donc, par le biais d'analogies, des correspondances et des cinesthésies, concepts souvent présents dans des ouvrages plus fouriéristes.

Trois de ses poèmes sont publiés cette année-là. Le *Châtiment de l'orgueil*, *Le Vin des honnêtes gens* et enfin *Lesbos* dans *L'Anthologie de la poésie française* de Julien Lemer.

Puis, le 9 janvier 1851, Baudelaire rompt le silence avec sa mère.

Voilà plusieurs mois que j'ai résolu de vous écrire. Plusieurs fois déjà j'ai essayé de renoncer à ce travail. Mes douleurs incessantes et la solitude de ma pensée m'ont rendu un peu dur et sans doute aussi très maladroit. Je voudrais pouvoir attendrir mon style, mais quand même votre orgueil le trouverait inconvenant j'espère que votre raison comprendra l'excellence de mon intention, et le mérite qu'il y a à moi à faire près de vous cette démarche qui autrement m'eût été si douce, mais qui dans la situation que vous m'avez faite vis-à-vis de vous doit être irrévocablement la dernière.

Que vous m'ayez privé de votre amitié, et de toutes les communications que tout homme a le droit d'attendre de sa mère cela regarde votre conscience, et peut-être aussi celle de votre mari. C'est sans doute ce que j'aurai à vérifier plus tard.

Mais il y a une certaine délicatesse qui avertit qu'il ne faut pas affecter de vouloir obliger les gens qu'on insulte, ou tout au moins qui ne vous font rien. Car c'est une nouvelle insulte. Vous devinez que je veux parler de quelque argent qu'a reçu M. Ancelle. Quoi ! il reçoit de l'argent, sans lettre pour moi, sans un mot qui m'en prescrive ou m'en conseille l'emploi. Mais songez donc que vous avez perdu tout droit à la philanthropie vis-à-vis de moi, car je ne peux pas parler du sentiment maternel. Vous avez donc intérêt à montrer des sentiments humains à un autre que moi. Vous avez donc des remords. Moi, je ne veux pas accepter l'expression de votre repentir s'il ne prend pas une autre forme, et en termes plus clairs si vous ne redevenez pas immédiatement et tout à fait une mère, je serais obligé de faire faire, par un huissier, entre les mains de M. Ancelle, opposition à toute acceptation d'argent venant de vous, et je prendrais des mesures pour que cette opposition soit strictement respectée.

Je ne crois pas que je doive m'attacher à vous faire comprendre l'importance de cette lettre, et de votre réponse qui doit être adressée à moi, à moi, entendez-vous ? De cette réponse ou de votre silence dépend ma conduite future vis-à-vis de vous et aussi ma conduite vis-à-vis de moi-même. Je vais avoir trente ans dans trois mois juste. Ceci me suscite beaucoup de réflexions qu'il est facile de deviner. Ainsi, moralement, une partie de ma vie future est entre vos mains. Puissiez-vous m'écrire ce que je désire ! Si vous daignez comprendre l'importance de cette lettre, vous ajouterez sans doute dans votre réponse des informations très exactes sur votre santé.

Puisque vous avez une si grande influence sur M. Ancelle, vous devriez bien lui dire, quand vous lui écrirez, de me rendre la vie moins dure, et plus supportable.

Je désire, je veux qu'il ne prenne aucune part dans la question que j'agite aujourd'hui avec vous. Je n'accepterais aucune réponse de sa bouche.

Charles Baudelaire.

Le 20 février 1851, le ministre propose à Aupick l'ambassade de Londres où s'étaient réfugiés les Orléans auxquels l'attachaient de nombreux liens de fidélité. Le général n'entend pas se laisser si facilement acculer à un choix pouvant, à tout moment en ces temps de grandes incertitudes politiques, se retourner contre lui. Après l'envoi d'une missive circonspecte, il quitte la Turquie.

Du 7 au 12 mars 1851, *Le Messager de l'Assemblée* publie *Du vin et du haschich* et le 9 avril, jour des trente ans de Baudelaire, ses amis s'arrangent pour que paraissent simultanément dix de ses poèmes : *Pluviôse irrité*, *Le Mauvais moine*, *L'Idéal*, *Le Mort joyeux*, *Les Chats*, *La Mort des artistes*, *La Mort des amants*, *Le Tonneau de la haine*, *De profundis clamavi*, *La Cloche fêlée* et, pour finir, *Les Hiboux*.

Caroline et son mari, au terme d'un voyage de quelques mois, arrivent enfin à Paris début juin. Ils s'installent à l'hôtel du Danube, rue Richepanse.

Aupick a eu tout le temps de réfléchir à la formulation d'un refus acceptable. Le gouvernement pour sa part, devant de tels talents de diplomate, s'empresse de lui offrir l'ambassade de Madrid. Composer entre différents pays et différents régimes s'avère parfois plus facile qu'avec soi-même et un beau-fils.

Le couple Aupick, qui accepte la mission, repart donc aussitôt à l'étranger jusqu'en 1853.

Dès le 7 juin 1851, Baudelaire écrit à sa mère son grand plaisir de la savoir, par Ancelle, dans la capitale, et surtout, d'apprendre son désir de le voir. Sa dignité toutefois, précise-t-il, l'empêche de mettre les pieds chez elle. Il ne serait pas davantage séant qu'elle vînt chez lui étant donné la présence de Jeanne qu'elle « hait » par ailleurs. Charles lui propose donc une rencontre en terrain neutre, dans un logement de Neuilly où il sera seul.

Le 12, après l'entrevue, Baudelaire repasse au tutoiement. Il fixe à sa mère un rendez-vous pour le 16, dit son obligation de travailler, et lui demande de ne pas oublier le cadeau qu'elle lui a rapporté de Turquie : une pipe et du tabac.

« Lorsque je suis venue passer deux mois à Paris, entre nos deux ambassades, Constantinople et Madrid, dans quelle cruelle position l'ai-je trouvé ! Quel dénuement ! Et moi, sa mère, avec tant d'amour dans le cœur, tant de bonne volonté pour lui, je n'ai pas su le tirer de là ! » écrira Caroline à Asselineau, démontrant une fois encore à quel point l'enfer est pavé de bonnes intentions.

La veille de son départ, Charles redit à Caroline tout le plaisir qu'il a eu de la revoir. Il semble apaisé. Elle doit partir tranquille. Plein de bonnes dispositions, il espère pouvoir enfin opposer la routine d'un travail incessant au bouillonnement de la sottise et de la passion. Il reconnaît devant elle devoir beaucoup à la bonté d'Ancelle, et s'astreindre vis-à-vis de lui à des rapports plus réguliers.

Le 28 juillet, les Aupick sont à Madrid.

En août 1851, Charles déménage et s'installe au 25, rue des Marais-du-Temple. Son déménagement a fait filer son argent, installé le désordre et, avec lui, l'improductivité.

Il sollicite à nouveau sa mère, afin de subsister jusqu'à sa prochaine rentrée journalistique, qu'il espère le mois suivant. Dans cette lettre, à laquelle il a joint sa notice sur Pierre Dupont, « inquiet et triste », il réfléchit à son rapport au travail, la « difficulté à s'y remettre », ou « plutôt à s'y mettre tout court », corrige-t-il. Il travaille alors sur son *Essai sur le rire et les caricaturistes*. À part quelques pages étonnantes, il n'y voit plus qu'un « ramas de contradictions et de divagations, à l'apparence d'érudition ». Il ne doute cependant pas que de ce travail-là elle sera heureuse et le regardera avec les yeux vaniteux d'une mère. Mais après, se demande-t-il, que montrera-t-il ? Son livre de poésie ? « Je sais qu'il y a quelques années, il aurait suffi à la réputation d'un homme. Il eût fait un tapage de tous les diables. Mais aujourd'hui, les conditions, les circonstances, tout est changé. Et si mon livre fait long feu, après ? quoi ? Le drame, le roman, l'histoire même peut-être. Mais tu ne sais pas ce que c'est que les jours de doute. Il me semble quelque fois que je suis devenu trop raisonneur et que j'ai trop lu pour concevoir quelque chose de franc et de naïf. Je suis trop savant et pas assez laborieux. Après tout, peut-être dans huit jours serai-je plein de confiance et d'imagination ? Je pense en écrivant ceci que pour rien au monde je ne l'avouerai devant un camarade.

» Mais il n'y a pas à reculer. Il faut que dans le courant de 1852 je sois relevé de mon incapacité, et qu'avant le jour de l'an j'ai déjà payé quelques dettes et publié mes vers. Je finirai par apprendre cette phrase par cœur. »

Cet été-là, il découvre Joseph de Maistre qui le marque profondément.

En novembre 1851 il éreinte le théâtre bourgeois, notamment celui d'Émile Augier, à travers *Les Drames et romans honnêtes* dans le journal de son ami Charles Monselet : *La Semaine Théâtrale* ; il confie en passant tout le bien qu'il pense des notaires. L'art, pour Baudelaire, poursuit un but étranger à la morale, et ces mesquines récupérations le remplissent de colère. Cela comme le reste est envoyé à Caroline en juste tribut. Il fait également parvenir à Théophile Gautier, alors un des directeurs de *La Revue de Paris*, une douzaine de ses poèmes. Seuls seront publiés *Le Reniement de Saint-Pierre*, pièce à risque, et *L'Homme et la mer*.

Il envisage à nouveau, en compagnie de Champfleury, Vitu, Banville et Monselet, la fondation d'un journal : *Le Hibou philosophe*. Les commanditaires se dédisent au fur et à mesure, et ce rêve, finalement, ne voit jamais le jour.

Le 2 décembre 1851, Louis-Napoléon Bonaparte confisque le pouvoir à une république à bout de souffle. « Ma fureur au coup d'État. » Pour le coup Baudelaire s'en trouve « physiquement dépolitiqué », confiera-t-il en mars dans une lettre à Ancelle.

En janvier 1852, Baudelaire emmène Poulet-Malassis chez Daumier, à qui il voue une admiration aussi violente que le mépris qu'il professe pour Gavarni.

Fort de quatre récentes publications, il sollicite un emprunt auprès de la Société des gens de lettres en promettant une nouvelle qu'il ne livrera pas.

« Ma tête devient littéralement un volcan malade. De grands orages et de grandes aurores... » confie-t-il à Ancelle le 5 mars 1852 par courrier. « Vous savez, ajoute-t-il, que ce mois est celui de la grande séparation » ; il ne supporte plus la cohabitation avec Jeanne, il va donc lui falloir de l'argent, car il veut la quitter dignement, lui qui n'a que sa mère et sa plume. Il est harcelé et serré de près par un tailleur qui lui cause d'autant plus de souci qu'à cette époque la contrainte par corps existe encore. Mirès, un homme d'argent, semble envisager un temps de lui confier la direction d'un grand journal. Baudelaire ose à peine y rêver. Ce projet, comme tant d'autres, n'aboutira pas. « Je relis ma lettre, et il me semble qu'elle doit avoir pour vous un air fou. Il en sera toujours ainsi. »

Fin mars il confie, dans une lettre à Malassis, sa colère contre la sottise et la passion individuelle de ses amis concernant les nouvelles mesures envisagées par le gouvernement, contre lesquelles il s'indigne. Parlant de l'université et des professeurs, il déclare haïr « ce milieu pédant et hypocrite qui [*l*]'a mis au pain sec et au cachot ». « Adieu, écrit-il en terminant sa lettre, et persuadez-vous bien comme moi, de plus en plus, que la philosophie est tout. »

Peu après il écrit à sa mère, retrouvant au détour de quelques lignes le temps de rouvrir son cœur et son âme à celle « en qui il est encore », et d'ailleurs, où, quand, et auprès de qui pourrait-il bien le faire ? À qui confier la fuite des jours, « de courses stériles en articles maladifs faits à la hâte pour gagner quelque argent » ?

Au milieu de sa souffrance, son esprit, au lieu de s'abêtir, grandit. La solitude l'exaspère parfois. Il lui parle de ses récents articles et mentionne Poe, « un auteur américain qui a excité en lui une incroyable sympathie ». « C'est écrit avec ardeur ; mais tu découvriras sans doute quelques lignes d'une très extraordinaire surexcitation. C'est la conséquence de la vie douloureuse et folle que je mène ; puis c'est écrit la nuit ; quelquefois en travaillant de 10 heures à 10 heures. Je suis obligé de travailler la nuit afin d'avoir du calme et d'éviter les insupportables tracasseries de la femme avec laquelle je vis. Quelquefois, je me sauve de chez moi, afin de pouvoir écrire, et je vais à la bibliothèque, ou dans un cabinet de lecture ou chez un marchand de vin, ou dans un café comme aujourd'hui Il en résulte en moi un état de colère perpétuel... »

« Je ne te dis pas de me répondre chez moi. Outre que Jeanne connaît ton écriture – je n'ai pas un seul tiroir qui ferme à clef !, sais-je jamais quel vent soufflera sur mon esprit, et où je coucherai ? Il m'est arrivé de fuir mon domicile pour quinze jours, afin de rafraîchir un peu mon esprit. »

« Jeanne est devenue un obstacle non seulement à mon bonheur, ceci serait peu de choses – moi aussi je sais sacrifier mes plaisirs, et je l'ai prouvé – mais encore au perfectionnement de mon esprit... Jadis elle avait quelques qualités, mais elle les a perdues, et moi j'ai gagné en clairvoyance. Vivre avec un être qui ne vous sait aucun gré de vos efforts, qui les contrarie par une maladresse ou une méchanceté permanente, qui ne vous considère que comme son domestique et sa propriété, avec qui il est impossible d'échanger une parole politique ou littéraire, une créature qui ne veut rien apprendre, quoique vous lui ayez proposé de lui donner vous-même des leçons, une créature qui ne m'admire pas et qui ne s'intéresse même pas à mes études, qui jetterait mes manuscrits au feu si cela lui rapportait plus d'argent que de les laisser publier, qui renvoie mon chat qui était ma seule distraction au logis, et qui introduit des chiens, parce que la vue des chiens me fait mal, qui ne sait pas, ou ne veut pas comprendre qu'être très avare, pendant un mois seulement, me permettrait, grâce à ce repos momentané, de finir un gros livre. Est-ce possible cela ? Est-ce possible ? J'ai des larmes de honte et de rage dans les yeux en écrivant ceci ; et en vérité je suis enchanté qu'il n'y ait aucune arme chez moi ; je pense aux cas où il m'est impossible d'obéir à la raison, et à la terrible nuit où je lui ai ouvert la tête avec une console. Voilà ce que j'ai trouvé là où il y a dix mois je croyais trouver quelque soulagement et repos... Et cependant, il faut partir. Mais partir à tout jamais. »

Il ne veut pas, dit-il, la quitter sans une forte somme, comme c'est alors l'usage. Où la trouver ? Il lui faut déménager. L'hôtel garni lui « fait horreur ». Il envisage d'aller chez un médecin de ses amis qui lui offre, chambre, table, jardin et bain froid plus deux douches par jour pour un prix raisonnable. Encore faudrait-il qu'il puisse disposer de plusieurs jours payables d'avance. Il lui faut aussi de quoi acheter quelques livres, « cette privation de livres est une chose insupportable ». « Adieu, conclut-il, plains-moi en pensant aux châtiments intolérables que je me suis préparés. » Mais le dernier mot dans tout cela se réfère encore à Poe, c'est-à-dire lui-même : « Je te recommande bien de demander au libraire mes deux morceaux sur Edgar Allan Poe. »

Cette fois-ci, il obtiendra 1100 francs de sa mère.

La Revue de Paris publie en deux fois sa notice sur Edgar Allan Poe, sa vie, ses œuvres, tandis que sa traduction de *Bérénice* paraît dans *L'Illustration*. En mai 1852, il envoie quelques notes biographiques à Antonio Watripon pour un projet de préface pour Champfleury.

Baudelaire emménage au 60 de la rue Pigalle, où il reste jusqu'en 1854.

Juillet se montre particulièrement caniculaire et Baudelaire mutin propose à Gautier de punir Phébus-Apollon en l'obligeant à garder des poètes modérés à l'Académie française. Le 30 août, il sollicite encore un emprunt à la Société des gens de lettres, qui ne lui sera pas accordé.

Au mois de septembre, des problèmes juridiques se posent concernant les traductions de Poe, disparu en 1851. Il semble qu'il faille se mettre en contact avec son héritier. Baudelaire, parallèlement, cherche à tout prix de l'argent pour démêler ses inextricables imbroglios financiers et éditoriaux.

Cette année-là il a fait la connaissance d'Aglaé Sabatier, ravissante et spirituelle demi-mondaine que Gautier baptisera Apollonie l'année suivante. Modèle à ses débuts, la belle devient la maîtresse de Clésinger, sculpteur et futur gendre de George Sand, jusqu'en 1846. Puis celle d'Alfred Mosselman, industriel bruxellois. Elle habite alors au 4 de la rue Frochot, entourée des nombreux objets d'art que son amant dépose à ses pieds.

Grande, jolie et fine, selon Judith Gautier, la fille de Théophile, elle se montre à la fois rieuse, pleine de goût et de fantaisie. De nombreux artistes se pressent alors à ses « banquets » dominicaux, dont elle est déclarée la Présidente. De nos jours, le musée d'Orsay abrite la jeune femme figée nue dans une extase de marbre commandée par Mosselman à Clésinger, sous le titre évocateur de *Femme piquée par un serpent*.

Sa gaieté, sa liberté, son rapport à l'art fascinent Baudelaire. Elle devient un étrange rayon de soleil rieur posé sur sa vie. Cette femme, telle une note de musique qui lui échappe le fascine et l'agace, l'intrigue et lui résiste, pour devenir sa muse. Un défi à sa gravité, une provocation cristalline à son humour caustique.

Amoureux de la chatoyante jeune femme, il lui envoie, le 9 décembre, son premier sonnet anonyme *À une femme trop gaie*, le poème même qui déchaînera l'ire de ses juges au procès des *Fleurs du Mal*. S'il lui plaît de tenter de troubler l'onde, il n'envisage cependant pas du tout de s'y mouiller, et entend que la liaison demeure platonique et mystérieuse.

En février 1853, les traductions des nouvelles de Poe continuent de paraître. Le 1er mars ce sera celle du *Corbeau*.

Le 8 mars, Aupick est nommé sénateur. Le couple, à son retour d'Espagne, habite au 91, rue du Cherche-Midi. Le général et sa femme font alors l'acquisition d'une petite maison à Honfleur, avec un jardin, dotée d'une vue exceptionnelle qui évoque à Aupick le Bosphore.

En avril 1853, Charles fête ses trente-deux ans. Il écrit une noire missive à sa mère, la première depuis un an, qui semble indiquer qu'il est revenu à un état dépressif.

« Il est impossible que l'état douloureux de mon esprit ne se voie pas dans ma lettre. »

« Depuis longtemps, j'ai si bien embrouillé ma vie que je ne sais même plus trouver de temps pour le travail. »

« Je t'écris avec mes deux dernières bûches, et les doigts gelés. Je vais être poursuivi pour un paiement que j'avais à faire hier. Je serai poursuivi pour un autre à la fin du mois. Cette année, c'est-à-dire depuis le mois d'avril dernier jusqu'à présent, a été un vrai désastre pour moi, malgré que j'ai eu entre les mains les moyens de la faire tout autre… mon esprit est tellement chargé d'angoisses que je ne dors presque plus, et souvent avec d'insupportables rêves, et la fièvre ? »

« Pourquoi ne pas t'avoir écrit plus tôt, n'est-ce pas ? Mais tu ne connais pas la honte, toi… » Il est parti, il s'est sauvé. L'enfant en lui prend toujours la fuite physiquement quand les situations deviennent trop écrasantes. Il a laissé Jeanne dans un appartement dont il a laissé le loyer courir. Il y a en outre laissé, dans l'idée de passer les prendre plus tard, « tous mes livres, tous mes manuscrits, les uns complets, les autres commencés, des cartons pleins de papiers, de lettres, des dessins, enfin tout, tout ce que j'ai de plus précieux, des papiers.

» Pendant ce temps-là, un éditeur, un éditeur riche et aimable (Victor Lecou) s'était engoué de moi, et m'avait demandé un livre. Une partie des manuscrits utiles était là-bas. J'ai essayé de recommencer. J'ai acheté des livres et je me suis obstiné à ne pas t'écrire. Le 10 janvier, mon traité m'obligeait à livrer le livre, j'ai touché mon argent, et j'ai livré à l'imprimeur un manuscrit tellement informe qu'après la composition des premières feuilles je me suis aperçu que les corrections et remaniements à faire étaient si considérables qu'il valait mieux défaire les formes et recomposer à neuf. Tout ce langage t'est inconnu ; cela veut dire que la partie composée par les ouvriers était comme nulle, par ma faute, et que l'honneur m'obligeait à payer le dégât. L'imprimeur qui ne recevait pas d'épreuves corrigées se fâchait ; l'éditeur me croyait fou et était furieux ! Lui qui m'avait dit si nettement : ne vous inquiétez de rien. Vous cherchez un éditeur depuis plusieurs années ; je ferai vos affaires, et j'imprimerai tout ce que vous écrivez. Le malheureux, je lui ai fait manquer la vente de l'hiver, voilà trois mois que je n'ai osé ni lui écrire, ni le voir. Le livre est toujours sur ma table, interrompu. J'ai payé la moitié des frais d'imprimerie. Un traité de librairie va sans doute avoir lieu entre la France et les États-Unis, qui rendra impossible, à moins de nouvelles dépenses, la publication de notre livre. Ce livre était le point de départ d'une vie nouvelle. Il devait être suivi de la publication de mes poésies, de la réimpression de mes salons, réunis à mon travail sur les caricaturistes resté chez l'abominable créature dont je vous parlais…

» Cet homme qui me croyait fou, qui ne peut rien comprendre à mes retards, et dont la bonne volonté pour moi était le commencement de ma réputation littéraire, doit maintenant me prendre pour un voleur. Pourrais-je jamais me réconcilier avec lui ?

» Ce n'est pas tout. L'Opéra, le directeur de l'Opéra me demande un livret d'un genre nouveau pour être mis en musique par un nouveau musicien en réputation… Mais la misère et le désordre créent une telle atonie, une telle mélancolie, que j'ai manqué à tous les rendez-vous… Ce n'est pas tout. L'associé d'un directeur du théâtre du boulevard me demande un drame. Il devait être lu ce mois-ci. Il n'est pas fait… il y en a des lambeaux chez la femme en question, et l'échéance a lieu dans six jours, à la fin du mois ; que vais-je devenir ? que va-t-il m'arriver ?

» Il y a des moments où il me prend le désir de dormir indéfiniment ; mais je ne peux plus dormir, parce que je pense toujours… Tous mes tourments ne sont pas énumérés… Il y a un an, je me suis séparé de Jeanne… Pendant quelques mois, je suis allé la voir deux ou trois fois par mois, pour lui porter un peu d'argent.

» Or maintenant, elle est sérieusement malade, et dans la plus positive misère… Je suis maintenant fâché de t'avoir dit cela, parce que tu es capable, dans tes grossiers arrangements maternels, de lui faire parvenir de l'argent, sans m'avertir par M. Ancelle. Ce serait une rare inconvenance. Tu ne veux pas me faire une nouvelle blessure, n'est-ce pas ? Cette idée va grossir, et se fixer dans mon esprit, et me persécuter. Enfin, je vais t'expliquer ce que je souffre de ce côté-là : elle m'a bien fait souffrir, n'est-ce pas ?… Combien de fois ne me suis-je pas plaint ! Mais en face d'une pareille ruine, d'une mélancolie si profonde, je me sens les yeux pleins de larmes, et pour tout dire le cœur plein de reproches. Je lui ai mangé deux fois ses bijoux et ses meubles, et je lui ai fait faire de dettes pour moi, souscrire des billets, je l'ai assommée, et finalement, au lieu de lui montrer comment se conduit un homme comme moi, je lui ai toujours donné l'exemple de la débauche et de la vie errante. Elle souffre – et elle est muette –. N'y a-t-il pas là matière à remords ? Et ne suis-je pas coupable de tous les côtés ?

» À toi je devais pour ta vieillesse te donner la joie que pouvait te faire espérer mon talent, je ne l'ai pas fait.

» Je suis coupable envers moi-même ; cette disproportion entre la volonté et la faculté est pour moi quelque chose d'inintelligible. Pourquoi, ayant une idée si juste et si nette du devoir et de l'utile, fais-je toujours le contraire ?

» [...] Cette abominable existence et l'eau-de-vie que je vais supprimer m'ont gâté l'estomac pour quelques mois, et de plus j'ai des maux de nerfs insupportables, exactement comme les femmes. Du reste c'était inévitable.

» Comprends-tu maintenant pourquoi, au milieu de l'affreuse solitude qui m'environne, j'ai si bien compris le génie d'Edgar Poe, et pourquoi j'ai si bien écrit son abominable vie ?

» [...] Je m'étais fait une joie de te préparer une surprise d'un genre singulier. Je voulais envoyer à M. Aupick un bel exemplaire imprimé sur du papier de choix et dans une belle reliure. Je sais parfaitement que tout échange d'affection est impossible entre lui et moi, mais il aurait compris que cet envoi d'un livre, qui au total sera un livre curieux, était une preuve d'estime (si jamais je peux me tirer d'affaire) et une preuve que je tiens à la sienne. Tu l'aurais su, et tu en aurais éprouvé quelque satisfaction. C'était là mon unique but ? Je t'enjoins bien de ne pas en dire un mot.

» [...] Je te dirai que plongé dans mes affreuses mélancolies, je cause souvent tout bas avec toi. J'ai une âme si singulière que je ne me reconnais pas moi-même.

» [...] Ne m'accable pas trop ; cette pénible crise passée, je me relèverai... »

Sa mère, cette fois encore, viendra à son aide. Il sera pourtant encore obligé de sortir de chez lui une nuit ou deux et de coucher dans un petit hôtel borgne et introuvable, parce qu'il était cerné et espionné chez lui et ne pouvait donc plus bouger. Totalement démuni, il reste au lit. Il fait un nouvel appel à la Société des gens de lettres.

En mai 1853, il se laisse embarquer par l'« infâme petit lyrique », surnom qu'il a donné à l'inénarrable Philoxène Boyer, dans une curieuse épopée à Versailles. Les deux compères coincés là-bas, ayant dépensé leur argent en une fois, trouvent refuge dans un hôtel de passe.

Philoxène, sous prétexte de trouver de l'argent, s'en échappe régulièrement et rentre systématiquement bredouille. L'affaire dure un mois environ. Charles envoie de ce curieux perchoir un deuxième sonnet anonyme à Apollonie, *Réversibilité*, puis un troisième, *L'Aube spirituelle*, précédé de cette adresse vénéneuse : « *after a night of pleasure and desolation, all my soul belongs to you* ». Puis enfin, le 9 mai, *Confessions*.

Le 27 juin, au détour d'une lettre à Caroline cette fois plus brève et plus légère, on apprend qu'il a réussi ce tour de force d'enrôler la sœur d'Ancelle, Mme Trolley, dans le club assez ouvert par ailleurs de ses créanciers. Le 1er juillet, alors que les Aupick se rendent à Barèges selon leur habitude, Charles estime avoir à peu près rétabli ses affaires grâce aux bons soins de sa mère. Il envisage encore quelques drogues et bains de vapeur pour sa santé.

En septembre sa vie s'améliore un peu sur le plan matériel, mais il part d'un tel dénuement que le retour à la vie civilisée lui occasionne beaucoup de dépenses, et bien que sa mère soit déjà beaucoup venue à son secours il la sollicite encore.

Le 18 novembre 1853, il réitère sa demande afin d'enterrer la mère de Jeanne à Belleville. Il l'a presque « haïe », mais il l'a laissé « mourir dans la misère » alors qu'elle lui a « donné ses dernières ressources sans rechigner ni conseiller ».

Le 10 décembre, il souhaite toujours pouvoir rembourser sa mère. Il faut cependant qu'elle lui envoie de quoi manger et se chauffer afin qu'il puisse travailler. Il souhaite la voir.

Il décrit l'année écoulée comme une année stérile et un poème grotesque. « Ma vie à moi, vous le devinez, sera toujours faite de colères, de morts, d'outrages, et surtout de mécontentement de moi-même… »

Le 26 décembre, à Caroline : « Tu ne m'en voudras pas si je t'avoue que ta lettre est restée deux jours sur ma table sans être ouverte ; il m'est arrivé dans l'état de marasme où je suis de ne décacheter des lettres qu'au bout de trois mois, et ton écriture commence à me causer la même terreur que celle des gens qui sont mes ennemis par le fait de leurs droits, et dont les incessantes réclamations m'exaspèrent. Ton avant-dernière lettre était si cruelle, si amère, frisant presque la grossièreté… » Il doit exhumer et ré-inhumer la mère de Jeanne, ce qui lui coûtera encore de l'argent. Son idée fixe est de se contraindre à travailler sans relâche, sans déperdition d'énergie.

Dans un deuxième billet, le même jour, il demande à sa mère de l'excuser pour ses brutalités d'expression qu'il met sur le compte d'un caractère aigri par la misère.

Le 31 décembre, il se plaint auprès d'elle de l'horrible humiliation de devoir aller chez le tailleur d'Ancelle avec un mot griffonné de sa part.

L'année 1854 débute avec un nouveau projet, dont Charles s'ouvre dans une lettre à Hyppolite Tisserand. Il s'agit de monter un drame, *L'Ivrogne*, avec son acteur favori, Phillibert Rouvière, dans le rôle titre. Ce plan qui lui tient à cœur sera beaucoup débattu et développé. Les tractations auront lieu mais, en définitive, la pièce ne sera jamais écrite. Le projet achoppe sans arrêt sur tel ou tel détail technique mineur pour tout le monde mais majeur pour Charles, qui gêne sa visualisation de l'ensemble. Ce sera néanmoins le leitmotiv de toute l'année.

Marie Daubrun, jeune comédienne révélée par *La Blonde aux cheveux d'or*, inspire cette année-là six poèmes des *Fleurs du Mal* : *Le Beau navire*, *L'Invitation au voyage*, *L'Irréparable*, *Causerie*, *Chant d'automne*, *À une madone*. La déterminée mais versatile jeune femme, maîtresse de Banville, se rapprocherait de Baudelaire avant que de choisir définitivement le premier. Il ne nous reste de tout cela que fort peu d'indices, et l'on songe davantage à la camaraderie amoureuse qui se ferait sensuelle à l'occasion. De toute façon, la liaison fut brève. Baudelaire n'y est guère tenu en haleine par la fascination, comme c'est le cas avec Aglaé, et n'y laisse rien de son âme ni de son cœur, comme avec Jeanne.

Le 6 février, Charles formule une demande impérieuse d'argent à Caroline. Le 23, ne pouvant payer son loyer, il se sauve et se réfugie à l'hôtel d'York, 61, rue Sainte-Anne. Il supplie sa mère de le régler afin de pouvoir rentrer chez lui et, quand cela sera fait, de daigner venir le voir, fût-ce pour le gronder ou l'injurier.

Le 8 mars, il confie, parlant de Poe à Caroline : « Ce qu'il y a d'assez singulier, et ce qu'il m'est impossible de ne pas remarquer, c'est la ressemblance intime, quoique non positivement accentuée, entre mes poésies propres et celles de cet homme, déduction faite du tempérament et du climat. » Il espère sa visite et la prévient donc que Jeanne ne vient jamais lui parler de ses chagrins que de grand matin.

Le 10 février, c'est à Sainte-Beuve qu'il écrit pour lui demander une recommandation auprès du *Moniteur* afin qu'y soient publiés les contes de Poe.

Le 25 mars, à sa mère : « Tu te trompes très grandement en te figurant que mes embarras multipliés m'empêchent de penser à toi. Tu es mêlée inévitablement à tous mes rêves de succès et de libération. » Comment pourrait-il en être autrement ?.

Il a désormais trente-trois ans et s'essaye toujours avec délices de perturber la belle Aglaé en lui envoyant ses sonnets effrayants. Cette fois, il s'agit d'*À la très chère, à la très belle*...

Il continue la valse des billets à ordre avec Arondel, alors même que celui-ci ne peut plus ignorer que Baudelaire est sous la tutelle d'un conseil judiciaire. Charles ménage ce créancier tout autant qu'il le hait.

Au printemps 1854, il s'installe au 35, rue de Seine, à l'hôtel du Maroc. Il demande à sa mère un peu d'argent pour en envoyer à Jeanne à qui il a défendu de venir lui rendre visite chez lui. « Un odieux sentiment d'orgueil m'a fait faire cela, je ne veux pas qu'on voie pauvre, malade et mal vêtue, une femme à moi qu'on a connue belle, bien portante et élégante ». Odieux sentiment d'orgueil qui vient à point pour le protéger lui-même de l'amertume de ne pouvoir y remédier.

En avril 1854, *Le Pays* publie la traduction des *Histoires extraordinaires* et des *Nouvelles histoires extraordinaires* en feuilleton. Arondel persécute Charles en le serrant de près, s'arrangeant pour le croiser plusieurs fois par jour. Baudelaire est excédé d'entendre Arondel lui susurrer tous les matins : « Tiens, vous dormez encore ! » alors qu'il travaille la nuit, quand il n'est pas obligé de se cacher dans son cabinet de toilette pour lui échapper. Il est désormais enchaîné tous les jours à sa table de travail.

Il va beaucoup au théâtre, se fait donner des places.

« Oui, oui, tout s'arrangera ; oui, cette réconciliation aura lieu, et honorablement, pour peu que ton mari ait d'esprit ; oui, je sais tout ce que je te fais endurer », écrit-il à sa mère en juillet. Importuné sans cesse, il envisage « de se faire fermer hermétiquement », afin de pouvoir travailler la journée, car le soir il est à l'imprimerie à rendre infernale la vie des imprimeurs. Baudelaire et son perfectionnisme doit alors incarner, soyons en sûr, le pire cauchemar de ces derniers.

Le 14 août il demande de l'argent à sa mère à l'occasion de la fête des Marie, afin d'offrir des fleurs à une femme. Il harcèle par ailleurs Paul de Saint-Victor au sujet de Marie, tout en restant honnête sur ses vertus. Il continue de recourir à Nadar, pour de petites sommes.

« Je veux bien que le diable m'emporte si je sais ce que je vais faire demain matin en face de ce tailleur qui ne trouvera ni ses habits ni son argent. »

Début décembre, Mme Trolley se rebiffe et réclame soudain son argent avec hauteur. Nul doute que Baudelaire ne la rétrograde au rang de « femelle ». « Dois-je me résigner à me coucher, et à rester couché faute de vêtements ? » Sous-entendu parce qu'il prend fantaisie à la Trolley de réclamer son argent ?

« À quelles humiliations m'avez-vous assujetti, bon Dieu, et quelle espèce de joie éprouve-t-on à torturer par de pareilles tristesses un homme comme moi ?… J'ai juré qu'à partir de cette époque, je ne me mettrais plus dans les griffes d'un maître d'hôtel. Je rentrerai dans le concubinage, et si je ne suis pas installé le 9 janvier chez Mlle Lemer je serai chez l'autre. » L'autre, notons-le, n'a au contraire de Jeanne pas de nom. « Il me faut à tout prix une famille ; c'est la seule manière de travailler et de dépenser moins. […] J'ai la cervelle martelée. Il me souvient maintenant d'une chose qui m'a frappé dans notre dernière entrevue – c'est d'une certaine inquiétude que tu as manifestée relativement à la démarche que tu me croyais capable de faire, auprès du tribunal civil. En effet, je suis capable de la faire, mais pas assez bête pour la faire sans avoir quelques droits au succès. Et malheureusement, je suis obligé de confesser qu'il n'y aurait actuellement aucune chance. En somme, je crois que ma vie a été damnée dès le commencement, et qu'elle l'est pour toujours.

» Quand même ma punition ne consisterait que dans la nécessité d'écrire ces insupportables lettres – expliquer, expliquer, toujours expliquer –, ma punition serait suffisante. »

Fin décembre, Edmond Baudelaire, fils unique d'Alphonse et Félicité, meurt à Fontainebleau. Charles envoie un billet dans lequel il compatit maladroitement, il ne sait que faire ni comment. Il n'a pas reçu la lettre à temps et n'a donc pas pu se joindre à eux pour l'enterrement. L'idée du malheur qui frappe son frère et celle de son éloignement le « frappent simultanément ».

L'an 1855 débute par la publication de *Que diras-tu, ce soir, pauvre âme solitaire…* dans *La Revue de Paris*. Cette année qui arrive reproduit la même trame que les précédentes : vie errante, horreur du domicile et déménagements à la cloche de bois.

Le 26 janvier, Gérard de Nerval est retrouvé pendu, rue de la Vieille-Lanterne.

Au détour d'une lettre à Caroline, datée du 5 avril, on découvre que cette dernière a fait renvoyer à Charles deux lettres d'excuses non ouvertes qu'il lui avait adressées. Cette missive lui sera donc remise non cachetée. Depuis un mois, il dit avoir été « contraint de déménager six fois, vivant dans le plâtre et dormant dans les puces ». Il est allé jusqu'à vivre et travailler à l'imprimerie. Son domicile est un « trou sans meuble où [*ses*] livres sont par terre ».

Il travaille à l'épilogue des *Fleurs du Mal*, qu'il mentionne sous ce titre pour la première fois dans sa correspondance. Ce titre est dû à Hyppolite Babou, critique et romancier que Charles a connu au *Corsaire*. Il répond parfaitement aux conditions de « titre mystérieux, et titre pétard » qu'affectionne Baudelaire.

Le 1er juin *La Revue des Deux Mondes* publie sous le titre inédit des *Fleurs du Mal* dix-huit poèmes, suivis le 2 par deux petits poèmes en prose, *Les Deux crépuscules*. Sa lettre sur la nature à Fernand Desnoyer paraît quant à elle dans un ouvrage publié chez Hachette.

Fin juin 1855, voyant enfin se profiler la vente de son volume sur Poe, Baudelaire imagine déjà le beurre et le vin qu'il va commander à la mère Thierry, dans l'actuelle rue Lacépède, alors rue Copeau. Toujours optimiste, il envoie une nouvelle sollicitation à la Société des gens de lettres.

Le mois d'août ranime ses températures infernales. Charles reprend contact avec sa mère et lui écrit, au bas d'un bref billet affectueux : « Quel vide autour de moi ! quelle noirceur ! quelles ténèbres morales et quelles peur de l'avenir !... »

Le 3 août, Baudelaire signe un contrat avec MM. Michel Lévy frères, rue Vivienne, qui achètent la propriété pleine et entière de sa traduction des *Histoires extraordinaires* d'Edgar Allan Poe.

Baudelaire continue par ailleurs de s'entremettre auprès de Phillibert Rouvière, et même de George Sand, pour Marie Daubrun. Georges Sand déférera à son désir, mais sans succès.

Michel Lévy apparaît d'une étoffe différente des autres éditeurs : la seule capable d'obtenir à temps ses épreuves écrites. Le 4 octobre, dans un billet à sa mère, Charles s'en indigne : « Il envoie jusqu'à deux fois par jour chez moi un commis pour prendre soit des épreuves, soit du manuscrit. Il est évident que, par ce procédé terrible, je serai prêt à temps. »

Caroline, quant à elle, ne veut plus avoir de relations directes avec son fils.

Le 20 décembre, il lui écrit malgré tout : « Avant toutes choses, je veux vous voir. Voilà plus d'un an que vous vous y refusez, et je crois véritablement que vos légitimes colères doivent être satisfaites. Il y a dans ma situation vis-à-vis de vous quelque chose d'absolument humiliant pour moi, que vous ne pouvez réellement pas voir maintenir. Si vous ne vous sentez pas satisfaite par cette prière, faites au moins acte de générosité. Je ne suis pas positivement vieux, mais je puis le devenir prochainement. Il me paraît impossible que vous teniez à maintenir cette situation ; je suis abreuvé d'humiliations en tout genre, c'est bien le moins que je n'en subisse pas de votre part… J'ai retrouvé une foule de lettres de vous, de différentes époques, écrites dans différentes circonstances. J'ai essayé d'en relire plusieurs ; toutes étaient pénétrées d'un profond intérêt purement matériel, il est vrai, comme si les dettes étaient tout, comme si les jouissances et les contentements spirituels n'étaient rien… Je suis absolument las de la vie de gargote et d'hôtel garni ; cela me tue et m'empoisonne. Je ne sais comment j'y ai résisté.

» Je suis las des rhumes et des migraines et des fièvres, et surtout de la nécessité de sortir deux fois par jour, et de la neige, et de la boue, et de la pluie… Avant tout, plus de perte de temps. C'est là ma plaie ; car il y a quelque état plus grave encore que les douleurs physiques, c'est la peur de voir s'user et péricliter, et disparaître, dans cette horrible existence pleine de secousses, l'admirable faculté poétique, la netteté d'idées, et la puissance d'espérance qui constituent en réalité mon capital… et je crois que ma personne est fort précieuse, je ne dirais pas plus précieuse que d'autres, mais suffisamment précieuse pour moi… Je viens de compter tout ce que j'ai reçu de vous, d'Ancelle, du *Pays*, de la librairie Lévy, cette année ; c'est énorme, eh bien j'ai vécu comme une bête féroce, comme un chien mouillé… »

Le logement qu'il s'est choisi pour revenir définitivement – une fois encore – à la vie, se trouve au 18, rue d'Angoulême-du-Temple, actuellement rue Jean-Pierre-Timbaud. Il écrit quelques lignes délicieuses sur le fait qu'il préfère devoir à sa mère et à tout le monde plutôt qu'à un gouvernement qu'il déteste et possède les fonds pour cela. Si encore une fois sa mère défère à son désir, via Ancelle, elle se dit néanmoins auprès de lui tellement offensée qu'elle ne veut plus le voir.

Le 24 c'est Jeanne qu'il envoie chercher son argent chez Ancelle, il a « décampé » de son autre domicile.

« Enfin, et pour la première fois depuis longtemps, j'ai pu travailler longuement, avec sécurité… Le propre des vrais poètes – pardonnez-moi cette petite bouffée d'orgueil, c'est le seul qui me soit permis – est de savoir sortir d'eux-mêmes, et de comprendre une tout autre nature. Mon frère m'a blessé profondément dans deux circonstances, une que vous connaissez, l'autre que vous ignorez. Le crime de mon frère s'appelle sottise, rien de plus – mais c'est beaucoup. Je n'aurais jamais cru que vous puissiez concevoir la pensée de me donner des conseils à ce sujet. J'aime mieux les gens méchants, qui savent ce qu'ils font, que les braves gens bêtes. Ma répulsion à l'endroit de mon frère est si vive que je n'aime pas m'entendre demander si j'ai un frère. Il n'y a rien de plus précieux au monde que l'esprit poétique, et la chevalerie dans les sentiments. Sa nullité politique, scientifique, ses opinions cyniques sur les femmes, pour lesquelles il faut au moins faire preuve de galanterie, si ce n'est de passion, tout, tout enfin me le rend étranger. Maintenant ai-je besoin de vous dire, si jamais une occasion d'une nature inattendue se présentait, non seulement je suis incapable de nuire à mon frère, mais encore de lui causer le plus léger chagrin ? Cela n'est pas de l'amitié, mais le pur sentiment des convenances. »

Le 21 janvier 1856, il écrit à Alphonse de Toussenel, fouriériste, au sujet de son livre *L'Esprit des bêtes*. Ce livre, en rivant son attention, lui a rendu sa tranquillité d'esprit.

« Le poète est souverainement intelligent, il est l'intelligence par excellence, et que l'imagination est la plus scientifique des facultés, parce que seule elle comprend l'analogie universelle, ou ce qu'une religion mystique appelle la correspondance. Mais quand je veux publier ces choses-là, on me dit que je suis fou – et surtout fou de moi-même – et que je ne hais les pédants que parce que mon éducation est manquée. Ce qu'il y a de bien certain cependant, c'est que j'ai un esprit philosophique qui me fait voir clairement ce qui est vrai, même en zoologie, bien que je ne sois ni chasseur, ni naturaliste. Telle est du moins ma prétention ; ne faites pas comme mes mauvais amis, et n'en riez pas… Qu'est-ce que le progrès indéfini ! qu'est-ce qu'une société qui n'est pas aristocratique ! Ce n'est pas une société, ce me semble. Qu'est-ce que c'est que l'homme naturellement bon, où l'a-t-on connu ? L'homme naturellement bon serait un monstre, je veux dire un Dieu. Vous êtes un vrai esprit égaré dans une secte. En somme, qu'est-ce que vous devez à Fourier ? Rien, ou bien peu de choses. Sans Fourier, vous eussiez été ce que vous êtes. L'homme raisonnable n'a pas attendu que Fourier vînt sur la terre pour comprendre que la Nature est un verbe, une allégorie, un moule, un repoussé, si vous voulez… La grande hérésie moderne, la suppression du péché originel… J'ai pensé bien souvent que les bêtes malfaisantes et dégoûtantes n'étaient peut-être que la vivification, corporification, éclosion de la vie matérielle, des mauvaises pensées de l'homme. Aussi la nature entière participe du péché originel. »

Ici, comme toujours, il ne s'agit encore et toujours que de lui.

La traduction des *Histoires extraordinaires* d'Edgar Poe est mise en vente chez Lévy le 12 mars 1856. Baudelaire vit de nouveau avec Jeanne. Il envoie un exemplaire de son livre à sa mère, et demande à Sainte-Beuve – qu'il reprend dans ses remerciements sur l'orthographe de « Poe » – de mettre un mot pour lui dans *La Presse*.

Un mois plus tard il a trente-cinq ans et adresse à sa mère les journaux qui le mentionnent. « Je ne suis pas sûr que la colère donne du talent ; mais en supposant que cela soit, je dois en avoir un énorme ; car je ne travaille jamais qu'entre une saisie et une querelle, une querelle et une saisie… » Les relations directes ne semblent toujours pas avoir repris, mais Charles a décidé de ne pas s'en formaliser. Il sous-entend en passant que ses lettres n'arrivent peut-être pas toutes, et il écrira désormais « Madame » en toutes lettres dessus.

Le 8 mai, il s'attelle à la traduction du *Voyage d'Arthur Gordon Pym*. Le 6 juin il déménage encore. Il supplie sa mère de bien vouloir le laisser venir l'embrasser. Elle lui manque, terriblement, physiquement. Il le lui demande comme « un homme fatigué, blessé, demande un plaisir, un réconfortant, un cordial ». La lettre, ou tout au moins le commissionnaire, lui est renvoyé sans un mot. Malgré son chagrin qui semble vif, il passe sur cette humiliation et la supplie à nouveau. Le lendemain, il souhaite tellement en finir avec Poe qu'il se dit prêt à aller vivre en banlieue pour ce faire.

Il habite désormais au 19, quai Voltaire, à l'hôtel Voltaire. *Le Moniteur* publie en feuilleton *Les Aventures d'Arthur Gordon Pym*. Le 5 juillet, il écrit à sa mère que son second volume est enfin sous presse, et qu'il a commencé le troisième qui paraît en feuilleton. « Je crois, chère mère, que vous ne savez pas rire, surtout quand on dit du mal de votre fils… je n'ai pas répondu à votre longue lettre ; aux mêmes reproches ; je répondrais toujours par les mêmes excuses… Les actions vaudront mieux. »

Le 25 juillet il explique, toujours à Caroline, qu'il fonde encore ses espoirs dans un travail régulier pour être sauvé. Il ne supporte même plus jusqu'aux cailloux qui jonchent le chemin pour aller chez Ancelle, avec qui il est brouillé délibérément. Elle lui renvoie une lettre assez dure.

Il ne revient vers elle que le 11 septembre. Sa liaison de quinze ans avec Jeanne est rompue. « J'ai fait tout ce qui était humainement possible pour que cette rupture n'eût pas lieu. Ce déchirement, cette lutte a duré quinze jours. Jeanne m'a toujours imperturbablement répondu que j'avais un caractère intraitable, et que d'ailleurs je la remercierais moi-même un jour de cette résolution. Voilà bien la grosse sagesse bourgeoise de femmes. Moi, je sais que, quelque agréable aventure, plaisir, argent ou vanité qui m'arrive, je regretterai toujours cette femme. Pour que ma douleur, que vous ne comprendrez peut-être pas bien, ne vous paraisse pas trop enfantine, je vous avouerai que j'avais mis sur cette tête toutes mes espérances, comme un joueur ; cette femme était ma seule distraction, mon seul plaisir, mon seul camarade, et malgré toutes les secousses intérieures d'une liaison tempétueuse, jamais l'idée d'une séparation irréparable n'était clairement entrée dans mon esprit. Encore maintenant, et cependant que je suis tout à fait calme, je me surprends à penser en voyant un bel objet quelconque, un beau paysage, n'importe quoi d'agréable : pourquoi n'est-elle pas avec moi, pour admirer cela avec moi, pour acheter cela avec moi ? Vous voyez que je ne déguise pas mes plaies. Il m'a fallu beaucoup de temps, je vous assure, tant la secousse a été violente, pour comprendre que peut-être le travail me donnerait des plaisirs, et qu'après tout j'avais des devoirs à remplir. J'avais devant mon esprit un éternel à quoi bon ? sans parler d'une espèce de voile obscur devant les yeux et d'un éternel tintouin dans les oreilles. Cela a duré assez longtemps, mais enfin c'est fini. Quand il m'a été démontré que c'était vraiment l'irréparable, alors j'ai été pris d'une fureur sans nom : je suis resté dix jours sans sommeil, toujours avec des vomissements, et obligé de me cacher, parce que je pleurais toujours. Mon idée fixe était une idée égoïste d'ailleurs : je voyais devant moi une interminable suite d'années sans famille, sans amis, sans amie, toujours des années de solitude et de hasards, et rien pour le cœur. Je ne pouvais même pas tirer de mon orgueil ma consolation. Car tout cela est arrivé par ma faute ; j'ai usé et abusé ; je me suis amusé à martyriser, et j'ai été martyrisé à mon tour. Alors j'ai été pris d'une terreur superstitieuse, je me suis figuré que vous étiez malade… À quoi bon continuer ce récit, qui peut-être ne vous paraît que bizarre ? Je n'aurais jamais cru qu'une douleur morale engendrât de pareilles tortures physiques… Je ne travaille qu'avec distraction, et je m'ennuie mortellement. Il y a des moments où tout m'apparaît comme vide. »

Sensible cette fois-ci à la détresse de son fils, elle lui renvoie une longue lettre ainsi que de l'argent.

Sans envisager pour autant lui rendre ni son héritage, ni sa liberté.

Début novembre, vieille tactique, il aliène son chagrin par un goût immodéré pour la vie. « Me permettrez-vous de rire un peu, rien qu'un peu, de ce désir que vous exprimez sans cesse de me voir semblable à tout le monde et de me voir digne de vos vieux amis, que vous nommez complaisamment ? Hélas ! Vous savez bien que je n'en suis pas là, et que ma destinée sera faite autrement. Pourquoi ne parlez-vous pas un peu de mariage, comme toutes les mamans ?

» Pour vous parler tout à fait sincèrement, la pensée de cette fille ne m'a jamais quitté, mais je suis si parfaitement rompu au métier de la vie, qui n'est que mensonge et vaines promesses, que je me sens incapable de retomber dans les mêmes inextricables pièges de cœur. La pauvre enfant est maintenant malade, et j'ai refusé d'aller la voir. Pendant longtemps, elle m'a fui comme la peste, car elle connaît mon affreux tempérament, qui n'est que ruse et violence. Je sais qu'elle doit quitter Paris, et j'en suis bien aise ; quoique je l'avoue, une tristesse me prenne quand je pense qu'elle peut aller mourir loin de moi.

» Pour me résumer brièvement, j'ai une soif diabolique de jouissance, de gloire et de puissance… »

Ce mot est suivi le jour même d'un billet désinvolte à Asselineau, le sommant positivement de lui prêter et un franc, et chaussettes, et mouchoirs et chemises. Il continue son trafic de cavalerie avec Poulet-Malassis. Ce dernier est enfin prêt à publier *Les Fleurs du Mal*. Baudelaire s'amuse de la popularité putative de cet ouvrage, et lui prédit plutôt un bel éreintage général attirant la curiosité. Il dit espérer au moins quelques articles dans les revues étrangères. En réalité, il doit bien être mort de peur à l'idée de voir enfin finalisé un travail de plus de quinze ans.

Celui en qui il a mis toute son âme et qui doit amener, avec la reconnaissance, sa libération.

Il semble que sa mère souhaite enfin le voir. Le contrat concernant la publication des *Fleurs du Mal* est signé entre Baudelaire, Poulet-Malassis et de Broise, son beau-frère et associé. Charles a trente-cinq ans.

– XI –

LES FLEURS DU MAL

« … Faut-il vous dire, à vous qui ne l'avez pas plus deviné que les autres, que dans ce livre atroce, j'ai mis tout mon cœur, toute ma tendresse, toute ma religion (travestie), toute ma haine ? Il est vrai que j'écrirai le contraire, que je jurerai mes grands Dieux que c'est un livre d'art pur, de singeries, de jonglerie ; et je mentirai comme un arracheur de dent… » (Lettre à Narcisse Ancelle le 18 février 1866.)

L'année 1857 s'ouvre avec le procès de Flaubert pour immoralité à travers le roman *Madame Bovary*. La sixième chambre correctionnelle acquitte le romancier.

Le 4 février, Baudelaire remet au correspondant parisien d'Auguste Poulet-Malassis le manuscrit des *Fleurs du Mal*. Il comprend une centaine de poèmes, dont cinquante-deux encore inédits. Ils sont répartis en cinq parties : « Spleen et idéal », « Fleurs du Mal », « Révolte », « Le vin », « La mort ». Il livre le fruit le plus abouti d'un travail, entamé depuis l'enfance, mais qui a trouvé sa force au cœur de l'océan Indien. « Ce livre est revêtu », explique-t-il à sa mère, « d'une beauté sinistre et froide ; il a été fait avec fureur et patience ». Rien n'y a été laissé au hasard. À l'étrange violence du fond répond l'étrange complexité de la forme, dont le charme infini[30] gît dans la contemplation régulière et symétrique, compliquée et harmonique du mouvement dans les lignes. L'âme est fascinée par son ample et mystérieux balancement de navire glissant sur les gouffres amers.

Ce livre est la cartographie de Baudelaire, il est tout entier dans ces convergences de son âme, démultipliées par les correspondances de l'univers. Il déroule, à la recherche de lui-même, aux confins du visible et de l'invisible, le fil ténu mais tranchant de sa rigueur impeccable. De même que jadis le rire des aliénés sur les coteaux de Fourvière, cette œuvre crée une déchirure dans le paysage de la poésie du XIXe siècle. La subjectivité de Baudelaire y apparaît dans un vertige infini où se reconnaît l'homme amené au bord de lui-même.

L'art est bien une prostitution[31]. Sera-t-il enfin compris, lui qui a tant travaillé, dans la douleur, à extraire les mots du cœur de sa subjectivité, et à les tordre pour que, créant l'étonnement, ils lui ouvrent une brèche dans la réalité, jusqu'à enfin rencontrer l'autre ? Sera-t-il vu, sera-t-il su ? Baudelaire fait plus que l'espérer, il le croit, il le sait.

On imagine aisément avec quelle attention jalouse, et quel perfectionnisme, il a pu superviser son élaboration technique.

Sa correspondance avec Malassis à ce sujet devient quasi journalière. Il le harcèle littéralement. À la lecture de ce courrier, il apparaît exemplaire que l'amitié entre les deux hommes y ait survécue.

Le 14 mars Malassis, philosophe, confie à Asselineau : « *Les Fleurs* paraîtront quand il plaira à Dieu et à Baudelaire. »

Alors que *Les Nouvelles histoires extraordinaires* sont mises en vente chez Lévy, augmentées de notes sur les nouvelles d'Edgar Poe, *La Revue Française* publie neufs pièces des *Fleurs du Mal*.

Le 27 avril 1857, Jack Aupick meurt à l'âge de soixante-huit ans. Il laisse Caroline seule avec la petite maison de Honfleur que Charles baptise « la maison joujou » et frustre son beau-fils de sa dernière manche. Il est enterré à Montparnasse, après une cérémonie religieuse à Saint-Sulpice. Baudelaire, afin de complaire à sa mère, assiste à la cérémonie. Il a ainsi le plaisir de se voir traiter de haut quand ce n'est pas franchement insulté par Louis Emon, ami d'Aupick et son exécuteur testamentaire, qui avait fait à ce titre partie du conseil de famille. Ouvertement hostile à Baudelaire, il est également, à Honfleur, le voisin de la maison joujou.

Dans une lettre à Alphonse, Caroline le décrit ainsi : « La présence des Emon m'est d'un bien grand secours. Ils sont parfaits pour moi. Le mari me rend des services immenses pour mes intérêts. La femme a le caractère le plus charmant, le plus égal, le plus aimable qu'il soit possible d'avoir, mais elle est fort gaie. » On croit entendre l'écho de Charles vis-à-vis de Mme Lasègue. « Cependant, elle a beaucoup de cœur, et elle est très sensible. Quand elle me voit pleurer et gémir, elle compatit à ma douleur et pleure avec moi, mais le naturel reprend vite le dessus, et sa gaieté reparaît aussitôt. Aussi je me contrains un peu devant elle, ne voulant pas en échange de ses bontés lui imposer le triste spectacle de larmes continuelles. » Plus tard, à Félicité : « Quand les Emon s'absenteront pour voir leur fille, je profiterai de ce moment où je serai toute seule pour engager Charles à venir passer quelque temps avec moi. » Notons au passage qu'Emon était l'oncle de Gustave Moreau, grand admirateur de Baudelaire qui immortalisa d'ailleurs le jardin de Mme Aupick.

À la mort de son beau-père, Charles, qui a maintenant trente-six ans, se sent seul responsable de Caroline. Cela ne change pas grand-chose à la nature de leurs relations, mais la tonalité du dialogue gagne en modération. Il fera également moins systématiquement appel à la bourse maternelle. Tout cela se fait sentir dès le 20 mai, à travers un petit billet qu'il lui envoie (commissionnaire payé notons-le) au sujet de la restauration qu'il entreprend de son paroissien de deuil.

Dans une autre lettre, le 3 juin 1857 :

« … Je veux vous rendre compte en deux lignes de la raison de ma conduite et de mes sentiments depuis la mort de mon beau-père ; vous trouverez dans ces deux lignes l'explication de mon attitude dans ce grand malheur et en même temps de ma conduite future : cet événement a été pour moi une chose solennelle, comme un rappel à l'ordre. J'ai quelques fois été bien dur et bien malhonnête envers vous, ma pauvre mère ; mais enfin, je pouvais considérer que quelqu'un s'était chargé de votre bonheur, et la première idée qui me frappa lors de cette mort fut que désormais c'était moi qui en étais naturellement chargé. Tout ce que je me suis permis, nonchalance, égoïsme, grossièretés violentes, comme il y en a toujours dans le dérèglement et l'isolement, tout cela m'est interdit. Tout ce qui sera humainement possible, pour vous créer une félicité particulière et nouvelle pour la dernière partie de votre vie, sera fait. La chose n'est pas si difficile, après tout, puisque vous attachez tant d'importance à la réussite de tous mes projets. En travaillant pour moi, je travaillerai pour vous...

» Adieu, chère mère, répondez-moi minutieusement, et croyez que je vous appartiens absolument et que je n'appartiens qu'à vous... »

Il se charge de suivre les formalités d'inhumation de son beau-père. Caroline se retire, à la tête de 11 000 francs de revenus annuels, ce qui est confortable. Rappelons que Baudelaire n'en a que 2000.

Le lendemain, son changement de politique envers Caroline se manifeste par une sollicitation – auprès du ministre Gustave Roulland – d'un encouragement sur les fonds des Sciences et Lettres. Il aura désormais recours assez régulièrement à ce genre de sollicitation. Il percevra quelques indemnités, cependant peu élevées.

Trois pièces des *Fleurs du Mal* sont reprises dans la presse en mai.

Le 25 juin 1857, *Les Fleurs du Mal*, tirées par Malassis à environ mille cent exemplaires, sont mises en vente. Elles sont opportunément dédicacées à Théophile Gautier. Ce dernier, quoique franc camarade de Charles, n'est pas le plus proche de ses amis. Il possède néanmoins le double avantage d'être à la fois établi et d'une grande liberté de parole. C'est donc sous son loyal patronage que Baudelaire place ses *Fleurs*.

Dès le 5 juillet, Bourdin accuse, dans les colonnes du *Figaro*, l'auteur d'immoralité. *Le Reniement de Saint-Pierre*, *Lesbos* et *Les Femmes damnées* le déchaînent particulièrement.

Compte tenu du contexte politique, il apparaît justifié de se demander si l'article n'émane pas du ministère de l'Intérieur lui-même.

Le 7 juillet 1857, la Direction de la sûreté publique saisit le parquet du délit d'outrage à la morale publique. Un rapport a été donné au ministère de l'Intérieur selon lequel *Les Fleurs du Mal* constituent « un défi jeté aux lois qui protègent la religion et la morale ». *Le Reniement de Saint Pierre*, *Abel et Caïn*, *Les Litanies de Satan*, *Le Vin de l'assassin*, « sont un tissu de blasphèmes ». « À côté de ces pièces et de quelques autres où l'immortalité de l'âme et les plus chères croyances du christianisme sont mises à néant, il en est d'autres qui sont l'expression de la lubricité la plus révoltante : *Les Femmes damnées* sont un chant en l'honneur de l'amour honteux des femmes pour les femmes ; *Les Métamorphoses du Vampire*, *Les Bijoux* présentent à chaque instant les images les plus licencieuses avec toute la brutalité de l'expression. »

Le 9, Baudelaire écrit à sa mère :

« … Si vous vous abandonnez ainsi, vous tomberez malade, et ce sera alors le pire des malheurs et pour moi la plus insupportable des inquiétudes… Quant à mon silence… De plus je voulais à la fois vous écrire, vous envoyer votre paroissien et mon livre de poésie… J'avais eu d'abord, comme vous le savez, l'intention de ne pas vous les montrer. Mais en y pensant mieux, il m'a semblé que puisque vous entendriez, après tout, parler de ce volume, au moins par les comptes rendus que je vous enverrai, la pudeur serait de ma part aussi folle que la pruderie de la vôtre… Vous savez que je n'ai jamais considéré la littérature et les arts que comme poursuivant un but étranger à la morale, et que la beauté de conception et de style me suffit… ce livre, dont le titre : *Fleurs du Mal*, dit tout… la preuve de sa valeur positive est dans tout le mal qu'on en dit. Le livre met les gens en fureur. Du reste, épouvanté moi-même de l'horreur que j'allais inspirer, j'en ai retranché un tiers aux épreuves. On me refuse tout, l'esprit d'invention et même la connaissance de la langue française. Je me moque de tous ces imbéciles, et je sais que ce volume, avec ses qualités et ses défauts, fera son chemin dans la mémoire du public lettré à côté des meilleures poésies de V. Hugo, de Th. Gautier et même de Byron… »

La gifle est donnée, mais Baudelaire ne pense pas encore un instant que le malentendu ne puisse être levé. Il n'y voit encore que la manifestation extrême d'un bastion réduit de tenants obtus d'une morale carcan. Il continue donc sa lettre :

« Quant au curé, que sans doute vous recevez, vous pouvez le lui montrer. Il pensera que je suis damné, et n'osera vous le dire. On a répandu le bruit que j'allais être poursuivi, mais il n'en sera rien. Un gouvernement qui a sur les bras les terribles élections de Paris n'a pas le temps de poursuivre un fou… J'avais pensé cautériser ma fainéantise, et à la cautériser une fois pour toutes, par un travail acharné, loin de toutes préoccupation frivole ; soit sur mon troisième volume d'Edgar Poe, soit sur mon premier drame, dont il faudra bien que j'accouche, bon gré, mal gré.

» Mais j'ai des travaux à faire qui ne peuvent pas se faire dans un lieu sans bibliothèque, sans estampes et sans musée ? Il faut avant tout que je vide la question

» des *Curiosités esthétiques*

» des *Poèmes nocturnes*

» et des *Confessions du mangeur d'opium*.

» *Les Poèmes nocturnes* sont pour *La Revue des Deux Mondes* ; *Le Mangeur d'opium* est une nouvelle traduction d'un auteur magnifique, inconnu à Paris. C'est pour *Le Moniteur*...

» Mais j'ai dû penser (pourquoi ne pas tout dire ?) à M. Emon, il est votre ami, et je tiens à ne pas vous déplaire. Pensez-vous cependant que je puisse oublier son infériorité, sa brutalité, et la manière bourrue dont il a accueilli ma poignée de main dans cette cruelle journée où pour vous plaire, et rien que pour cela, je me suis humilié plus encore que vous ne m'aviez humilié vous-même pendant de si longues années ?… »

Baudelaire, qui découvre Thomas de Quincey, travaille à la traduction de son *Mangeur d'opium*. Guidé par leurs affinités, il pare cette belle et triste histoire des éclats intimes de sa propre vie. Avec Poe, comme avec Quincey, Baudelaire n'en finit pas d'essayer de se dire en tentant naïvement d'utiliser les reflets fragmentés laissés par d'autres qui lui ressemblent. Auraient-ils, eux qui sont de l'autre côté du miroir, la possibilité de le libérer ? Baudelaire, qui ne se résigne jamais, ne néglige aucune piste.

Caroline quant à elle se trouve bien embarrassée de ce fils qui apporte sur ses genoux justement la lune qu'elle l'avait envoyé chercher : un ouvrage brûlant d'audace soutenu par une langue irréprochable. Écartelée entre ses deux axes, elle s'ouvre de son désarroi à Alphonse : ces *Fleurs* qu'elle apprécie « renferment parfois malheureusement des peintures horribles et choquantes », elles « ont aussi de grandes beautés » et contiennent « certaines strophes admirables, d'une pureté de langage et d'une simplicité de forme qui produisent un effet poétique des plus magnifiques ».

Le 11 juillet 1857, Baudelaire écrit à Malassis de mettre à couvert le maximum d'ouvrages. Le 12, Habans lance, après l'attaque du 30 avril sur *Le Flacon*, une seconde attaque, toujours dans *Le Figaro*, contre *Les Fleurs du Mal*. Le 14, Édouard Thierry, lui, fait un véritable éloge de l'œuvre dans *Le Moniteur*, journal officiel de l'Empire. Le 15, le *Journal de Bruxelles*, catholique, taxe le « hideux roman », *Madame Bovary*, de lecture de piété comparé aux *Fleurs du Mal*.

Le 17, le parquet requiert une information contre Baudelaire et ses éditeurs en même temps qu'il ordonne une saisie des exemplaires existants.

À la mi-août 1857, un recueil d'articles justificatifs pour Charles Baudelaire paraît. Ce dernier calcule ses chances de se voir acquitté comme Flaubert. Pensant qu'il lui manque une femme pour intercéder auprès des juges, il décide de demander à la belle Aglaé d'intercéder en sa faveur. Il accepte, pour ce faire, de se mouiller un peu.

Il lui indique les poèmes *Tout entière*, *Que diras-tu ce soir…*, *Le Flambeau vivant*, *À celle qui est trop gaie*, *Réversibilité*, *Confession*, *L'Aube spirituelle*, *Harmonies du soir* et *Le Flacon*, qu'elle a inspiré, et lui joint une liste des « monstres » amenés à le juger. Elle ne pourra, hélas, pas grand-chose.

Le 20 août, devant la sixième chambre correctionnelle, celle de la racaille, Ernest Pinard requiert contre Baudelaire – lui qui avait déjà requis contre Flaubert – et le décrit comme une nature inquiète et sans équilibre. L'avocat de Baudelaire, Chaix d'Est-Ange, pourtant dûment chapitré par Baudelaire, fait lui une pâle plaidoirie au terme de laquelle Baudelaire est condamné à 300 francs d'amende, ses éditeurs à 100. Les six pièces – *Les*

Bijoux, *Le Léthé*, *À celle qui est trop gaie*, *À la pâle clarté des lampes languissantes...*, *Lesbos*, *Les Métamorphoses du vampire* – seront supprimées. Sous les cris de « l'hypocrisie violée », Baudelaire et ses éditeurs se voient en outre privés de leurs droits civiques.

Le mois d'août, celui du conseil judiciaire et du procès des *Fleurs du Mal*, se montrera encore une fois fatal au poète, lors de sa mort, dix ans plus tard.

Baudelaire, comme pour le conseil judiciaire auquel répond le procès sur le cercle de sa vie, n'a pas vraiment, en dépit de ses fanfaronnades, vu venir le coup. Il s'attendait, en vérité, bien plutôt à ce qu'on lui fît réparation d'honneur.

Cela est parfaitement logique. Ce qu'il attendait, de toutes les fibres de son être, c'était une réhabilitation, une restauration dans son intégrité, un accès à la visibilité, à la reconnaissance. Pouvoir s'affranchir de la clandestinité, de la circularité et du sceau infamant du conseil judiciaire, et une mesure juridique en annulant une autre se voir enfin permis l'accès à l'âge adulte... Mais sa réputation soigneusement frelatée et entretenue s'assure qu'il paie le prix de la place qu'il a conquise. « Histoire des *Fleurs du Mal*, humiliation par le malentendu, et mon procès[32]. »

Le malentendu, l'enjeu du cœur du procès, réside dans l'extraordinaire modernité de Baudelaire.

Le « péril moral » ne sert qu'à masquer la faiblesse des étais moraux d'une époque dont près d'un siècle de révolutions, et un formidable progrès démystificateur, ont miné tous les liens qui attachaient l'homme à sa conception de l'univers. Après s'être d'abord confondu avec le christianisme au moyen âge, puis avoir conquis une identité territoriale avec la renaissance, l'homme s'est rendu, au siècle précédent, maître de sa raison. La révolution industrielle, le formidable essor des sciences, y compris des sciences humaines, et la maîtrise de son espace géographique ont livré l'homme du XIXe à une fragile autonomie et au devoir de penser non seulement l'époque mais aussi les lendemains. Les fouriérisme, socialisme et christianisme social sont nés d'une telle nécessité. Pour se projeter dans l'avenir, l'homme se trouve, loin de tous les ordres, corporations et idéologies qui l'avait jusque-là maintenu, pour la première fois confronté au dernier espace vierge : lui-même.

Le vertige induit par cette confrontation est à l'origine du formidable essor des sciences sociales au XIXe siècle.

Commence alors la grande époque du « névrosisme », de l'hystérie, du spleen. Les grands aliénistes de l'époque, Charcot, Bichat, Pinel, Broussais, Magnan, Lasègue, travaillent à l'édification de la carte intérieure de l'homme : le cerveau et l'inconscient, préparant pour la fin du siècle l'arrivée de Freud. On enferme beaucoup à l'époque. Baudelaire a eu plus de chance que certains artistes, Camille Claudel par exemple. Cette chance, il la doit malgré tout à ses parents.

Il faudra bien tout le XXe siècle pour que, passé le premier séisme de l'avènement de la psychanalyse, on commence à maîtriser ses exagérations de science nouvelle et qu'adossée à la psychiatrie on commence à la maîtriser et à en tirer les bénéfices.

La lecture de la vie de Baudelaire que permet notre siècle met en valeur de façon frappante la justesse des intuitions du poète quant à lui-même. De son recours étonnant à un langage « prépsychanalytique ». Du « palimpseste » à sa conception du génie, qui trouve ses racines dans l'enfance, il n'est qu'à relire son œuvre pour en être confondu. L'albatros, ce grand oiseau qui a séduit le poète au point de s'y identifier, est redouté et haï des marins pour ouvrir la tête de l'imprudent tombé à l'eau, fût-il encore vivant. N'est-ce pas de cela même qu'il est accusé ? Ainsi Baudelaire, explorateur de l'inconscient, terrifie-t-il la société de son temps. La vie tout entière de cet homme a valeur de symbole.

La notion de mal, exposée pour la première fois dans une œuvre poétique dont la nature n'est ni licencieuse, ni libertine, ni assortie d'une morale garde-fou, constitue l'apparition inaugurale de la « conscience dans le mal ». Cela dérange et perturbe. La nouveauté, la modernité de Baudelaire est ici portée par les oxymores vénéneux de son verbe. Chez Baudelaire le poète, avons nous dit, c'est l'enfant et l'homme réunis dans sa dimension intérieure. Baudelaire, la torche à la main descendant dans le puits, la nuit[33], c'est la conscience dans le mal, l'homme ouvrant les yeux au cœur des désirs polymorphes et pervers de l'enfant. Psychanalytiquement, c'est le « moi », l'homme structuré, découvrant le « ça », ses pulsions brutes.

Baudelaire se retrouve ainsi explorateur conscient des espaces intérieurs de la subjectivité dans laquelle il est piégé. Il met ainsi à jour, tel un archéologue, le champ intérieur au cœur duquel l'homme est, au-delà du libre arbitre, confronté à sa double capacité de bien ou de mal.

Le sadisme de Baudelaire est tout entier inclus et contenu dans cette dimension particulière. La sexualité mise en scène de Baudelaire dans ses poèmes consacre l'échec de l'étreinte comme leurre de l'accès à l'autre, puisque comme l'enfant de la *Morale du joujou* il lui est nécessaire de rompre l'enveloppe charnelle pour tenter enfin d'atteindre l'âme.

Pour accéder à l'autre, il fallait être vu.

Incomplet sous le regard morcelé de l'autre, Baudelaire, clandestin de lui-même dans la vie, se forge alors patiemment, par le verbe, la clé de sa prison. *Les Fleurs du Mal*, son symbole vivant, préfigurent la naissance de la psychanalyse qui s'annonce.

Il appartient aux artistes de décoder avant les savants et les sages les temps qui s'annoncent. Il appartint au siècle de la psychanalyse de le réhabiliter dans la légitimité de sa démarche. La reconnaissance de sa sensibilité particulière en tant qu'homme ne sera pas pour lui au bout de son chemin terrestre, mais le temps, pour ce mystique, ne s'écoule pas comme le nôtre.

L'enfant, gardien de l'homme souffrant, celui-là même qui n'a pas, en ces temps de grandes censures, vu venir la condamnation, est humilié. Il attendait, lui, « réparation d'honneur ». Peut-être aussi, pourquoi pas, une médaille, la Légion d'honneur peut-être, de ces décorations que l'homme en lui raille mais qui symbolisent tant aux yeux des enfants.

Le 24 août 1857, *Le Présent* reprend, sous le titre de *Poèmes nocturnes*, six petits poèmes en prose.

Le 30 Aglaé se donne à Baudelaire, le 31 il lui écrit qu'il n'a « pas la foi » ; elle devient son amie, un peu jalouse toutefois de sentir toujours, entre eux, la persistance de l'image de la belle féline.

Baudelaire continue donc de fréquenter les dîners de la rue Frochot avec Flaubert, Du Camp, Reyer, Gautier, Meissonnier. Hugo lui a écrit que ses *Fleurs* « rayonnent et éblouissent comme des étoiles ». Il le félicite en outre d'avoir été condamné par la justice d'Empire.

Le 31 août, il ne reste plus à Baudelaire que dix ans à vivre.

Le 1er septembre, *Le Présent* publie *L'Essence du rire*, puis, en octobre, *Quelques caricaturistes français*, suivi de *Quelques caricaturistes étrangers* quinze jours plus tard, et un article sur *Madame Bovary*. Baudelaire reçoit malgré tout quelques marques de sympathie. Astolphe de Custine : « Vous êtes neuf dans une littérature vieille », Flaubert : « Vous êtes résistant comme le marbre, pénétrant comme un brouillard », Sainte-Beuve : « Joli volume ». Mais aussi des marques de mépris de la part de Louis Ménard, Weiss et Veuillot notamment. Quelques-uns de ses pairs et contemporains ont su reconnaître que quelque chose de nouveau et de fort venait de leur être révélé, pour autant ils n'ont pas su faire la part avec la pose du personnage dans leur vie. Fascinés par la lumière qu'il a dégagé, ils se sont rapprochés de lui mais se sont heurtés sans le comprendre aux aspérités de son caractère.

Baudelaire, dans tout cela, a au moins gagné la reconnaissance de son caractère d'auteur.

En novembre, Charles adresse une supplique à l'impératrice afin de réduire son amende. Elle sera effectivement ramenée à 50 francs, le 20 janvier de l'année suivante.

En décembre 1857, malade, Baudelaire est atteint à nouveau de ses langueurs terribles, juste conséquence de l'échec momentanée de sa stratégie. Le 30, il écrit à Caroline : « Ce que je sens, c'est un immense découragement, une sensation d'isolement insupportable, une peur perpétuelle d'un malheur vague, une défiance complète de mes forces, une absence totale de désirs, une impossibilité de trouver un amusement quelconque. Le succès bizarre de mon livre et les haines qu'il a soulevées m'ont intéressé un peu de temps, et puis après cela je suis retombé. Vous voyez, ma chère mère, que voilà une situation d'esprit passablement grave pour un homme dont la profession est de produire et d'habiller des fictions. Je me demande sans cesse : à quoi bon ceci ? À quoi bon cela ? C'est le véritable esprit de spleen. Sans doute, en me rappelant que j'ai subi des états analogues et que je me suis relevé, je serais porté à ne pas trop m'alarmer ; mais aussi je ne me rappelle pas être jamais tombé si bas et m'être traîné si longtemps dans l'ennui. Ajoutez à cela le désespoir permanent de ma pauvreté, les tiraillements et les interruptions de travail causés par de vieilles dettes (soyez tranquille, ceci n'est pas un appel alarmant fait à votre faiblesse. Il n'est pas encore temps, pour plusieurs raisons, dont la principale est cette faiblesse et cette paresse que j'avoue moi-même), le contraste offensant, répugnant de mon honorabilité spirituelle avec cette vie précaire et misérable, et enfin, pour tout dire, de singuliers étouffements et des troubles d'intestins et d'estomac qui durent depuis un mois. Tout ce que je mange m'étouffe ou me donne la colique. Si le moral peut guérir le physique, un violent travail continu me guérira, mais il faut vouloir, avec une volonté affaiblie ; cercle vicieux.

» […] Je vais vous dire d'une manière très abrégée ce qui m'a empêché non pas d'aller vous trouver là-bas (je ne le pouvais pas), mais de vous répondre. Je craignais à la fois de vous affliger et de n'être pas compris. Le lendemain de la mort de mon beau-père vous me disiez que je vous déshonorais et vous me défendiez (avant que j'eusse songé à vous faire une demande à ce sujet) de jamais projeter de vivre auprès de vous. Puis vous me contraigniez à faire d'humiliantes avances d'amitié à M. Emon. Rendez-moi cette justice, ma chère mère, que j'ai supporté cela avec l'humilité et la douceur que me commandait votre lamentable situation. Mais plus tard, quand après m'avoir écrit des lettres où il n'y avait que gronderie et amertume, après m'avoir reproché ce maudit livre, qui après tout n'est qu'une œuvre d'art fort défendable, vous m'avez invité à vous venir voir en me faisant comprendre que l'absence de M. Emon me permettait le séjour de Honfleur, comme si M. Emon avait qualité pour me fermer ou pour m'ouvrir la porte de ma mère, enfin en me recommandant soigneusement de ne pas faire de dettes à Honfleur, alors ma foi, j'ai été si dérouté, si étonné qu'il est présumable que je suis devenu injuste. Voyez quelle trace durable cette lettre a laissé dans ma mémoire. Je ne savais que résoudre ni que répondre ; je suis entré, après l'avoir lue, dans une agitation inexprimable, et enfin, au bout d'une quinzaine, ne sachant quel parti prendre, je résolu de n'en pas prendre du tout.

» Je crois vraiment, ma chère mère, que vous n'avez jamais connu mon insupportable sensibilité… ».

Du fond de son abattement, il reste maintenu par le sentiment confus dc ne pas avoir accompli sa tâche.

Le 11 janvier 1858, il a vaincu ses maux : « L'estomac, pour le présent, va mieux, grâce à l'éther, et les coliques sont supprimées par l'opium. Mais, ajoute-t-il, l'opium a de terribles inconvénients. »

L'attentat d'Orsini contre Napoléon III durcit le régime et compromet un certain nombre de revues. Il devient plus difficile de vendre des articles. Charles malgré tout continue d'emprunter pour rembourser ses dettes. Un banquier refuse d'escompter un billet souscrit à Malassis, Baudelaire de son côté a déjà réussi à écorner sérieusement son compte annuel chez Ancelle. La situation financière devient encore plus critique, comme pour lui rappeler, au moment où il tentait de se libérer, la brûlure de l'humiliation du conseil judiciaire.

Le 20 janvier 1858, il écrit à Caroline : « Je viens de trouver dans *Le Moniteur*, à la suite d'un rapport du ministre de l'Intérieur, le décret de l'empereur, qui supprime une revue et un journal (*La Revue de Paris*, et *Le Spectateur*)… Je crains bien que ceci ne soit que le commencement d'une nouvelle période encore plus dénuée de liberté que celle qui vient de s'écouler. Le discours de l'empereur aux Tuileries était fort menaçant ; le discours des fonctionnaires (Morny, Troplong, Baroche) étaient furibonds. Si l'on supprime les journaux, si l'on impose la censure aux théâtres et à la librairie, comment vivrons-nous ?

» J'ai très peu de minutes pour vous écrire ; je ne vous parlerai aujourd'hui que de deux choses.

» L'une est relative à un reproche bien singulier que m'adresse votre dernière lettre : ma froideur.

» Hélas ! vous ne faites pas la part de cette habitude effroyable de la solitude, de la misère, de la nécessité de m'imposer sans cesse le refoulement de toute expansion ? Les malheureux ont-ils le loisir des expansions, et le malheur, permanent, irritant, refoulant, n'est-il pas chez moi une habitude ? Et puis, comment me connaissez-vous si peu que vous ne sachiez pas que j'éprouve naturellement le besoin de cacher presque tout ce que je pense, appelez ça dandysme, amour absurde de la dignité – comme vous voudrez, je vous jure que je vous dis actuellement la vérité – votre reproche est injuste... »

Début février 1858, il doit se cacher six jours de peur d'être arrêté pour dettes.

Le 19, il confie à Caroline : « Ajoute à cette souffrance celle-ci que peut-être tu ne comprendras pas : quand les nerfs d'un homme sont très affaiblis par une foule d'inquiétudes et de souffrances, le Diable, en dépit de toutes les résolutions, se glisse tous les matins dans son cerveau sous la forme de cette pensée : pourquoi ne pas me reposer une journée dans l'oubli de toutes choses ? Je ferai cette nuit, et d'un seul coup, toutes les choses urgentes. Et puis la nuit arrive, l'esprit est épouvanté par la multitude de choses arriérées ; une tristesse écrasante amène l'impuissance, et le lendemain la même comédie se joue de bonne foi, avec la même conscience... Je porte dans ma tête une vingtaine de romans et deux drames. Je ne veux pas d'une réputation honnête et vulgaire ; je veux écraser les esprits, les étonner, comme Byron, Balzac ou Chateaubriand. Est-il encore temps, mon Dieu ?... »

La navette qu'il a instaurée avec Malassis va bon train. Il s'agit de traites de cavalerie. Les billets à ordre repassent d'une main à l'autre, transitant par divers fournisseurs. Baudelaire envisage depuis janvier la vente de ses œuvres complètes en Belgique. Il rêve alors de tourner une nouvelle page et, reconnu, ce qui ne saurait maintenant tarder, de s'installer à Honfleur. Sous le coup de l'horreur de Paris, et de la vie qu'il y mène depuis seize ans, ce lieu lui paraît soudain nimbé de l'éclat du changement radical. Il prépare le terrain dans ce sens, bien qu'il ne lui semble, toutefois, pas envisageable de quitter Paris tant qu'il n'a pas réglé ses dettes.

Hormis auprès de certains marchands peu scrupuleux comme Arondel, l'idée d'admettre qu'il ne pourra pas honorer une créance entache l'idée qu'il se fait de son honneur. Tant qu'il pense, soit pouvoir lever le conseil, soit pouvoir gagner de l'argent, il ne se sent pas vraiment débiteur. Ce n'est qu'une question de temps, dont nous savons que la conception en est, chez lui, très personnelle.

Le 26 février, la réponse de sa mère l'autorisant à vendre un de ses titres afin de dégager trois mille francs d'un coup le comble d'une joie si brusque qu'il ne peut en dormir de deux jours ; il va enfin pouvoir disposer d'une grosse somme pour régler ses débiteurs. Cela réglé, il pourra enfin rejoindre Honfleur. Il n'a, à propos de ce séjour, plus qu'une seule préoccupation : verra-t-il la mer de sa chambre ? Au-delà de cette question, l'espoir se dessine : pouvoir, finalement, se libérer de la pesante et affectueuse tutelle d'Ancelle.

Ancelle. Le brave notaire Ancelle, qui deviendra maire de Neuilly, est peu préparé à la nature de la charge qui lui incombe. Bon père de famille respectueux des lois et grand admirateur de Louis-Philippe, il est avant tout un brave homme. Ce conseil judiciaire l'investit du rôle stimulant et gratifiant de défenseur de Caroline, dont il se sent le champion, et de celui, grand-paternel, de protéger un pauvre enfant de lui-même. Quelles délices.

Il se rend vite compte que le jeune sujet lui échappe complètement et ne se laisse guère enfermer dans la catégorie du noceur intempérant. L'animal est retors, pire il raisonne, pire encore le notable fasciné se passionne et se prend d'une réelle affection pour cet étonnant jeune homme.

Baudelaire qui a, lui, toutes les raisons du monde pour haïr cet homme ne peut s'y résoudre, malgré lui, bien longtemps. Baudelaire, grand affectif, est systématiquement désarmé par la bonté obstinée et sincère du pauvre homme à son égard, sensible aussi à sa probité indiscutable qu'il ne peut que respecter. Une étrange relation se noue donc entre eux qui, pour Charles, ne peut en aucun cas coexister avec sa vie de tous les jours.

Paniqué par les idées subversives que Charles jette de façon troublante dans ces certitudes, Ancelle se raccroche désespérément à la nature de sa tâche : les cordons de la bourse, point tu ne lâcheras ! Pour le reste il se laisse emporter, frissonnant de plaisir. Gourmand comme une vieille chatte, et dévoré de curiosité, Ancelle se fait des frayeurs en essayant d'approcher les reflets exotiques et sulfureux du monde de son protégé, prêt à tout instant, tel un missionnaire, à brandir sa morale, péniblement reconstituée dans l'espoir généreux de remettre en passant un malheureux dans le droit chemin. Ainsi Baudelaire, consterné, effaré ou hors de lui, le voit tout à coup surgir de nulle part, aux endroits les plus imprévus, attendre sourire aux lèvres que Charles le présente, afin sans doute, horreur et abomination, de pouvoir poser avantageusement en tant que son conseil judiciaire. Baudelaire, dans ces moments, est partagé, gageons-le, entre la fuite et le meurtre.

Ancelle toutefois, n'écoutant que son courage, assiste au procès de Charles, prêt n'en doutons pas un seul instant à venir témoigner qu'il était un bon garçon de bonne famille, aimant sa mère. Ils ne furent pas si nombreux que cela, parmi ses camarades, à en faire autant.

Sa mère, fidèle à son ambiguïté, reprend d'une main ce qu'elle a donné de l'autre. Alors même qu'elle fait un acte de confiance en lui permettant de prélever cette somme, et connaissant mieux que quiconque la jalousie féroce dont il protège sa vie privée, elle jette (pour se disculper ?) le peu discret Ancelle au cœur de celle-ci pour mener une enquête. Véritablement hors de lui, Baudelaire, ce 27 février 1858, n'envoie pas moins de cinq lettres à sa mère. Ancelle est venu l'espionner à l'hôtel Voltaire et dire au maître d'hôtel que Baudelaire ne le paierait pas, et que si Charles avait prétendu le contraire c'est que ce dernier mentait comme un arracheur de dents. Il aurait même demandé s'il recevait des femmes... C'en est trop, Charles veut aller souffleter Ancelle devant sa famille. Avec un grand déploiement de diplomatie de part et d'autre, l'affaire s'apaise, et Charles finit par recevoir finalement son argent après que le tatillon Ancelle eut pris son temps pour vendre ce titre. Baudelaire emballe ses affaires, dont le fameux portrait de son père. Le 8, il se réconcilie avec Ancelle.

Fin mars, début avril 1858, Baudelaire fête ses trente-huit ans. Il part s'installer à Corbeil afin de pouvoir persécuter les pauvres typographes chargés d'imprimer sa traduction des *Aventures d'Arthur Gordon Pym*, d'Edgar Poe. Elles seront mises en vente le 13 mai dc la même année, chez Michel Lévy. Un mois plus tard, Baudelaire intervient dans *Le Figaro* afin de démentir des propos malveillants qu'on lui attribue sur Hugo. Malveillants sûrement pas, cyniques ou sarcastiques plus probablement. « Cet homme si peu élégiaque, si peu éthéré, qu'il ferait horreur même à un notaire » l'impressionne par sa prodigalité biblique. S'il lui doit ses premières émotions littéraires, il ne saurait pour autant souscrire tout entier à sa personne, « au front toujours trop penché pour voir autre chose que son nombril ».

Hugo, de son côté, ressent le génie de Baudelaire mais ne sait cependant pas très bien où le placer. À tout hasard, il le ménage sans pour autant le trouver sympathique. Ces deux-là, antithèse l'un de l'autre, ne sont pas faits pour se voir. Ils ne font que se deviner.

Le 2 mai 1858, Baudelaire mentionne, subjugué, les façons d'Elisa Nieri, qu'il a rencontrée chez Aglaé. Cette aventurière à l'attitude masculine laisse Baudelaire médusé de s'être fait raccompagner et payer la course par une femme. Elle lui inspire *Sisina*.

En août, il avoue ne plus attendre la Légion d'honneur.

À la rentrée, *La Revue Contemporaine* publie *De l'idéal artificiel* et *Du Haschich.*

Début novembre 1858, il quitte l'hôtel Voltaire pour s'en aller habiter chez Jeanne, 22, rue Beautreillis. Il passe à la fin de l'année quelques jours à Alençon chez son ami Malassis. Il a été décidé entre les deux amis que Baudelaire recomposerait six poèmes pour remplacer les six pièces condamnées.

Le 5 novembre il confie à son ami, après l'envoi du *Possédé* : « Je commence à croire qu'au lieu de six *Fleurs*, j'en ferai vingt. »

En 1859, ses articles et traductions continuent de paraître assez régulièrement dans les journaux. Les premières notes, sur feuilles volantes, de *Mon cœur mis à nu* sont également consignées. Ces feuillets méconnus rassemblent, comme leur nom l'indique, ses cris de désespoir et l'âpreté de ses rapports au monde et à la création.

Baudelaire découvre, en ce début d'année, la vision fantastique de Paris de Charles Méryon, qui lui inspire ces mots. Il les envoie à Hugo, afin de le promouvoir : « J'ai rarement vu représentée avec plus de poésie la solennité naturelle d'une ville immense… Mais un démon cruel a touché le cerveau de M. Méryon ; un délire mystérieux a brouillé ses facultés qui semblaient aussi solides que brillantes… Nous attendons avec anxiété des nouvelles consolantes de ce singulier officier (de marine), qui était devenu un jour un puissant artiste, et qui avait dit adieu aux solennelles aventures de l'océan pour peindre la noire majesté de la plus inquiétante des capitales. » Tout à son enthousiasme, il tente de faire connaître son œuvre mais se heurte à la folie de son auteur.

En février 1859, soit un an après l'algarade qui l'opposa à Ancelle, profitant d'un moment de répit Baudelaire, enfin, part faire un séjour à Honfleur. Là, pour la première fois depuis fort longtemps, il refait connaissance avec la douceur de vivre. Sa mère a mis à sa disposition ses deux pièces mansardées. Il a donc une chambre et un bureau, lequel s'ouvre sur la mer. À Honfleur il se promène, va voir des peintres dont Eugène Boudin, et tout à sa traduction sur les *Confession of an opium eater* de Thomas de Quincey il essaie parallèlement d'obtenir des doses supplémentaires de laudanum chez les parents d'Alphonse Allais, alors pharmaciens dans la petite ville.

Charles ne parvient toutefois pas à se fixer. Il se retrouve irrésistiblement attiré par Paris et son intense activité littéraire.

Accepter de s'installer à Honfleur, c'est accepter de mourir sans combattre, admettre le verdict des sots, renoncer à prouver aux autres son existence, revenir dans le regard intérieur. Rester c'est régresser, c'est mourir, c'est renoncer à l'autre. Rester peu de temps, en apportant du calme, de la régularité et de la douceur dans sa vie, le régénère au contraire.

Le 4 mars 1859 il est donc de retour à Paris, pour deux jours qui deviennent six semaines. En avril, Jeanne a une attaque de paralysie ; elle est transportée à la maison Dubois, d'où elle ne sortira que le 19 mai. Baudelaire lui fait passer de l'argent par Malassis. Il se sent à la fois son père et son tuteur.

Fin avril, il est de retour à Honfleur. Entre juin et juillet, *La Revue Française* publie en deux parties son *Salon de 1859.* « Une seule visite, plus sa vieille mémoire excitée par un livret », confie-t-il à Nadar… Delacroix le remercie : « Vous me traitez comme on traite les grands morts ; vous me faites rougir tout en me plaisant beaucoup : nous sommes faits comme cela. » Delacroix, d'une sensibilité inquiète et nerveuse, ne peut franchir le pas qui le projetterait dans l'univers trop vaste de Baudelaire.

En août, Charles revient s'installer à l'hôtel de Dieppe, rue d'Amsterdam, où il restera jusqu'à son départ en Belgique. Paris l'étourdit. Le 26 novembre 1859, Malassis et de Broise publient son article sur Théophile Gautier en plaquette, avec une lettre préface de Victor Hugo sur le « frisson nouveau » créé par *Les Fleurs*. Baudelaire est alors très préoccupé par l'adaptation d'un drame de Paul de Molène : *Le Marquis du premier Housard.*

Dans une lettre à sa mère, le 1er novembre 1859, il s'exclame : « Je suis maintenant convaincu que si j'ai été si souvent malheureux, c'était en grande partie, par ma faute. Pourvu que j'aie la santé et la patience de prouver ce que je vaux ! »

Le 8 décembre, Thomas de Quincey, né en 1785, meurt. Charles est triste, il s'ennuie et se dégoûte de tout et de tout le monde avec une rapidité étonnante. Seuls sa mère et Malassis trouvent parfois grâce à ses yeux. *Le Marquis du premier Housard* est mauvais, confie-t-il à sa mère, et à recommencer.

Le 17, il rejoint Honfleur. De là, il écrit à Jeanne de s'en aller voir Ancelle si elle a besoin d'argent. Elle garde la lettre qu'il l'avait invitée à jeter. Charles offre à sa mère, pour ses étrennes, *La Femme turque au parasol*, actuellement au Petit Palais, de Constantin Guys. Ce dernier, peintre de la vie moderne, fixe les scènes de la vie dans la fluidité des lignes de son dessin. Baudelaire, qui a fait sa connaissance récemment, s'enthousiasme et s'entremet pour ses œuvres, ce qui n'est pas toujours du goût de l'auteur, par ailleurs « le moins maniable et le plus fantastique des hommes ». On les aperçoit pourtant ensemble, observateurs passionnés des lieux perdus.

Cette année-là encore, il rencontre le jeune Auguste Villiers de L'Isle-Adam. Ces deux mystiques se reconnaissent.

« À la question qu'est-ce que Baudelaire a créé ? Il répond par ces mots : "Qu'entendez-vous par créer, qu'est-ce qui crée ou ne crée pas ? Que signifie cette chanson et ce refrain d'avant le déluge ?" Baudelaire est le plus puissant et le plus *un*, par conséquent, des penseurs désespérés de ce misérable siècle ! Il frappe, il est vivant, il *voit !* tant pis pour ceux qui ne voient pas ! »

Et Baudelaire est bien là, rendu dans cette parole. Son personnage était-il si dérangeant, qu'il a brouillé son image auprès de ses contemporains ? La reconnaissance point avec la jeune garde mais ne saurait s'imposer à ses aînés.

En 1860, Charles vend à Auguste Poulet-Malassis et de Broise la deuxième édition des *Fleurs du Mal*, les *Paradis Artificiels*, les *Curiosités esthétiques*, ainsi que ses *Notices littéraires*. En janvier de cette année Paris, défiguré, éventré, hérissé d'échafaudages, passe de douze à vingt arrondissements. Et *La*

Revue Contemporaine publie *Enchantements et tortures d'un mangeur d'opium*. Baudelaire se dit résigné à tout sacrifier pour exceller. N'est-ce pas ce qu'il a toujours fait ? « Je sens que cette année s'ouvre bien ; je me sens maître de mon outil, maître de ma pensée, et j'ai le cerveau plein d'ordre. »

Le 17 février 1860, sous le choc de la découverte du *Tannhäuser*, Baudelaire, pour qui « la musique creuse le ciel[34] », écrit toute son admiration à Wagner, qui a donné à Paris trois concerts (les 25 janvier, 1er et 8 février).

Monsieur,

Je me suis toujours figuré que si accoutumé à la gloire que fût un grand artiste, il n'était pas insensible à un compliment sincère, quand ce compliment était comme un cri de reconnaissance, et enfin que ce cri pouvait avoir une valeur d'un genre singulier quand il venait d'un Français, c'est-à-dire d'un homme peu fait pour l'enthousiasme et né dans un pays où l'on ne s'entend guère plus à la poésie et à la peinture qu'à la musique. Avant tout, je veux vous dire que je vous dois la plus grande jouissance musicale que j'ai jamais éprouvée. Je suis d'un âge où l'on ne s'amuse plus guère à écrire aux hommes célèbres, et j'aurais hésité longtemps encore à vous témoigner par lettre mon admiration si tous les jours mes yeux ne tombaient sur des articles indignes, ridicules, où on fait tous les efforts possibles pour diffamer votre génie. Vous n'êtes pas le premier homme, Monsieur, à l'occasion duquel j'ai eu à souffrir et à rougir de mon pays. Enfin l'indignation m'a poussé à vous témoigner ma reconnaissance ; je me suis dit : je veux être distingué de tous ces imbéciles.

La première fois que je suis allé aux Italiens pour entendre vos ouvrages, j'étais assez mal disposé, et même, je l'avouerai, plein de préjugés ; mais je suis excusable ; j'ai été si souvent dupe ; j'ai entendu tant de musiques de charlatans à grandes prétentions. Par vous j'ai été vaincu tout de suite. Ce que j'ai éprouvé est indescriptible, et si vous daignez ne pas rire, j'essaierai de vous le traduire. D'abord il m'a semblé que je connaissais cette musique, et plus tard, en y réfléchissant, j'ai compris d'où venait ce mirage ; il me semblait que cette musique était la mienne, et je la reconnaissais comme tout homme reconnaît les choses qu'il est destiné à aimer. Pour tout autre que pour un homme d'esprit, cette phrase serait immensément ridicule, surtout écrite par quelqu'un qui comme moi ne sait pas la musique, et dont toute l'éducation se borne à avoir entendu (avec grand plaisir, il est vrai) quelques beaux morceaux de Weber et Beethoven.

Ensuite le caractère qui m'a principalement frappé, ç'a été la grandeur. Cela représente le grand, et cela pousse au grand. J'ai retrouvé partout dans vos ouvrages la solennité des grands bruits, des grands aspects de la Nature, et la solennité des grandes passions de l'homme. On se sent tout de suite enlevé et subjugué. L'un des morceaux les plus étranges et qui m'ont apporté une sensation musicale nouvelle est celui qui est destiné à peindre une extase religieuse. L'effet produit par L'Introduction des invités *et par* La Fête nuptiale *est immense. J'ai senti toute la majesté d'une vie plus large que la nôtre. Autre chose encore : j'ai éprouvé souvent un sentiment d'une nature assez bizarre, c'est l'orgueil et la jouissance de comprendre, de me laisser pénétrer, envahir, volupté vraiment sensuelle, et qui ressemble à celle de monter dans l'air ou de rouler sur la mer. Et la musique en même temps respirait quelques fois l'orgueil de la vie. Généralement ces profondes harmonies me paraissent ressembler à ces excitants qui accélèrent le pouls de l'imagination. Enfin, j'ai éprouvé aussi, et je vous supplie de ne pas rire, des sensations qui dérivent probablement de la tournure de mon esprit et de mes préoccupations fréquentes. Il y a partout quelque chose d'enlevé et d'enlevant, quelque chose aspirant à monter plus haut, quelque chose d'excessif et de superlatif. Par exemple, pour me servir de comparaisons empruntées à la peinture, je suppose devant mes yeux une vaste étendue d'un rouge sombre. Si ce rouge représente la passion, je le vois arriver graduellement, par toutes les transitions de rouge et de rose, à l'incandescence de la fournaise. Il semblerait difficile, impossible même d'arriver à quelque chose de plus ardent ; et cependant une dernière fusée vient tracer un sillon plus blanc sur le blanc qui lui sert de fond. Ce sera, si vous voulez, le cri suprême de l'âme montée à son paroxysme.*

J'avais commencé à écrire quelques méditations sur les morceaux de Tannhäuser *et de* Lohengrin *que nous avons entendus ; mais j'ai reconnu l'impossibilité de tout dire.*

Ainsi je pourrais continuer cette lettre interminablement. Si vous avez pu me lire, je vous en remercie. Il ne me reste plus à ajouter que quelques mots. Depuis le jour où j'ai entendu votre musique, je me dis sans cesse, surtout dans les mauvaises heures : si, au moins je pouvais entendre ce soir un peu de Wagner ! Il y a sans doute d'autres hommes faits comme moi. En somme vous avez dû être satisfait du public dont l'instinct a été bien supérieur à la mauvaise science des journalistes. Pourquoi ne donneriez-vous pas quelques concerts encore en y ajoutant des morceaux nouveaux ? Vous nous avez fait connaître un avant-goût de jouissances nouvelles ; avez-vous le droit de nous priver du reste ? Une fois encore, Monsieur, je vous remercie ; vous m'avez rappelé à moi-même et au grand dans de mauvaises heures.

Ch. Baudelaire.

Je n'ajoute pas mon adresse, parce que vous croiriez peut-être que j'ai quelque chose à vous demander.

Baudelaire est galvanisé et transporté par la reconnaissance d'un monde intérieur aussi vaste que le sien. Wagner lui répond, le 15 avril 1860, après que le *Tannhäuser* a succombé à la cabale qui fut montée contre lui.

Les lettres de Charles à sa mère apparaissent angoissées, mais apaisées. On sent tout le poids de cette quarantième année qui arrive, la vieillesse pour lui.

Le 26 mars 1860 : « Si tu savais de quelles pensées je me nourris : la peur de mourir avant d'avoir fait ce que j'ai à faire ; la peur de ta mort avant que je t'aie rendu absolument heureuse, toi le seul être avec lequel je puisse vivre doucement, sans ruses, sans mensonges ; l'horreur de mon conseil judiciaire (il faut bien prononcer ce mot) qui me torture jour et nuit ; enfin, et ceci est peut-être plus triste que le reste, la peur de ne pouvoir jamais me guérir de mes vices. Voilà mes pensées habituelles. Et mon réveil, le matin ! en face de ces tristes réalités : mon nom, ma pauvreté, etc. ! »

Le 31 mars, il touche 300 francs d'indemnités pour sa *Méthode Critique*. Eugène Crépet constitue alors une anthologie des poètes français et demande à divers écrivains, dont Baudelaire, d'en rédiger les notices. Charles, pour une fois institutionnellement sommé de donner son avis, se heurte au doux entêtement courtois de son futur biographe, et ne cesse de fulminer. La tension s'exaspère : « Ce que j'écris est bon et irréfutable », assène Baudelaire à Crépet.

À la mi-avril 1860, il rêve de retourner à Honfleur, où il a laissé ses affaires et caché des manuscrits. Les tracas liés à la publication de ses œuvres, leur vente, leur édition, ses rapports avec les directeurs de journaux, les sommes qu'il doit arracher, celles qu'il a déjà mangées, tout cela lui donne le sentiment de vivre « dans un affreux rêve, toujours sans répit », continuellement détourné de l'essentiel.

Le 20 avril, alors que Charles vient d'avoir trente-neuf ans, Alphonse est frappé d'une attaque d'apoplexie (il ne mourra que deux ans plus tard). À sa mère : « Je ferai ce que tu voudras relativement à Alphonse. Je t'en supplie, ménage-moi donc les reproches… Si tu savais combien j'aurais de talent et de souplesse et de douceur dans le caractère, et même peut-être de gaieté, si j'étais débarrassé de tout ce qui m'accable depuis dix-neuf ans ! »

Le 12 juillet, lors d'une rémission temporaire d'Alphonse, il avoue à Malassis qu'il eût bien préféré la guérison de Jeanne à celle de son frère.

Fin mai 1860, lors de la mise en vente des *Paradis artificiels* sous la dédicace – cette fois sibylline – de « à JGF », Baudelaire est alors tenaillé par la peur de faire un fiasco.

Le 26 juin, il répond à Flaubert qui trouve dans son insistance sur l'esprit du mal comme un levain de catholicisme : « Mon cher Flaubert, je vous remercie bien vivement de votre excellente lettre. J'ai été frappé de votre observation, et étant descendu très sincèrement dans le souvenir de mes rêveries, je me suis aperçu que de tout temps j'ai été obsédé par l'impossibilité de me rendre compte de certaines actions ou pensées soudaines de l'homme sans l'hypothèse de l'intervention d'une force méchante extérieure à lui. Voilà un gros aveu dont tout le XIXe siècle conjuré ne me fera pas rougir. Remarquez bien que je ne renonce pas au plaisir de changer d'idée ou de me contredire… Vous me dites que je travaille beaucoup. Est-ce une cruelle moquerie ? Bien des gens, sans me compter, trouvent que je ne fais pas grand-chose.

» Travailler, c'est travailler sans cesse ; c'est n'avoir plus de sens, plus de rêverie ; et c'est être une pure volonté toujours en mouvement. J'y arriverai peut-être… »

Il a le sentiment de jouer son va-tout. Ses *Paradis artificiels* sont publiés à un moment de regain moraliste du régime. Se faisant consoler par Malassis sur le caractère aristocratique de ses œuvres, il rétorque : « Mais je veux que la foule me paie, il m'importe peu qu'elle comprenne. »

La « navette » entre Baudelaire et ce dernier s'essouffle, ce qui était fatal étant donné le cercle restreint des créanciers parisiens.

Le 12 août, il se dit guéri de sa période d'atonie. Il confie à Armand Fraisse : « J'ai pris tout excitant en horreur, à cause de l'amplification du temps et du caractère d'énormité que cet excitant quelconque donne à toute chose. Il est impossible d'être, non pas seulement homme d'affaires, mais même homme de lettres avec une orgie spirituelle continuée… Je compte que vous voudrez bien ne pas faire confidence de mes confidences. Il ne faut rien livrer de personnel à la canaille. »

Durant l'été 1860, il installe Jeanne au 4, rue Louis-Philippe, à Neuilly, où il fait transporter son propre mobilier, espérant pouvoir bientôt la rejoindre. Le loyer en est à son nom.

Fin août, Baudelaire découvre consterné le travail du graveur Braquemont. Il est complètement démoralisé par ce travail qui n'a pas su retranscrire, pour son frontispice de sa nouvelle édition des *Fleurs*, la curieuse gravure du xe siècle reproduite chez Langlois. Furieux il n'en veut sous aucun prétexte, il préfère encore Doré. Il se dit prêt à rembourser son ami s'il le faut, d'une façon ou d'une autre. Il diffère encore son voyage à Honfleur. Sitôt qu'il touche de l'argent, il est à nouveau engouffré dans ses dettes.

Le 27 septembre, il reproche à Malassis de s'être épanché auprès de Duranty de ses craintes relatives à l'avenir de Baudelaire, compte tenu de son « imprévoyance » et du « désordre de ses affaires » : « Quand vous aurez trouvé un homme qui, libre à dix-sept ans, avec un goût excessif des plaisirs, toujours sans famille, entre dans la vie littéraire avec 30 000 francs de dettes et, au bout de près de vingt ans, ne les a augmentées que de 10 000, et de plus est fort loin de se sentir un abruti, vous me le présenterez, et je saluerai en lui mon égal. »

Il envisage alors d'aller rejoindre Jeanne à Neuilly. « Quand on a vécu dix-neuf ans avec et pour une femme, on a tous les jours quelque chose à lui dire. »

Le 11 octobre 1860, il assène à sa mère que désormais la seule chose qui le retienne à cette vie c'est Jeanne, car comment vivrait-elle après sa mort. La crainte de la laisser seule le tenaille aussi, mais tout juste en second… Un « orgueil » le soutient, et une « haine sauvage contre tous les hommes ». « J'espère toujours pouvoir dominer, me venger, pouvoir devenir impunément impertinent, et autres enfantillages… J'ai le droit de croire qu'un beau matin une crise peut s'emparer de moi – de moi qui suis fort las, et qui n'ai jamais connu la joie et la sécurité… si… il faudrait faire quelque chose pour soulager cette vieille beauté transformée en infirme. Tous mes traités littéraires sont en ordre, et je suis convaincu qu'un jour viendra où tout ce que j'ai fait se vendra très bien… Les *Fleurs du Mal* sont sous presse. Terrible affaire… Mais je suis très perplexe. Il y a une préface en prose d'une violente bouffonnerie. J'hésite à l'imprimer, et cependant je ne me rassasierai jamais d'insulter la France… Il a encore été question de cette ridicule croix d'honneur. J'espère bien que la préface des *Fleurs* rendra la chose à jamais impossible… je veux être une exception… Plus je deviens malheureux, plus mon orgueil augmente. »

Du 15 au 20 octobre 1860, aux abois, Baudelaire part finalement chercher de l'argent à Honfleur. Il dit à Malassis devoir à sa mère en tout 23 000 francs et appelle Paris son enfer. Il espère et ne cessera plus d'espérer pouvoir enfin refaire, ensuite, un séjour à Honfleur. Le 7, à Caroline : « Je commence à croire que le problème de ma vie est un de ceux pour lesquels je jetterais ma langue aux chiens… »

Le 11 novembre, le ministre de l'Instruction publique octroie à Baudelaire 200 francs d'indemnités littéraires. Le 20, Baudelaire traduit *Hiawatha* de Longfellow pour Stoepel, qui regagne Londres sans le payer. Vers la mi-décembre, Baudelaire rejoint finalement Jeanne, rue Louis-Philippe, pour un petit moment.

Il fréquente alors les cafés de la rive droite, alors quartier des journaux et des éditeurs. Il se rend parfois encore à la Closerie des Lilas. Il y promène son air clérical et méphistophélique, accompagnant son ami Guys, le féroce caricaturiste des vanités mondaines. Ainsi, quand ce dernier brosse ses portraits, il amorce quant à lui ses rêves au contact de cette faune, regardant passer les « têtes de morts » qui le ramènent pourtant, parfois, au vert paradis des amours enfantines accroché aux boucles d'Agathe, jeune muse et partie intégrante du ballet demi-mondain de l'époque.

1861, l'année de ses quarante ans, Baudelaire se dit, au sujet de la deuxième édition des *Fleurs du Mal*, « presque content. Le livre est presque bien, et il restera, ce livre, comme témoignage de mon dégoût et de ma haine de toutes choses ».

Dans sa vie privée, Baudelaire se voit soudain, révolté et dégoûté, confronté à un frère de Jeanne, brutalement sorti du néant, qui l'empêche d'avoir aucun moment d'intimité avec elle et qui, en outre, vendra ses vêtements. Choqué des manières menaçantes et hâbleuses de l'individu, il se sauve de chez Jeanne et, de colère, se réinstalle à l'hôtel de Dieppe.

Première semaine de février 1861, mise en vente de la deuxième édition des *Fleurs du Mal*. Celle-ci est augmentée de trente-cinq poèmes dont un seul, *La Fin de la journée*, est réellement inédit. Toute la structure a été modifiée et comporte une partie supplémentaire.

Alphonse Duchesne, dans *Le Figaro* du 2 mai 1861, reconnaît à Baudelaire une intelligence vaste et parfois très élevée, tout en reprochant à sa poésie d'être ombilicale, macabre, et de constituer un impur mélange de païenne corruption et d'austérité catholique outrée. Armand Pontmartin lui reproche quant à lui de faire de l'amour « quelque chose d'innommé », ce qui est bien le cas au sens propre du terme..

« Lorsque parut la seconde édition des *Fleurs du Mal*, raconte Asselineau, on peut dire que Baudelaire était en pleine possession de la renommée. Les critiques amères et injustes, dont le livre avait été l'objet lors de sa première apparition, s'étaient tues à ce second avènement. L'auteur et l'œuvre avaient profité à ces premières attaques qui consolident le succès par la résistance. Ceux qui ont vu Baudelaire à ce moment de sa vie, souriant, frais, jeune encore sous ses longs cheveux blanchissants, ont pu reconnaître en lui l'action salutaire et calmante du temps et de la faveur conquise. Les inimitiés désarmaient ; des sympathies nouvelles, jeunes, venaient à lui. Lorsque sur la fin de la journée, il descendait sur le boulevard, il trouvait sur son passage toutes les mains ouvertes, et il les serrait toutes, mesurant son exquise politesse sur le degré d'habitude, ou de familiarité. Sous cette impression de bienveillance générale, les âpretés, les méfiances de sa jeunesse avaient disparu. Il était devenu plus qu'indulgent, débonnaire, patient à la sottise et à la contradiction. Chacun trouvait en lui un causeur charmant, commode, suggestif, bon vivant, inoffensif pour tous, paternel et de bon conseil pour les jeunes. »

Baudelaire ayant le sentiment d'avoir épuisé en vain – vis-à-vis des autres – la poésie, décide de se tourner vers la prose.

Le 1er avril 1861, *La Revue Européenne* publie *Richard Wagner*.

Le 4 mai, Baudelaire, devant l'effondrement de la navette, pressé par la réalité, détourne un billet de son ami. Il espère avoir le temps de remettre les choses en état. Parfaitement conscient et désolé de ce qu'il vient de faire, il se sent le plus ignoble des individus. C'est dans ces tristes circonstances que la syphilis resurgit assez violemment.

Complètement déprimé, Charles envoie, le 6 mai, une lettre à sa mère.

Ma chère mère, si tu possèdes vraiment le génie maternel et si tu n'es pas encore lasse, viens à Paris, viens me voir, et même me chercher. Moi, pour mille raisons terribles, je ne peux aller à Honfleur chercher ce que je voudrais tant, un peu de courage et de caresses. À la fin de mars je t'écrivais : nous reverrons-nous jamais ? J'étais dans une de ces crises où on voit la terrible vérité. Je donnerais je ne sais quoi pour passer quelques jours auprès de toi, toi le seul être à qui ma vie est suspendue, huit jours, trois jours, quelques heures.

Tu ne lis pas assez attentivement mes lettres, tu crois que je mens, ou au moins que j'exagère quand je parle de mes désespoirs, de ma santé, de mon horreur de la vie. Je te dis que je voudrais te voir, et que je ne puis pas courir à Honfleur. Tes lettres contiennent de nombreuses erreurs et des idées fausses que la conversation pourrait rectifier et que des volumes d'écriture ne suffiraient pas à détruire.

Toutes les fois que je prends la plume pour t'exposer ma situation, j'ai peur ; j'ai peur de te tuer, de détruire ton faible corps. Et moi, je suis sans cesse au bord du suicide. Je crois que tu m'aimes passionnément ; avec un esprit aveugle, tu as le caractère si grand ! Moi je t'ai aimée passionnément dans mon enfance ; plus tard, sous la pression de tes injustices, je t'ai manqué de respect, comme si une injustice maternelle pouvait autoriser un manque de respect filial ; je m'en suis repenti souvent, quoique selon mon habitude je n'en aie rien dit. Je ne suis plus l'enfant ingrat et violent. De longues méditations sur ma destinée et sur ton caractère m'ont aidé à comprendre toutes mes fautes et toute ta générosité. Mais en somme le mal est fait, fait par tes imprudences et par mes fautes. Nous sommes évidemment destinés à nous aimer, à vivre l'un pour l'autre, à finir notre vie le plus honnêtement et le plus doucement qu'il sera possible. Et cependant, dans les circonstances terribles où je suis placé, je suis convaincu que l'un de nous deux tuera l'autre, et que finalement nous nous tuerons réciproquement. Après ma mort, tu ne vivras plus, c'est clair. Je suis le seul objet qui te fasse vivre. Après ta mort, surtout si tu mourais par une secousse causée par moi, je me tuerais, cela est indubitable. Ta mort, dont tu parles souvent avec trop de résignation, ne corrigerait rien dans ma situation ; le conseil judiciaire serait maintenu (pourquoi ne le serait-il pas ?), rien ne serait payé, et j'aurais par surcroît de douleurs, l'horrible sensation d'un isolement absolu. Moi, me tuer, c'est absurde, n'est-ce pas ? « Tu vas donc laisser ta vieille mère toute seule », diras-tu. Ma foi ! si je n'en ai pas strictement le droit, je crois que la quantité de douleurs que je subis depuis près de trente ans me rendrait excusable. « Et Dieu ! » diras-tu. Je désire de tout mon cœur (avec quelle sincérité, personne ne peut le savoir que moi !) croire qu'un être extérieur et invisible s'intéresse à ma destinée ; mais comment faire pour le croire ?

(L'idée de Dieu me fait penser à ce maudit curé. Dans les douloureuses sensations que ma lettre va te causer, je ne veux pas que tu le consultes. Ce curé est mon ennemi par pure bêtise peut-être.)

Pour en revenir au suicide, une idée, non pas fixe, mais qui revient à des époques périodiques, il y a une chose qui doit te rassurer. Je ne puis pas me tuer sans avoir mis mes affaires en ordre. Tous mes papiers sont à Honfleur, dans une grande confusion. Il faudrait donc, à Honfleur, faire un grand travail. Et une fois là-bas, je ne pourrais plus m'arracher d'auprès de toi. Car tu dois supposer que je ne voudrais pas souiller ta maison d'une détestable action. D'ailleurs tu deviendrais folle. Pourquoi le suicide ? Est-ce à cause des dettes ? Oui, et cependant les dettes peuvent être dominées. C'est surtout à cause d'une fatigue épouvantable qui résulte d'une situation impossible trop prolongée. Chaque minute me démontre que je n'ai plus de goût à la vie. Une grande imprudence a été commise par toi dans ma jeunesse. Ton imprudence et mes fautes anciennes pèsent sur moi et m'enveloppent. Ma situation est atroce. Il y a des gens qui me saluent, il y a des gens qui me font la cour, il y en a peut-être qui m'envient. Ma situation littéraire est plus que bonne. Je puis faire ce que je voudrai. Tout sera imprimé. Comme j'ai un genre d'esprit impopulaire, je gagnerai peu d'argent, mais je laisserai une grande célébrité, je le sais, pourvu que j'aie le courage de vivre. Mais ma santé spirituelle – détestable – perdue peut-être. J'ai encore des projets : Mon cœur mis à nu, des romans, deux drames, dont un pour le Théâtre-Français, tout cela sera-t-il jamais fait ? Je ne le crois plus. Ma situation relative à l'honorabilité, épouvantable. C'est là le grand mal. Jamais de repos. Des insultes, des outrages, des avanies dont tu ne peux pas avoir l'idée, et qui corrompent l'imagination, la paralysent. Je gagne un peu d'argent, c'est vrai ; si je n'avais pas de dettes et si je n'avais plus de fortune, je serais riche, médite bien cette parole, je pourrais te donner de l'argent, je pourrais sans danger exercer ma charité envers Jeanne. Nous reparlerons d'elle tout à l'heure. C'est toi qui as provoqué ces explications. Tout cet argent fuit dans une existence dépensière et malsaine (car je vis très mal) et dans le paiement ou plutôt l'amortissement insuffisant de vieilles dettes, dans des frais d'huissiers, de papier timbré, etc.

Tout à l'heure, j'en viendrais aux choses positives, c'est-à-dire actuelles. Car en vérité j'ai besoin d'être sauvé, et toi seule tu peux me sauver. Je veux tout dire aujourd'hui. Je suis seul, sans amis, sans maîtresse, sans chien et sans chat, à qui me plaindre. Je n'ai que le portrait de mon père, qui est toujours muet.

Je suis dans cet état horrible que j'ai éprouvé dans l'automne de 1844. Une résignation pire que la fureur. Mais ma santé physique, dont j'ai besoin pour toi, pour moi, pour mes devoirs, voilà encore une question ! il faut que je t'en parle, bien que tu y fasses bien peu attention. Je ne veux pas parler de ces affections nerveuses qui me détruisent jour à jour, et qui annulent le courage, vomissements, insomnies, cauchemars, défaillances. Je t'en ai trop souvent parlé. Mais il est inutile d'avoir de la pudeur avec toi. Tu sais qu'étant très jeune j'ai eu une affection variolique, que plus tard j'ai crue totalement guérie. À Dijon, après 1848, elle a fait une nouvelle explosion. Elle a été de nouveau palliée. Maintenant elle revient et elle prend une nouvelle forme, des taches sur la peau, et une lassitude extraordinaire dans toutes les articulations. Tu peux me croire ; je m'y connais. Peut-être, dans la tristesse où je suis plongé, ma terreur grossit-elle le mal. Mais il me faut un régime sévère, et ce n'est pas dans la vie que je mène que je pourrais m'y livrer.

Je laisse tout cela de côté, et je veux reprendre mes rêveries ; avant d'en venir au projet que je veux t'ouvrir, j'y prends un vrai plaisir. Qui sait si je pourrai une fois encore t'ouvrir mon âme, que tu n'as jamais appréciée ni connue ! J'écris cela sans hésitation, tant je sais que c'est vrai.

Il y a eu dans mon enfance une époque d'amour passionnée pour toi ; écoute et lis sans peur. Je ne t'en ai jamais tant dit. Je me souviens d'une promenade en fiacre ; tu sortais d'une maison de santé où tu avais été reléguée, et tu me montras, pour me prouver que tu avais pensé à ton fils, des dessins à la plume que tu avais faits pour moi. Crois-tu que j'ai une mémoire terrible ? Plus tard, la place Saint-André-des-Arcs et Neuilly. De longues promenades, des tendresses perpétuelles ! Ah ! ç'a été le bon temps des tendresses maternelles. Je te demande pardon d'appeler bon temps celui qui a été sans doute mauvais pour toi. Mais j'étais toujours vivant en toi ; tu étais uniquement à moi. Tu étais à la fois une idole et une camarade. Tu seras peut-être étonnée que je puisse parler avec passion d'un temps si reculé. Moi-même j'en suis étonné.

C'est peut-être parce que j'ai conçu, une fois encore, le désir de la mort que les choses anciennes se peignent si vivement dans mon esprit.

Plus tard tu sais quelle atroce éducation ton mari a voulu me faire ; j'ai quarante ans et je ne pense pas aux collèges sans douleur, non plus qu'à la crainte que mon beau-père m'inspirait. Je l'ai cependant aimé, et d'ailleurs j'ai aujourd'hui assez de sagesse pour lui rendre justice. Mais enfin il fut opiniâtrement maladroit. Je veux glisser rapidement, parce que je vois des larmes dans tes yeux.

Enfin je me suis sauvé, et j'ai été dès lors tout à fait abandonné. Je me suis épris uniquement du plaisir, d'une excitation perpétuelle ; les voyages, les beaux meubles, les tableaux, les filles, etc. J'en porte trop cruellement la peine aujourd'hui. Quant au conseil judiciaire, je n'ai qu'un mot à dire : je sais aujourd'hui l'immense valeur de l'argent, et je comprends la gravité de toutes les choses qui ont trait à l'argent ; je conçois que tu aies pu croire que tu étais habile, que tu travaillais pour mon bien ; mais une question pourtant, une question qui m'a toujours obsédé : comment se fait-il que cette idée ne se soit pas présentée à ton esprit : « Il est possible que mon fils n'ait jamais, au même degré que moi, l'esprit de conduite ; mais il serait possible aussi qu'il devînt un homme remarquable à d'autres égards. Dans ce cas-là, que ferais-je ? Le condamnerais-je à une double existence, contradictoire, une existence honorée d'un côté, odieuse et méprisée de l'autre ? Le condamnerais-je à traîner jusqu'à sa vieillesse une marque déplorable ; une marque qui nuit, une raison d'impuissance et de tristesse ? » Il est évident que si ce conseil judiciaire n'avait pas eu lieu, tout eût été mangé. Il eût bien fallu conquérir le goût du travail. Le conseil judiciaire a eu lieu, tout est mangé et je suis vieux et malheureux.

Le rajeunissement est-il possible ? toute la question est là. Tout ce retour vers le passé n'avait d'autre but que de montrer que j'ai quelques excuses à faire valoir, sinon une justification complète. Si tu sens des reproches dans ce que j'écris, sache bien au moins que cela n'altère en rien mon admiration pour ton grand cœur, ma reconnaissance pour ton dévouement. Tu t'es toujours sacrifiée. Tu n'as que le génie du sacrifice. Moins de raison que de charité. Je te demande plus. Je te demande à la fois conseil, appui, entente complète entre toi et moi, pour me tirer d'affaire. Je t'en supplie, viens, viens. Je suis à bout de forces nerveuses, à bout de courage, à bout d'espérance. Je vois une continuité d'horreur. Je vois ma vie littéraire à tout jamais entravée. Je vois une catastrophe. Tu peux bien, pour huit jours, demander l'hospitalité à des amis, à Ancelle, par exemple. Je donnerais je ne sais quoi pour te voir, pour t'embrasser. Je pressens une catastrophe, et je ne peux pas aller chez toi maintenant. Paris m'est mauvais. Déjà deux fois j'ai commis une imprudence grave que tu qualifieras plus sévèrement ; je finirai par perdre la tête.

Je te demande ton bonheur, et je te demande le tien en tant que nous puissions encore connaître cela.

Tu m'as permis de t'ouvrir un projet, le voici : je demande une demi-mesure.

Aliénation d'une forte somme limitée à 10 000 par exemple, 2000 pour me délivrer tout de suite ; 2000 entre tes mains pour parer à des nécessités imprévues ou prévues, nécessités de vie, de vêtements, etc. pour un an (Jeanne ira dans une maison où le strict nécessaire sera payé). D'ailleurs je te parlerai d'elle tout à l'heure. C'est encore toi qui m'y as provoqué. Enfin 6000 entre les mains d'Ancelle ou de Marin, lesquels seront dépensés lentement, prudemment, de manière à payer peut-être plus de 10 000, et à empêcher toute secousse, et tout scandale à Honfleur.

Voilà un an de tranquillité. Je serais un bien grand sot et un bien grand coquin si je n'en profitais pas pour rajeunir. Tout l'argent gagné pendant ce temps-là (10 000, 5000 peut-être seulement) sera versé entre tes mains. Je ne te cacherai aucune de mes affaires, aucun de mes bénéfices. Au lieu de combler la lacune, cet argent sera encore appliqué aux dettes. Et ainsi de suite dans les années suivantes. Ainsi, je pourrais peut-être, par le rajeunissement opéré sous tes yeux, tout payer, sans que mon capital soit diminué de plus de 10 000, sans compter il est vrai les 4600 des années précédentes. Et la maison sera sauvée. Car c'est une des considérations qui sont toujours devant mes yeux.

Si tu adoptais ce projet de béatitude, je voudrais être réinstallé à la fin du mois, tout de suite peut-être. Je t'autorise à venir me chercher. Tu comprends bien qu'il y a une foule de détails qu'une lettre ne comporte pas. Je voudrais en un mot que toute somme ne fût payée qu'après ton consentement, après mûr débat entre toi et moi, en un mot que tu deviennes mon vrai conseil judiciaire. Peut-on être obligé d'associer une idée aussi horrible à l'idée si douce d'une mère !

Dans ce cas-là, malheureusement, il faut dire adieu aux petites sommes, aux petits gains, 100, 200 par-ci, par-là, qu'amène le train-train de la vie parisienne. Ce seraient alors de grosses spéculations et de gros livres, dont le paiement se ferait attendre plus longtemps. Ne consulte que toi, ta conscience et ton Dieu, puisque tu as le bonheur de croire. Ne livre tes pensées à Ancelle qu'avec mesure. Il est bon ; mais il a le cerveau étroit. Il ne peut croire qu'un mauvais sujet volontaire qu'il a eu à morigéner soit un homme important. Il me laissera crever par entêtement.

Au lieu de penser uniquement à l'argent, pense un peu à la gloire, au repos, et à ma vie.

Dans ce cas, dis-je, je ne ferai pas de séjours de quinze jours et d'un mois ou de deux mois. Je ferais un séjour perpétuel, sauf le cas où nous viendrions ensemble à Paris.

Le travail des épreuves peut se faire par la poste.

Encore une idée fausse de toi à rectifier, qui revient sans cesse sous ta plume. Je ne m'ennuie jamais dans la solitude, je ne m'ennuie jamais auprès de toi. Je sais seulement que je souffrirai par tes amis. J'y consens.

Quelques fois l'idée m'est venue de convoquer un conseil de famille ou de me présenter devant un tribunal. Sais-tu bien que j'aurais de bonnes choses à dire, ne fût-ce que ceci : j'ai produit huit volumes dans des conditions horribles. Je puis gagner ma vie. Je suis assassiné par les dettes de ma jeunesse ? Je ne l'ai pas fait, par respect pour toi, par égard pour ton horrible sensibilité. Daigne m'en savoir gré. Je te le répète, je me suis imposé de n'avoir recours qu'à toi.

À partir de l'année prochaine, je consacrerai à Jeanne le revenu du capital restant. Elle se retirera quelque part pour n'être pas dans une absolue solitude. Voici ce qui lui est arrivé. Son frère l'a fourrée à l'hôpital, pour se débarrasser d'elle, et quand elle est sortie elle a découvert qu'il avait vendu une partie de son mobilier et de ses vêtements. Depuis quatre mois, depuis ma fuite de Neuilly, je lui ai donné 7 francs.

Je t'en supplie, le repos, donne-moi le repos, le travail et un peu de tendresse. Il est évident que, dans mes affaires actuelles, il y a des choses horriblement pressées ; ainsi j'ai commis de nouveau la faute, dans ces tripotages de banque inévitables, de détourner pour mes dettes personnelles plusieurs centaines de francs qui ne m'appartenaient pas. J'y ai été absolument contraint. Il va sans dire que je croyais réparer le mal tout de suite. Une personne, à Londres, me refuse 400 francs qu'elle me doit. Une autre, qui devait me remettre 300 francs, est en voyage. Toujours l'imprévu. J'ai eu aujourd'hui le terrible courage d'écrire à la personne intéressée l'aveu de ma faute. Quelle scène va avoir lieu ? Je n'en sais rien ; mais j'ai voulu décharger ma conscience. J'espère que par égard pour mon nom et mon talent on ne fera pas de scandale, et qu'on voudra bien attendre.

Adieu, je suis exténué. Pour rentrer dans les détails de santé, je n'ai ni dormi, ni mangé depuis presque trois jours ; ma gorge est serrée. Et il faut travailler.

Non, je ne te dis pas adieu ; car j'espère te revoir.

Oh ! lis-moi bien attentivement, tâche de bien comprendre.

Je sais que cette lettre t'affectera douloureusement, mais tu y trouveras certainement un accent de douceur, de tendresse, et même encore d'espérance, que tu as trop rarement entendus.

Et je t'aime. C. Baudelaire.

La lettre cause à sa mère un véritable malaise physique, dont elle a soin de l'informer tout en lui disant bien de ne pas s'en inquiéter. Elle lui envoie toutefois un acompte de 500 francs sur des arrangements à venir. Elle compte venir elle-même en parler à Ancelle.

Le lendemain, l'humiliation de Baudelaire touche à son comble avec la visite de Malassis qui, loin de l'accabler, lui fait voir avec douceur qu'au fond il était presque surpris que cela ne soit pas arrivé avant. Tout cela en lui demandant néanmoins comment il comptait réparer cela.

Le 24 mai 1861, il cède à Malassis et de Broise les droits exclusifs de reproduction de ses travaux parus et à venir.

Avec la nouvelle de ses futurs arrangements avec sa mère, il s'apaise un peu.

Du 15 juin au 15 juillet, *La Revue Fantaisiste* publie neuf des dix notices constituant les *Réflexions sur mes contemporains*. Malassis et de Broise se séparent. L'accord par eux passé avec Baudelaire devient caduc. Baudelaire et Malassis ne renouvelleront ce contrat qu'un an plus tard. Les malles de Baudelaire commencent à partir pour Honfleur.

Il tient, à cette époque, un carnet dans lequel il note adresses, visites, travaux à faire.

Le 1er septembre, Charles n'est toujours pas à Honfleur, bien qu'il y ait expédié une seconde caisse.

Le 11 décembre 1861, à l'effarement de tous, il pose sa candidature à l'Académie française, au fauteuil de Lacordaire.

La Coupole vacille sous l'ébullition. Les propos cinglants fusent de tous bords.

Baudelaire a-t-il compromis sa dignité ? Pour faire face à l'étonnement, ce dernier argue de la nécessité de trouver des émoluments réguliers puis, devant l'accueil qui lui est fait, se dit finalement motivé par le désir d'épingler les défauts des immortels, dans un « livre bouffon[35] ».

Au début de 1862, Baudelaire est à nouveau plein de projets : une traduction du *Banquet de Trimalcion* de Pétrone, deux articles sur les dessins de Victor Hugo et sur *Le Bon Guillaume*, roman de Duranty. Le 20 janvier 1862, dans un article du *Constitutionnel* sur les prochaines élections à l'Académie française, Sainte-Beuve nomme Baudelaire « gouverneur du Kamtchatka littéraire ». La formule est jolie qui isole et consacre Baudelaire dans l'insularité de son originalité.

Cette année-là, il se lie d'amitié avec Manet, qu'il a rencontré dans les salons de commandant Lejosne, polytechnicien faisant partie de l'état-major de Paris. Le couple recevait Delacroix, Théophile Sylvestre le critique, Braquemont, Manet donc, Barbey d'Aurevilly et Baudelaire.

Manet fera plusieurs portraits de Baudelaire, et un de Jeanne.

Pour autant, ce n'est guère une rencontre sur le terrain de l'art. De ce côté-là, Manet ne fait que modérément vibrer Baudelaire. Plus tard, voulant défendre son ami contre une accusation de pasticher Goya, il lui écrira : « Vous êtes le premier dans la décrépitude de votre art. ».

Le 23 janvier 1862, Baudelaire consigne dans les pages d'*Hygiène* : « Au moral comme au physique, j'ai toujours eu la sensation du gouffre, non seulement du gouffre du sommeil, mais du gouffre de l'action, du rêve, du souvenir, du désir, du regret, du remords, du beau, du nombre, etc.

» J'ai cultivé mon hystérie avec jouissance et terreur. Maintenant j'ai toujours le vertige, et aujourd'hui 23 janvier 1862, j'ai subi un singulier avertissement. J'ai senti passer sur moi le vent de l'aile de l'imbécillité. »

Suivi de : « À Honfleur ! le plus tôt possible, avant de tomber plus bas.

» Que de pressentiments et de signes envoyés déjà par Dieu, qu'il est grandement temps d'agir, de considérer la minute présente comme la plus importante des minutes, et de faire ma perpétuelle volupté de mon tourment ordinaire, c'est-à-dire du Travail ! »

Baudelaire, qui vient de découvrir un fait monstrueux sur lequel il garde le silence mais qui le rend malade, n'en continue pas moins ses visites aux académiciens et les commente avec Sainte-Beuve.

Finalement, le 10 février 1862, sur l'insistance de ce dernier, il se désiste. Des successeurs aux fauteuils de Scribe et Lacordaire, Albert de Broglie et Octave Feuillet, on a bien sûr gardé le plus vif souvenir.

Baudelaire apprend par son ami Malassis que Jeanne tente de vendre ses livres et ses dessins. Elle a probablement aussi demandé de l'argent à sa mère. Il pense continuer à se débrouiller pour qu'elle ait quelque argent mais sans qu'elle sache qu'il en est le pourvoyeur.

Il continue d'expédier ses caisses à Honfleur Le 14 avril 1862, soit cinq jours après ses quarante et un an, son frère Alphonse meurt à Fontainebleau. Ils n'avaient pratiquement plus aucune relation. Le 31 mai 1862, il donne congé à son hôtel pour partir à Honfleur, où il compte arriver le 8 août. Il rend compte des *Misérables* dans *Le Boulevard.*

Le 2 août, *L'Anthologie des poètes français* de Crépet paraît et intègre sept notices de Baudelaire sur Hugo, Marceline Desbordes-Valmore, Théophile Gautier, Théodore de Banville, Pierre Dupont, Leconte de Lisle et Gustave Le Vavasseur, en plus de sept *Fleurs du Mal*.

Le 10 août, Charles n'est toujours pas à Honfleur. Fin août, craignant de se retrouver sans logement, il demande de l'aide à Arsène Houssaye et lui propose ses « fusées ». Malassis et lui envisagent de vendre la propriété de ses œuvres, à Lévy peut-être.

Le 6 septembre, dans *The Spectator*, Swinburne écrit un article admiratif sur les *Fleurs du Mal*. Cette année-là, Villiers de L'Isle-Adam met en musique des poèmes de Baudelaire.

Le 12 novembre 1862, les finances inextricables de Malassis le conduisent en prison sur la plainte de l'un de ses créanciers. En décembre, il est transféré aux Madelonnettes. Baudelaire veut écrire sur *Salammbô* et songe à devenir directeur de théâtre subventionné. L'enfant en lui rêve d'offrir un substitut de respectabilité, et un havre financier, à l'homme épuisé qu'il habite.

En 1863, il envisage un retraite à Solesmes et s'en ouvre à Barbey d'Aurevilly comme à Villiers de L'Isle-Adam, qui partagent sa sensibilité mystique. Le quatre janvier, il emprunte 1000 francs à Manet.

Le 13 janvier, Baudelaire vend pour 1200 francs, à Hetzel, pour cinq ans, les droits exclusifs de publication de ses poèmes en prose et des *Fleurs du Mal*, qu'il avait cédés à Malassis. Hetzel s'engage par ailleurs à publier aux mêmes conditions *Mon cœur mis à nu*. Ces poèmes ne seront en fin de compte publiés ni par Malassis, ni par Hetzel. Ils seront regroupés en 1869, après sa mort, dans les œuvres complètes de Baudelaire mises en vente par Lévy.

Le 22 avril 1863, Malassis est condamné à un mois de prison.

Début août, Baudelaire s'adresse au ministre de la Maison de l'empereur et à Victor Duruy, ministre de l'Éducation nationale, afin de financer un projet de voyage en Belgique. Il espère, outre les conférences, pouvoir écrire pour *L'Indépendance Belge*. Duruy le lui refuse.

Le 13, Eugène Delacroix quitte la scène. Baudelaire assiste à ses obsèques et rédige « L'œuvre et la vie de Delacroix » qui paraîtra dans *L'Opinion nationale* en septembre et novembre de la même année.

Le 31 août, Caroline, lassée d'attendre son fils, envisage de venir le voir à Paris. Il la prévient qu'il ne la verra pas beaucoup. Le 17 septembre 1863, la mort d'Alfred de Vigny touche sincèrement Baudelaire qui l'avait rencontré au moment de ses démarches académiques.

Dès la fin du mois de septembre 1863, Auguste Poulet-Malassis s'exile à Bruxelles. Il veut se consacrer à l'édition de livres rares et libertins. Dans le même temps, Charles emprunte 1000 francs à Arthur Stevens.

Le 6 octobre, le photographe Étienne Carjat fait son portrait ; il lui en demande plusieurs épreuves. Le 10 octobre, il recommande Nadar à Swinburne, qu'il remercie pour son article, ainsi qu'à Whistler.

Le 1er novembre 1863, il cède pour 2000 francs, à Michel Lévy, les droits de ses traductions de Poe.

Le 25, il s'exprime sur son voyage en Belgique auprès de sa mère. À la fin du mois suivant, Baudelaire publie dans *Le Figaro* son essai sur Constantin Guys. Puis, rêvant alors d'une publication de ses œuvres complètes en Belgique, il demande ni plus ni moins à Hugo que d'intervenir en sa faveur auprès de ses éditeurs, Lacroix et Verboekhoven.

1864. Baudelaire imagine les lettres d'un atrabilaire dans lesquelles il stigmatiserait la sottise de son temps.

Le 7 février, *Le Figaro* publie quatre poèmes en prose sous le titre de *Spleen de Paris*.

En mars, Carles tombe dans une « hideuse léthargie ».

Fin mars, symbole de la décadence, c'est – abomination – une « jeune fille[36] », cet assassin de l'art, qui rend compte d'*Eurêka* dans *Le Moniteur*. Comme il s'agit de Judith Gautier, et qu'il est homme du monde, il la remercie dans une lettre amusante.

Cependant, au cœur de sa vie quotidienne, les effroyables dettes et la misère seules répondent à ces frémissements de reconnaissance et de réputation.

Le conseil judiciaire, mortifiant pour un jeune poète de vingt-trois ans, devient alors pour lui une brûlante humiliation. Au nom de quoi, Caroline et Ancelle aussi bien intentionnés soient-ils, ont-ils pu laisser Charles dans une telle situation sociale ? Pour protéger qui, protéger quoi ? Baudelaire avait assez à l'époque pour, aliénant son patrimoine, assurer enfin l'extinction de son fléau, et loin peut-être de la richesse jouir un moment d'un respect de lui-même enfin trouvé, quoique imparfait.

Les dettes se nourrissant de leurs intérêts étouffent désormais entièrement sa vie. Il n'y a plus de solutions pour lui, ici et maintenant. Baudelaire ne peut plus vivre à Paris qui est devenu son enfer et où l'humiliation est désormais quotidienne. L'homme en lui clandestin s'enfonce doucement dans sa prison, et l'enfant en lui prend tout doucement et inexorablement le dessus.

Pour commencer, il se sauve littéralement en Belgique.

– XII –

FUITE ET LIBÉRATION

« Quand un homme se met au lit, presque tous ses amis ont un désir secret de le voir mourir ; les uns pour constater qu'il avait une santé inférieure à la leur ; les autres dans l'espoir désintéressé d'étudier une agonie[37]. »

Le 24 avril 1864, Baudelaire arrive à Bruxelles pour y faire des « lectures » et vendre ses œuvres. Il en était question depuis le 10 août 1863. Il ne pense résider en Belgique que jusqu'au 15 juin. Après quoi, dupe de lui-même, il espère se rendre – lavé à la reconnaissance d'un pays vierge de lui – enfin à Honfleur. Les négociations financières relatives aux lectures sont restées dans un flou artistique. Baudelaire, courtois, espère être convenablement traité ; du côté belge, on le pense mû surtout par l'amour de l'art.

Il descend à l'hôtel du Grand-Miroir. Cet homme qui a cherché sa vie durant son reflet dans l'œil de l'autre, afin de pouvoir naître à lui-même, choisit comme dernière demeure l'hôtel du Grand-Miroir. Les symboles ne constituent-ils pas, en réalité, la seule forme d'expression pour un homme clandestin de lui-même ?

Il écrit, dans un billet non daté : « Dans une ville qu'on ne connaît pas, tout est beau et excitant ; j'ai passé la journée à errer. » Il découvre cette étrange et merveilleuse contrée où l'on ne fait pas crédit.

Le 2 mai, il donne une conférence sur Delacroix au Cercle artistique et littéraire de Bruxelles. C'est par Arthur Stevens, frère des peintres Joseph et Alfred, que Baudelaire est entré en contact avec le directeur du cercle. *L'Indépendance Belge* se fait l'écho de son très vif et très légitime succès.

Dans la presse, une campagne qu'il pense être dirigée par les proches d'Hugo insinue qu'il appartient à la police française.

Les cercles d'Anvers, Bruges et Gand, auxquels il a écrit, ne donnent aucune suite à ses propositions de conférences, ce qui ne suffit pas à abattre Charles. Fidèle toutefois à son idée fixe d'approcher l'éditeur d'Hugo, M. Lacroix, Baudelaire décide de donner gratuitement d'autres lectures.

Au cours d'une causerie sur Théophile Gautier, il se détend et prend des libertés oratoires sur la virginité de l'orateur qui ne serait pas plus précieuse que l'autre. Cette saillie scandalise le public, dont une partie quitte la salle.

Le 13 juin, lors d'une nouvelle lecture de ses œuvres dans les salons d'un collectionneur, Prosper Crabbe, les éditeurs Lacroix et Verboekhoven, bien qu'invités, brillent par leur absence. Ils ne sont pas les seuls, d'ailleurs. Personne n'est venu. Charles fait le récit à sa mère de cette curieuse soirée :

« Quinze personnes invitées par moi, dont cinq sont venues, les meilleures mais sans influence, et dont deux seulement, le ministre et le directeur de *L'Indépendance Belge*, se sont excusés par écrit, quinze personnes invitées par le maître du logis, dont cinq sont venues. Te figures-tu trois énormes salons, illuminés de lustres, de candélabres, décorés de superbes tableaux, une profusion absurde de gâteaux et de vin, tout cela pour dix ou douze personnes très tristes ?

» Un journaliste penché à côté de moi me dit : "Il y a dans vos œuvres quelque chose de chrétien qu'on n'a pas assez remarqué." À l'autre bout du salon, sur le canapé des agents de change, j'entends un murmure. Ces messieurs disaient : "Il dit que nous sommes des crétins !"

» Voilà l'intelligence et les mœurs belges.

» Voyant que j'ennuyais tout le monde, j'ai interrompu ma lecture et je me suis mis à boire et à manger, mes cinq amis étaient honteux et consternés, moi seul je riais… »

Cette dernière et publique humiliation déclenche alors toute la colère de Baudelaire. Toute la violence accumulée pendant tant d'années de malentendus, de mépris et d'humiliations quotidiennes, de souffrances physiques et de privations matérielles, se concentre désormais sur une seule cible : les Belges. Avec rage et âpreté, Baudelaire, las d'être éternellement jugé, s'érige en juge à son tour et dresse un terrible réquisitoire contre ce peuple « grossier ». Il passe au crible ses lois, son système politique, ses valeurs. Ce travail ne représente pourtant à ses yeux qu'une ébauche, celle de la charge qu'il entend faire bientôt à la France. Alors qu'il sombre doucement dans la maladie, il rassemble et mobilise ses forces dans cette bataille perdue d'avance.

La colère terrible, en le galvanisant, le remet un temps sur le terrain de la création. Lui qui n'a « jamais travaillé qu'entre une querelle et une saisie » y voit les prémisses d'une vigueur retrouvée.

Baudelaire fréquente la famille Stevens, qui se préoccupe beaucoup de lui, trop parfois, à son goût ; il retrouve également son vieil ami, Malassis, installé à Malines.

C'est par l'intermédiaire de ce dernier qu'il fait la connaissance de Félicien Rops, le graveur rencontré à ses premières conférences. Rops retrouve en Baudelaire son propre amour étrange pour la « forme cristallographique première », c'est-à-dire le squelette. Ils travailleront ensemble, avec Malassis, à l'édition des *Épaves*, recueil des pièces condamnées des *Fleurs du Mal*. Namur, la ville de Rops, trouve grâce aux yeux de Charles. Il y apprécie particulièrement l'église de Saint-Loup, « terrible et délicieux catafalque » qui lui rappelle la chapelle du collège de Lyon dans laquelle il fit jadis sa première communion.

Fin mai, début juin, il donne trois conférences sur les excitants. C'est encore un échec. On lui remet pour ses conférences une somme ridicule, 100 francs alors qu'il en attendait 500. Il décide d'écrire une série d'articles sur la Belgique pour *Le Figaro*, ainsi qu'un livre de poésies, *Amœnitates Belgicæ*, qui n'ont rien d'amènes.

Sa santé, cependant, se dégrade inexorablement.

Il se plaint sans cesse d'une maladie nerveuse à laquelle s'ajoutent des problèmes digestifs violents durant quatre mois. Il se sent terriblement isolé. Dans ses lettres à sa mère, ses idées fixes et mortifères reviennent inlassablement : « Je ne veux plus de conseil judiciaire ; je veux passer ma vie à travailler… et je ne veux pas mourir dans la misère. » Il a des moments de répit et de confiance, de temps à autres, pendant lesquels il continue de croire à sa bonne étoile. Il décide de ne partir de Belgique qu'après avoir terminé son *Spleen de Paris*. Cela prend presque la valeur d'un talisman. Retourner en France est devenu désormais, pour lui, synonyme d'enfer. Littéralement traumatisé par ses dettes, il ne veut revenir qu'avec de l'argent. L'enfer de la Belgique n'est, lui, jamais traversé de créanciers.

*Le Parnasse satyrique du XIX*e *siècle* sort les six *Fleurs* condamnées, lesquelles forment *Les Épaves*.

Fin juin 1864, Lacroix et Verboekhoven refusent de publier ses œuvres complètes. Les frères Garnier également. Alors que ses sonnets et poèmes continuent de paraître régulièrement de l'autre côté de la frontière, et qu'il visite la Belgique, Baudelaire charge Julien Lemer et Ancelle de lui trouver un autre éditeur et fréquente le Cercle, seul lien avec l'actualité littéraire parisienne. « Incrédule », devant toutes les « niaiseries qui se vendent », il s'interroge sur la place possible de ses œuvres.

N'ayant guère pour vivre que ses 210 francs par mois, il a recours assez souvent au mont-de-piété.

Le 2 septembre, à l'occasion de la fête nationale de la libération des Néerlandais, on attend Nadar et son aérostat. Baudelaire, à qui il a promis une place, se joint à lui dans ses équipées, déclinant toutefois la montée en ballon. Son état vindicatif est tel qu'il raconte à Nadar s'être battu avec un Belge. Réalisant qu'il était dans son tort, il lui aurait couru après pour lui demander de l'excuser. Neyt, autre photographe, le convie à un dîner pour lequel Rops a gravé un menu. Du bordeaux retour de l'Inde 1842 et du vin du Cap y sont servis. Malassis, Glatigny Dubois et Arthur Stevens y participent.

Le 13 octobre, dans une lettre à Narcisse Ancelle, Baudelaire avoue avoir lâché la bride à son caractère et avoir pris une jouissance particulière à se montrer impertinent comme à blesser, talent où il excelle quand il veut. Mais il a le sentiment hélas que, pour être compris ici, il faut carrément être grossier. « Il a la tête embarrassée », écrit-il.

Le 31 octobre, il écrit à Malassis que pour échapper à cette vie de dissipation sans plaisir, il veut bien s'attaquer au travail de traduction latine que celui-ci lui propose. Il espère que son ami acceptera ensuite quelque chose de lui sur le *Satiricon*, ainsi que sur Choderlos de Laclos, son dernier engouement. Voici la note prise sur un verso de prospectus et retrouvée plus tard : « Laclos, devenant romancier du Mal, cesse d'être l'écrivain pornographe de la tradition justiciable des tribunaux. Son sujet est situé désormais au niveau de la tragédie de l'homme en proie au mal. » Cela témoigne outre d'une pensée claire, malgré la maladie, de sa recherche inlassable de légitimité, jointe à la conscience de faire partie d'un mouvement neuf, propre à son siècle, et pourtant bien amorcé dans la chute du XVIIIe siècle.

En décembre, il retourne à Namur. À l'idée de rentrer à Paris, qui se représente constamment à son esprit, « une terreur » le prend, « une peur de chien », celle de revoir son « enfer », de traverser la capitale sans être certain d'y « faire une large distribution d'argent, qui [*lui*] assurât un véritable repos à Honfleur ».

Il entame l'année 1865 l'esprit plein d'idées funèbres. l'idée fixe de la mort le persécute. Cette mort est « haïssable » parce qu'elle mettrait tous ses projets à néant, et parce qu'il a le sentiment qu'il n'a pas exécuté le tiers encore de ce qu'il a à faire dans le monde. Pour contrer sa terreur de regagner Paris sans argent, il ne veut y revenir que glorieusement. Il est inquiet du silence d'Ancelle qu'il avait chargé de veiller au paiement des intérêts concernant les objets auxquels il tient et qu'il a pu laissés engagés à Paris.

Le 3 janvier, en présentant ses vœux à Mme Meurice, il décrit ainsi le climat dans lequel il vit :

« … J'ai passé ici pour un agent de police (c'est bien fait !)… Pour pédéraste (c'est moi-même qui ai répandu ce bruit ; et on m'a cru !), ensuite, j'ai passé pour un correcteur d'épreuves envoyé de Paris pour corriger des épreuves d'ouvrages infâmes. Exaspéré d'être toujours cru, j'ai répandu le bruit que j'avais tué mon père, et que je l'avais mangé ; que d'ailleurs, si on m'avait permis de me sauver de France, c'était à cause des services que je rendais à la police française, et on m'a cru ! je nage dans le déshonneur comme un poisson dans l'eau… » L'homme en lui s'amenuise toujours, laissant place à la fureur de l'enfant.

Invité par Charles Hugo, qui se trouve avec sa mère et ses frères à Bruxelles, il décline poliment. À la fin du mois, il décline une seconde fois puis, de guerre lasse, finit par s'y rendre.

Le 1er février 1865, Mallarmé publie dans *L'Artiste* sa *Symphonie littéraire*, dont la deuxième partie est consacrée à la gloire de Baudelaire, alors en proie aux fièvres et douleurs. *Le Figaro* refuse les articles qu'il lui a envoyés, lesquels seraient trop au-dessus de leurs lecteurs, ennuyeux. Cela se traduit pour Baudelaire par un nouveau manque à gagner. Dans une lettre à Caroline : « Si peu d'ouvrage que je laisse, ils se vendront fort bien après ma mort. Je ne rêve plus de la fortune, mais du paiement de mes dettes… » Il n'a pas la tranquillité d'esprit nécessaire à son travail. Il se plaint d'une sorte de rhumatisme aigu à la tête, avec des crises et des reprises successives. Il arrive néanmoins à écrire une lettre vengeresse à Jules Janin, sur la littérature de ce siècle et ses aspirations mièvres. Il envisage également d'écrire une histoire des *Fleurs du Mal*.

Il souffre de plus en plus. La lente paralysie est déjà à l'œuvre.

Le 15 février, Baudelaire apprend que ses ex-futurs éditeurs belges utilisent son idée d'une traduction du *Melmoth* de Maturin, mais qu'ils la demandent à Mlle Judith. Alors qu'il propose à Lévy de les prendre de vitesse, il est terrassé par un diabolique accident, sa première crise grave. Il garde de cet affreux mois de février une douleur sourde au-dessus du sourcil droit. Il continue néanmoins son travail sur Chateaubriand, chef du dandysme dans le monde moral. Il se dit « las des gazetiers, des ignorants, des barbouilleurs, des rédacteurs en chef et de leur pionnerie. Les pions n'aiment pas les pionniers ».

À Sainte-Beuve, il écrit : « Joseph Delorme, c'est les *Fleurs du Mal* de la veille. »

Le 16 mars 1865, Michel Lévy met en vente les *Histoires grotesques et sérieuses*. Charles devrait retourner à Paris pour chercher des manuscrits mais, à vrai dire, il est terrifié.

Il espère être installé à Honfleur en juin.

En mai, malgré ses commentaires acides sur les Hugo, il cède devant leur sollicitude têtue et fréquente régulièrement leur maison.

À Manet, il s'avoue incapable de finir *Pauvre Belgique*. Il est « affaibli », il est « mort », dit-il. Ses névralgies l'ont repris, ainsi que de nouveaux troubles digestifs.

Malassis, de nouveau aux abois, le menace de céder à un tiers, l'affreux Pincebourde, la créance qu'il a sur lui. Baudelaire fait donc un voyage éclair à Honfleur via Paris pour récupérer de l'argent. Il en emprunte également à Manet.

Catulle Mendès, qui le rencontre à la gare et lui propose de partager son logement, raconte :

– Savez-vous, mon enfant, combien j'ai gagné depuis que je travaille, depuis que j'existe ?

Il y avait dans sa voix une acerbité déchirante de reproche et de réclamation. J'avais frissonné.

– Je ne sais, dis-je.

– Je vais vous en faire le compte ! cria-t-il. Et sa voix s'exaspérait comme de rage. Pourtant il scandait avec une décision d'industriel qui, en fureur mais résolu, dicterait son bilan. Il énuméra, avec leur prix, les articles, les poèmes en vers, les poèmes en prose, les traductions, et, l'addition faite de tête, avec la soudaineté des Inaudi qu'on exhibe dans les music-halls, il proclama : « total des bénéfices de toute ma vie ; quinze mille huit cent quatre-vingt-douze francs et soixante centimes – deux londrès ! » Ma tristesse, faite d'une respectueuse pitié, s'aggravait, s'encolérait. Je songeais aux romanciers fameux, aux mélodramaturges féconds, et je considérais – avec une envie, ah ! si puérile, de sauter au cou de la société, et de serrer très fort – ce grand poète, ce penseur terrible et délicat, cet artiste parfait qui, durant vingt-six années de laborieuse existence, avait gagné

environ un franc soixante-dix centimes par jour ! Il éclata de rire. Puis éteignit la lampe. « Maintenant, dit-il, dormons. » Il ne s'endormit pas.

Malassis apprend entre-temps que Baudelaire a revendu ses droits à Hetzel. Ce dernier accepte de dégager Charles, moyennant le remboursement des 1200 francs qu'il est prêt à attendre jusqu'à ce qu'il ait trouvé un autre éditeur. Il ne sera remboursé qu'après la mort du poète.

Charles rachète donc, via et grâce à Ancelle miraculeusement complaisant, qui sort les 2000 francs, tous ses droits qu'il avait aliénés en 1862 au profit de son ami.

Malassis, dans une lettre à Asselineau, trouve Baudelaire affaibli ; il se plaint des « défauts de lenteur, d'insistance et de radotage » qui ont pris, chez lui, de grandes proportions. Malassis décide malgré tout de publier *Les Épaves* avec, en frontispice, le travail de Rops.

En octobre 1865, de retour en Belgique, il fait appel à la générosité de Lejosne et se plaint à Ancelle d'un « état soporeux » l'empêchant de travailler au-delà de trois ou quatre heures.

Baudelaire, qui ne supporte plus grand-chose, semble décidément très agacé par les Stevens. Il se sent par ailleurs espionné et harcelé par son hôtesse.

Il sombre dans la mélancolie. Il s'ennuie et souffre le martyre, ne pouvant plus rien avaler.

En décembre, ses névralgies prennent le relais de ses maux digestifs. Ses maux de tête sont effroyables. Ils le rendent « bête et fou ». Il est obligé de s'entourer la tête de chiffons qu'il imbibe de lotion sédative.

Le 22 décembre 1865, à sa mère, il décrit la formule de pilules contre les névralgies. Elles sont composées de quinine, de codéine et de morphine. « L'horreur que j'ai depuis longtemps à l'endroit de l'opium m'a empêché d'en faire usage. Mais si dans deux ou trois jours cela continue, j'en essaierai. » « Je connais mes vices, je connais mes erreurs, mes lâchetés, aussi bien que toi ; je grossirai volontiers mes torts, et malgré tout cela je soutiens que Paris n'a jamais été juste envers moi, que jamais on ne m'a payé, en estime, non plus qu'en argent, ce qui m'est dû… En attendant, mes livres dorment, valeurs perdues pour le moment… Si jamais je peux rattraper la verdeur et l'énergie dont j'ai joui quelquefois, je soulagerai ma colère par des livres épouvantables. Je voudrais mettre la race humaine tout entière contre moi. Je vois là une jouissance qui me consolerait de tout… » Il revoit « toute son enfance passée près de toi, et la rue Hautefeuille, et la rue Saint-André-des-Arcs ». Il aimerait avoir un joli portrait, petit, de sa mère. Le regard maternel, contre le mépris du monde, reste désormais le seul lien, ténu et fragile, entre lui-même et le monde. La violence de sa réaction est à la mesure de la blessure qui lui a été faite, elle-même à la mesure de son espoir fou de reconnaissance, de son attente de libération…

Baudelaire finit par faire venir un médecin. Celui-ci lui prescrit opium, digitale, belladone et quinine. Toutefois, il se garde bien de dire au praticien qu'il a autrefois fait un long usage de l'opium par le laudanum. Il lui faut donc quadrupler les doses afin d'arriver à déplacer les crises. Il se sent la tête pleine de brouillards et de distraction.

L'Art publie alors une série d'articles enthousiastes de Verlaine. Ces articles lui font « une peur de tous les diables ». Un ami d'ami, en témoignage d'admiration, exécute pour lui une reproduction de Goya.

En janvier 1866, son état est dramatique. Il consulte d'abord un jeune médecin recommandé par l'hôtel, puis le Dr Marcq, que lui a fait connaître Asselineau ; dans tous les cas, il n'a pas les moyens de suivre un traitement. Pas même celui de s'acheter de l'eau de Vichy, non plus que de l'éther, ni de supporter le coût de bains.

Le 20 janvier, il rassemble par écrit la liste de ses symptômes. le diagnostic tombe : hystérie, ce que Baudelaire traduit par

« je jette ma langue aux chiens ». Ainsi, même la gravité de sa maladie lui sera déniée. Il envoie des notes pour un médecin de Paris, puis pour celui de sa mère, et enfin consulte – en désespoir de cause – celui de Mme Hugo. Il ne semble pas qu'il mentionne, à aucun de ses médecins, qu'il est syphilitique. Atteint de convulsions, il sort avec prudence et ne se sent pas solide. Chez lui, il vit couché.

Malassis fait imprimer *Les Épaves* à Bruxelles.

Physiquement détruit, Baudelaire envisage malgré tout de consacrer une étude à Sainte-Beuve et Joseph Delorme.

Le 10 février il annonce à sa mère un léger mieux. Le docteur ne fait que répéter : « Hystérie ! hystérie ! Il faut vous vaincre vous-même ; il faut vous contraindre à marcher… Chose vraiment ridicule, un homme qui marche derrière moi, un enfant ou un chien qui passe, me donnent envie de m'évanouir. C'est bien ridicule, n'est-ce pas ? » Baudelaire, décidément, ne peut être qu'hystérique. Cet homme déroutant et au regard pénétrant met mal à l'aise. Il a de ces phrases bizarres, à l'emporte-pièce, qui dérangent. Et s'il dérange, il faut bien qu'il soit un imposteur, seule conclusion logique à son extravagance. Le voici dénié dans sa douleur même. Tant pis, il s'acharne à tenter de travailler.

La concentration provoque rapidement des symptômes de crise imminente. Au cœur de la chute, une brève rémission s'installe. Il a faim à nouveau, et recommence à fumer.

Il envisage alors d'aller consulter Charles Lasègue, son ancien répétiteur, devenu un aliéniste spécialisé dans les hystériques. Mais, fin février, les névralgies et rhumatismes reviennent.

Le 5 mars 1866, à sa mère, il envoie un article, l'étude de Verlaine le concernant accompagnée de ce commentaire : « Il y a du talent chez ces jeunes gens ; mais que de folies ! quelles exagérations et quelles infatuations de la jeunesse ! Depuis quelques années je surprenais çà et là des imitations et des tendances qui m'alarmaient. Je ne connais rien de plus compromettant que les imitateurs et je n'aime rien tant qu'être seul. Mais ce n'est pas possible, et il paraît que l'école Baudelaire existe. »

Fin février-début mars, la publication des *Épaves* à Amsterdam lui cause un « plaisir enfantin », témoignant, selon Malassis, d'un affaiblissement réel de son cerveau.

Aux alentours du 15 mars 1866, lors d'un séjour chez les Rops, Baudelaire fait une chute sur les dalles de l'église Saint-Loup. Il est ramené chez lui. Des troubles cérébraux se déclarent dès le lendemain. Le 20, de sa main, il écrit avec difficulté à sa mère. Puis il dicte ses dernières lettres, dont une à Catulle Mendès.

Fin mars, il s'alite. Paralysé du côté droit, il a perdu l'usage de la parole. Bien que son esprit soit intact, Baudelaire est maintenant emmuré, seul avec lui-même, définitivement.

Tous ses amis correspondent entre eux, afin de s'occuper de lui. Asselineau découvre Ancelle, Malassis, quant à lui, découvre avec stupéfaction que ce dernier est son conseil judiciaire, et qu'il reste à son ami quarante mille francs.

Malassis propose de ramener Charles à Paris ou à Honfleur, dés le mois de mars, mais Baudelaire s'y refuse, avec une sorte de colère.

Tout cela, pour lui, n'est encore que temporaire. Il ne se résigne pas. L'espoir, la certitude extraordinaire qui ne l'ont jamais quitté quant à la réussite de ces projets, le traversent et le portent toujours. Au prix d'énormes efforts de communication avec ses amis dévoués, il fait écrire à sa mère qu'il a encore des dettes et six villes à visiter, il ne saurait donc déjà rentrer.

Le 31 mars, *Le Parnasse contemporain* publie de nouvelles *Fleurs du Mal* : *Épigraphe pour un livre condamné*, *L'Examen de minuit*, *Madrigal triste*, *À une Malabaraise*, *L'Avertisseur*, *Hymne*, *La Voix*, *Le Rebelle*, *Le Jet d'eau*, *Les Yeux de Berthe*, *La Rançon*, *Bien loin d'ici*, *Recueillement*, *Le Gouffre*, *Les Plaintes d'un Icare*.

Début avril, Baudelaire est transporté dans une maison religieuse, l'institut Saint-Jean-et-Sainte-Élisabeth. Ancelle vient lui rendre une brève visite, bientôt rejoint par Caroline, pourtant quasiment impotente des jambes. Sa mère s'installe auprès de lui.

Quand il n'est pas en colère, il écoute et comprend tout ce qu'on lui dit. Je lui raconte des choses de sa jeunesse, il me comprend, il m'écoute attentivement. Et puis quand il veut répondre, les efforts impuissants qu'il fait pour s'exprimer l'enragent... Ce qui lui fait perdre la raison, c'est de ne pouvoir parler... Je le conserverai comme un tout petit enfant.

Il n'est pas aliéné comme disent les médecins. Malassis prétend que l'organisation des poètes est si différente de celle des autres personnes qu'elle peut parfois dérouter les médecins. Quel excellent jeune homme que ce Malassis ! Il pleurait à chaudes larmes.

Je ne crois pas qu'il puisse lire, il aurait constamment un livre à la main ; s'il prend un livre, il ne voit plus les caractères et le rejette...

Il n'a qu'une idée fixe, ne pas être dominé... Il ne veut pas se couvrir la tête au soleil dans la cour... Les sœurs lui imposent des pratiques ; quand il mange, elles voudraient qu'il se signât de la croix ; alors il est doux, et, d'une patience admirable, ferme les yeux, ou tourne la tête sans se fâcher...

Les « crénom » de Baudelaire, seuls mots qu'il arrive encore à prononcer, scandalisent malgré tout les religieuses et il est ramené à l'hôtel ; Malassis raconte à Asselineau ce retour : « Il a témoigné d'une grande gaieté en arrivant dans la chambre d'hôtel où on l'installe, qui est grande, bien aérée, au rez-de-chaussée. Stevens lui a fait un verre d'eau à la fleur d'orange, il l'a bu ; Stevens lui en a proposé un autre qu'il a refusé. Stevens a manifesté son goût pour la fleur d'orange et Mme Aupick l'a alors prié d'en prendre un lui-même. Là-dessus Baudelaire a été pris du fou rire. Ce qui vous prouve que le sens du comique et de l'ironie ne l'a pas quitté, et qu'il est à la conversation. »

Il s'épuise vite, cependant. Ses proches sont remués jusqu'à l'âme par ce terrible silence. À Paris, dans la presse, c'est la curée laissant libre cours au fantasme : Baudelaire serait mort, seul, pauvre, sur un grabat infâme, quand ce n'est pas sur un lit d'hôpital[38]. Quelle punition exemplaire, quelle remise au pas, quelle morale impeccable ! Ses amis consternés envoient des démentis et rappellent que le poète est très entouré.

Fin mai 1866, sa santé ne se dégrade plus ; il mange, dort et se promène, mais accompagné. Il se montre brusque, impatient et coléreux. Sa mère l'insupporte maintenant souvent, en faisant mine de ne rien savoir de certaines de ses manies, relatives à la propreté par exemple, ou bien en le persécutant pour de sombres histoires de pantoufles. Baudelaire entre alors dans des rages effrayantes.

Le 29 juin, Arthur Stevens et Caroline ramènent Baudelaire en train. Il vient de connaître une véritable « explosion de joie » en arrivant à faire comprendre à Asselineau qu'il fallait aller chercher ses manuscrits.

À Paris, il entre à la maison de santé du Dr Duval, rue du Dôme, près de l'Étoile. Il subit un traitement hydrothérapique qui lui fait du bien. Sa chambre est ornée d'une toile de Manet et d'une reproduction de *La Duchesse d'Albe* par Goya Il reçoit de nombreuses visites, dont celle de Mme Manet et de Mme Meurice qui vient lui jouer du Wagner sur l'heureuse idée de Champfleury. Nadar l'emmène chez lui dîner avec de vieux amis. La fatigue entraînée menaçant de compromettre la guérison que Baudelaire espère, l'escapade ne sera pas renouvelée.

En octobre, ses amis, Champfleury, Banville, Leconte de Lisle, Asselineau (Gautier n'était plus à Paris depuis fin juillet), mais également trois académiciens, Sainte-Beuve, Jules Sandeau et Prosper Mérimée. obtiennent du ministre de l'Instruction publique qu'il subvienne à ses besoins. Ils obtiendront une indemnité de 500 francs, dérisoire en regard des 5200 francs que coûtera son séjour.

Asselineau, Sainte-Beuve, Du Camp, Henry de La Madelène, Banville, Hetzel, Leconte de Lisle, Nadar, Cladel, Troubat, Mme Paul Meurice, Manet et sa femme viennent le visiter.

En janvier 1867, Charles – toujours obsédé par une publication complète de ses œuvres – reçoit la visite de Michel Lévy, qu'il avait réclamée à Asselineau. Son ami réalise – le voyant désigner le 31 mars marqué d'une barre sur son calendrier – que Charles ne tient plus que par rapport à cette date qu'il s'est fixée pour sa guérison. Caroline, exaspérant son fils, retourne à Honfleur avant de revenir s'installer auprès de lui au printemps.

Le 31 mars arrive sans apporter la guérison espérée. Alors Baudelaire se laisse emporter par la mélancolie, sans plus lui opposer le barrage de son incroyable espérance. Il se couche et se laisse mourir. Asselineau son fidèle compagnon, raconte.

Il prit alors une attitude résignée et sombre. Plus de chants, plus d'éclats, plus de pantomimes, plus de ces sollicitations subites, vaines, pressantes qui forçaient l'attention et faisaient travailler l'imagination des assistants. Il était évident que Baudelaire s'étaient démis de tout espoir et de toute illusion. Il cédait à l'ennemi qu'il avait si longtemps et si vaillamment combattu. Bientôt il ne voulut plus quitter son lit. Il y passait ses journées, gardé par sa mère. La volonté était brisée ; mais l'esprit veillait toujours. Jamais il ne cessa de faire bon accueil à ses amis et de tendre à l'arrivant sa main libre. Il continua jusqu'aux derniers jours de s'intéresser aux entretiens qui se tenaient au pied de son lit, sans plus y prendre part que par des légers signes de la tête ou des paupières. À quelque moment qu'on tournât le regard vers lui, on retrouvait son œil intelligent et attentif, bien qu'assombri par une expression de tristesse infinie, que ceux qui l'ont saisie n'oublieront jamais. Les derniers mois furent sans doute pour lui les plus douloureux. Il se survivait à lui-même et ne vivait plus que pour sentir tout ce qu'il avait perdu.

Les derniers sonnets qui paraissent de lui sont *Le Coucher de soleil romantique*, en épilogue à un ouvrage d'Asselineau, ainsi que la *Fin de la journée*, qui paraît le 1er janvier 1867 dans *La Revue du XIXe*.

Le 31 août 1867, Charles Baudelaire s'éteint à l'âge de quarante-six ans, ayant reçu les derniers sacrements sur sa demande. Son mysticisme durant cette épreuve ne s'est jamais démenti. Voici ce que raconte Nadar à ce sujet :

– Voyons, comment peux-tu croire en Dieu ? répétais-je. Baudelaire s'écarta de la barre d'appui où nous étions accoudés, et me montra le ciel. Devant nous c'était, embrasant toute la nuée, cernant d'or et de feu la silhouette puissante de l'Arc de Triomphe, la pompe splendide du soleil couchant.

– Crénom ! oh ! crénom ! protestait-il encore, me reprochait-il indigné, à grand coups de poing vers le ciel.

Le 2 septembre, vingt-six ans presque jour pour jour après que le cyclone de l'océan Indien l'eut porté au paroxysme, et qu'il soit arrivé rompu et prostré enfin dans le port de Bourbon, il est porté en terre. La chaleur caniculaire tourne à l'orage. Après un service religieux à Saint-Honoré-d'Eylau, il est inhumé au cimetière du Montparnasse au côté d'Aupick. Banville et Asselineau l'accompagnent. Banville affirme dans son discours sa première qualité d'homme moderne.

Il n'y a pas grand monde. En plus de ses amis, auxquels bien sûr Malassis n'a pas pu se joindre, on note la présence d'Arsène Houssaye, Charles Monselet, Jean Wallon, Auguste Vitu, Édouard Manet, Alfred Stevens, Braquemont, Fantin-Latour, Delacroix, Pothey, Verlaine, Calmann-Lévy, Lemerre, Ducessois, Silvestre le critique d'art de Delacroix, Veuillot, etc. Manet en aurait-il tiré son tableau inachevé, *L'Enterrement*, qui se trouve au Metropolitan Museum ?

La disparition physique du poète permet à ses amis de monter au créneau et d'obtenir une plus large audience. Il revient à Asselineau de donner une première visibilité au poète : « On a trop parlé de la “légende” de Charles Baudelaire, sans prendre garde que cette légende n'était que le reflet de son mépris pour la sottise et pour la médiocrité orgueilleuse.

» Je parle au nom de ceux qui l'ont constamment aimé, suivi, compris, et je l'affirme dans ce moment solennel, avec la gravité de la conviction devant la mort : oui, ce grand esprit fut en même temps un bon esprit ; ce grand cœur fut aussi un bon cœur. »

Il n'y a hélas aucune place alors pour un tel discours, et cette timide reconnaissance est recouverte par le tumulte de la presse sensasionnaliste. On repense à cette jeune femme de la bonne société, toute étonnée de découvrir un Baudelaire sobre et courtois, qui lui dit ingénument : « Je croyais que vous étiez toujours ivre et que vous sentiez mauvais. »

En septembre, *La Revue nationale et étrangère* publie les derniers sonnets et poèmes en prose, dont *Portraits de maîtresse* et *Anywhere out of the world* pour la première fois.

Le 4 décembre, Michel Lévy obtient par adjudication et pour 1750 francs le droit de publication des œuvres de Charles cependant que Malassis est condamné par la chambre correctionnelle de Lille à la destruction des *Épaves*.

L'année 1868, ses œuvres sont republiées par Lévy. Le tome I des œuvres complètes de Charles sont précédées d'une notice de Théophile Gautier sur Baudelaire, et fait paraître un poème inédit : le sonnet *À Théodore de Banville*.

Il faut attendre l'année 1869 pour voir paraître la première biographie du poète. C'est *Charles, sa vie son œuvre*, de son ami Asselineau.

Nadar aperçoit Jeanne une dernière fois sur les boulevards. Elle se traîne sur des béquilles.

Malassis se dessaisit de ses droits sur *Les Épaves* au profit de Lévy, par fidélité envers son frère d'élection et dans l'intérêt de son œuvre. Asselineau raconte :

J'ai dîné hier chez M. Ancelle, avec la belle-sœur de Baudelaire, ancienne jolie femme, fort pincée. J'ai même été promu à l'honneur de la ramener chez elle, car elle est ma voisine. Je me suis trouvé là en somme au cœur de l'ennemi, que de réticences, que de ménagements, que de correctifs ! ces braves gens-là ne se doutent pas que le cher est l'illustration de sa famille et un des esprits les plus complètement remarquables de ces temps-ci. Ils avaient l'air tout ébaubi de m'entendre parler de lui comme nous.

Je ne répondrai pas que je n'aie passé pour un charlatan et pour un poseur. Il n'y avait là qu'une seule personne qui aimait vraiment Charles, c'est le bon père Ancelle, c'est un digne homme. Il commet d'étranges erreurs sur le compte de notre ami, mais enfin il l'aime. Il parle de lui journellement et avec chaleur. Je lui ai donné la main de bon cœur.

Madame avec son petit quant-à-soi de femme de tribunal m'a agacé. Je comprenais en l'écoutant tout ce que le pauvre Charles a dû souffrir de sa famille.

L'opinion commune est que Mme Aupick adore son fils mais qu'elle aurait désiré lui voir donner à ses travaux une forme plus lucrative. Le bon père Ancelle m'a dit naïvement : il n'aurait jamais pensé à capitaliser.

Le 6 août 1871, Caroline Aupick meurt à l'âge de quatre-vingt-quatre ans. Elle transmet, ajouté à son propre patrimoine, le reste de la fortune de Baudelaire, déduction faite de ses nombreuses dettes, à MM. Ancelle et Emon, ainsi qu'à sa bru, Mme Félicité Baudelaire. Ce reliquat si inestimable qu'il a fallu, pour le sauver, persécuter et humilier son fils, un des plus grand poètes du monde, est ainsi partagé entre son conseil judiciaire, un ami de son beau-père qui le détestait, et Félicité, douairière provinciale et frustrée. Celle-ci hérita également, alors même qu'elle le considère comme une tache faite à la respectabilité familiale, de ses lettres et papiers les plus personnels.

Il ne fait aucun doute que ce trésor si chèrement préservé, payé par vingt-deux années de souffrances et de vicissitudes, fut bien employé par cette dernière. S'il a pu servir à lui racheter quelques manchons de fourrure, nous sommes rassurés, le jeu en valait la chandelle. Pour le reste, il ne tomba plus dans aucune poche liée à la famille.

L'argent ? Quelle valeur sûre. Quelle belle preuve de rationalisme bourgeois. Quelle triomphante victoire du concret sur l'abstrait.

De ce déni fantastique il reste un froid témoignage gravé dans le marbre noir, en lettres d'or, un monument dédié à la mémoire et qui remet définitivement Baudelaire à sa juste place, la seule qu'il devait occuper. Ce monument se trouve au cimetière Montparnasse. La tombe est simple, très second Empire. Sous de nombreuses lignes consacrées au général Aupick, à ses titres, batailles, décorations militaires et hauts faits, on trouve ces quelques mots : « Charles Baudelaire, 1821-1867, son beau-fils ».

Par-delà la mort…

CONCLUSION

Après tant d'années de rejet, de déni, de mépris, de condescendance infligés par tant de sots et tant d'aveugles, tant de gens qui n'avaient rien à lui apprendre et s'arrogeaient le droit de le juger en raison d'inconséquences dont il payait le prix depuis deux décennies, et qu'on l'empêchait de solder, Baudelaire, clandestin de lui-même à jamais, a vu son souffle s'amenuiser. Piégé dans une surréaction, son rapport aux autres est devenu difficile, parcimonieux, cassant. Cet homme qui est allé aux confins de son univers intérieur a escaladé la parole jusqu'au paroxysme et, isolé sur ce pic, a fini par toucher aux régions du repli où l'autre est définitivement hors d'atteinte, et où la parole n'existe plus. C'est l'abolition du verbe. « L'adjectif le transperce jusqu'à l'os »... au-delà du cœur.

Alors qu'il s'éteint, son œuvre se lève et continue de rayonner étrangement, d'une modernité toujours plus neuve, reflet persistant de son immensité intérieure.

Le prix, pour un tel éclat, est terrible. Baudelaire, un siècle et demi après sa mort, n'en finit pas d'être encore et toujours bafoué et dénié. Maudit, débauché, œdipien, ivrogne, drogué, sadique, passant sa vie au bordel, paresseux, velléitaire, odieux, blasé, la liste est longue, et tenace. Cette « idéologie » de Baudelaire resurgit çà et là, au détour d'études sérieuses, nous rappelant qu'un génie n'est pas tout le monde et que hors le malheur il n'est point de véritable création. Il est vrai que nous sommes tous tellement fous de bonheur...

Le maintien dans l'imaginaire collectif de cette réputation en fait nous est vital, comme garde-fou social, pour relativiser la puissance de son œuvre, son universalité. Elle est le prix que nous faisons payer à ceux qui nous mettent en péril, artistes ou chercheurs qui, par leur hypersensibilité et la force de leur intuition, à la lisière entre deux mondes, attestent de l'existence des réalités invisibles qui nous contiennent. Saisis par cette réalité que nous nous efforçons d'oublier, nous nous approprions leur message dans un vertige, tout en annulant aussitôt sa portée à l'idée du prix à payer. Merveilleux cadeaux qu'il ne faudrait pas ouvrir…

Pour voir Baudelaire, il fallait fermer les yeux et ouvrir son âme. Mais ouvrir son âme est un acte de foi, d'espoir que ce qui va nous être révélé ne nous empêchera pas de vivre.

Où sont les faibles ? Où sont les forts ?

BIBLIOGRAPHIE

Baudelaire, *Œuvres complètes*, Éditions Robert Laffont, 2001.

Baudelaire, *Correspondance*, Tomes I et II, établie et annotée par Claude Pichois, Éditions Gallimard, 1999.

Biographies générales

Jacques Crépet, *Charles Baudelaire*, Éditions Zadkine, 1993.

John Jackson, *Baudelaire*, Éditions LGF, 2001.

Claude Pichois et Jean Ziegler, *Charles Baudelaire*, Éditions Fayard, 1996.

Raymond Poggenburg, *Charles Baudelaire, une micro-histoire*, Éditions José Corti, 1987.

François Porché, *La Vie douloureuse de Charles Baudelaire*, Éditions Plon, 1926.

Emmanuel Richon, *Jeanne Duval & Charles Baudelaire, Belle d'abandon*, Éditions de L'Harmattan, 1999.

Pascal Pia, *Baudelaire*, Éditions du Seuil, 1995.

Jean-Paul Sartre, *Baudelaire*, Éditions Gallimard, 1947.

Témoignages contemporains

Barbey d'Aurevilly et Baudelaire, *Sur Edgar Poe*, Éditions Complexe, 1990.

Champfleury, *Son regard et celui de Baudelaire*, Éditions Hermann, 1990.

Jacques Crépet et Claude Pichois, *Baudelaire et Asselineau*, textes recueillis et commentés, Éditions Nizet, 1953.

Eugène Delacroix, *Journal* 1822-1863, Éditions Plon, 1980.

Théophile Gautier, *Charles Baudelaire*, Éditions de l'Aventurine, 2001.

Nadar, *Charles Baudelaire intime*, Éditions Ides et Calendes, 1994.

Claude Pichois, *Baudelaire, études et témoignages*, Éditions de La Baconnière 1967.

Études thématiques

Pierre Emmanuel, *Baudelaire, la femme et Dieu*, Éditions du Seuil, 1982.

Léo Bersani, *Baudelaire et Freud*, Éditions du Seuil, 1981.

Luc Decaunes, *Charles Baudelaire*, Éditions Seghers, 2001.

Claude Delarue, *Baudelaire, l'enfant idiot*, Éditions Belfond, 1997.

Roger Kempf, *Dandies*, Éditions du Seuil, 1982.

Anne Larue, *L'Autre mélancolie*, Éditions Hermann, 2001.

Anne Le Bihan, *Être bien dans le mal*, Éditions du Champ Lacanien, 2001.

Henri Lecaye, *Le Secret de Baudelaire*, Éditions Jean-Michel Place, 1991.

Michel Quesnel, *Baudelaire solaire et clandestin*, Éditions PUF, 1995.

Jean Starobinski, *La Mélancolie au miroir, Delacroix*, Éditions Julliard, 1997.

REMERCIEMENTS

Je tiens à remercier tout d'abord mon éditeur, Raphaël Delpard, ainsi que Fabien Perucca.

Un grand merci à Fabienne Estève, à l'origine de cette aventure, à mon mari Guy Degeorges qui m'a conseillée et relue inlassablement, ainsi qu'à Yannick Buffet, pour tout.

Je voudrais remercier aussi pour leur aide, conseils, soutien et critiques : Véronique François, Marie-Claude et Salvador Garzon, Catherine et Jean Lachaud, Isabelle Nahon, de même qu'Éric Viéville.

Pour leur écoute et relecture attentives, je remercie également Sophie Audousset, Didier Béoutis, Claire Gaurat, Émilie et Nicolas Viéville.

Pour leur aide, merci de surcroît à Arielle Adda, Ombline de Coriolis, Florence Guemy, Nicolas Franck, Sophie Virton et Marie-Claude Voltat.

Je remercie tendrement mes fils Arthur et Edgar, d'avoir été si patients.

Merci enfin à tous ceux qui m'ont soutenue et encouragée, particulièrement Marie-Lys Béoutis et Alexandra Vayn pour leur enthousiasme stimulant.

NOTES

1 Notes bio-bibliographiques, III

2 Idem.

3 *Mon cœur mis à nu*, XXXVIII.

4 La notion de la tombe privée, gardienne de la mémoire, commence à peine à se généraliser.

5 *Mon cœur mis à nu*, VII.

6 *Un mangeur d'opium*, VIII, visions d'Oxford.

7 *Mon cœur mis à nu*, XXXIX.

8 Lettre au général Durieu, 1er octobre 1829.

9 Lettre à Mme Aupick, 6 mai 1861.

10 *Les Paradis Artificiels*, *Un mangeur d'opium*, VII, chagrin d'enfance.

11 *Morale du joujou.*

12 Lettre à Alphonse Baudelaire, le 25 mars 1833.

13 *Mon cœur mis à nu*, XXXIX.

14 *Fusées*, XII.

15 Notes bio-bibliographiques, III.

16 *Hygiène.*

17 *Mon cœur mis à nu*, XXXII.

18 L'ami de son père qui en a peint le portait, lequel suivra toujours Baudelaire dans ses pérégrinations.

19 *La Vie antérieure.*

20 Les amis que nous avons précédemment cités.

21 *À une dame créole.*

22 *La Chevelure.*

23 *Sed non satiata.*

24 *Mon cœur mis à nu*, XXXII.

25 *Mon cœur mis à nu*, XLVI.

26 Lemer, Duval, Prosper, Jeanne, Berthe sont les divers noms de Jeanne Duval.

27 *Mon cœur mis à nu*, VI.

28 *Mon cœur mis à nu*, V.

29 *Fusées*, suggestions, XIV.

30 « Je crois que le charme infini et mystérieux qui gît dans la contemplation d'un navire, et surtout d'un navire en mouvement, tient dans le premier cas, à la régularité et la symétrie qui sont les besoins primordiaux de l'esprit humain, au même degré que la complication et l'harmonie. Et, dans le second cas, à la multiplication successive et à la génération de toutes les courbes et figures imaginaires opérées dans l'espace par les éléments réels de l'objet. L'idée poétique qui se dégage de cette opération du mouvement dans les lignes est l'hypothèse d'un être vaste, immense, compliqué, mais eurythmique, d'un animal plein de génie, souffrant et soupirant tous les soupirs et toutes les ambitions humaines. » *Fusées*, XV.

31 *Fusées*, I.

32 *Mon cœur mis à nu*, XIV.

33 *L'Irrémédiable*.

34 *Fusées*, VI.

35 Le procédé, lui rétorque-t-on, avait déjà été avancé par Hugo qui bien étonnamment, une fois élu, n'y revint plus.

36 *Mon cœur mis à nu*, XXXIII.

37 *Fusées*, IV.

38 Autant dire, à l'époque, à l'hospice.

TABLE DES MATIÈRES

Introduction 9
I. Histoires de familles 11
II. Le Collège royal de Lyon 34
III. Louis-le-Grand 55
IV. Le baccalauréat 70
V. La bohème 75
VI. Les îles Mascarines 90
VII. Le conseil judiciaire 102
VIII. L'entrée en clandestinité 127
IX. L'ivresse de 1848 155
X. Félix, Jules, Théodore, Auguste et les autres… 160
XI. *Les Fleurs du Mal* 188
XII. Fuite et libération 229
Conclusion 247
Bibliographie 249
Remerciements 251
Notes 253

Dépôt légal : septembre 2004
IMPRIMÉ EN FRANCE

Achevé d'imprimer le 9 septembre 2004
sur les presses de l'imprimerie «La Source d'Or»
63200 Marsat
Imprimeur n° 12190